GERHARD LEUKROTH

TURMALIN

Stein des Herzens

und der Seele

GERHARD LEUKROTH

TURMALIN

Stein des Herzens und der Seele

Ein Wegweiser für Ihre persönliche Entwicklung

Bauer

Verlag Hermann Bauer
Freiburg in Breisgau

Die Deutsche Bibliothek – CIP -Einheitsaufnahme

Ein Titeldatensatz für diese Publikation ist bei
Der Deutschen Bibliothek erhältlich

Lektorat: Doris Iding

1. Auflage 2001
ISBN 3-7626-0788-5

www.hermann-bauer.de

Umschlag und Satz:
Judit Modita Wieser · artwork grafik studio, Freiburg i.Br.,
www.artwork-grafik.de
Covergestaltung unter Verwendung eines Turmalin-Fotos von:
Archiv Traudel Sachs/Foto: Karl Hartmann; Abdruck aus der Turmalin-Monographie von Friedrich Benesch, 2. Auflage, Stuttgart 1991,
mit freundlicher Genehmigung des Verlages Urachhaus, Stuttgart.

Druck und Bindung: Kösel · Kempten
Printed in Germany

Turmalin
Stein des Herzens
und der Seele
Der Turmalin
als Phänomen
>Kapitel 1
Der Turmalin-
Bildeprozess
>Kapitel 2
Alchemie – die
hermetische Wissenschaft
>Kapitel 3
Der alchemistische
Turmalin-Prozess im Menschen
>Kapitel 4
Die alchemistische
Einweihung
>Kapitel 5
Der alchemistische
Einweihungsweg in der Praxis
– Vorbereitung
– Die 7 Stufen der Einweihung
>Kapitel 6
Die Anwendung des
Turmalins und
seiner Präparate
>Kapitel 7

INHALT

Kapitel 4
Der alchemistische Turmalin-Prozess im Menschen

Kapitel 5
Die alchemistische Einweihung

Kapitel 6
Der alchemistische Einweihungsweg in der Praxis

Kapitel 7
Die Anwendung des Turmalins und seiner Präparate

Anhang

EINFÜHRUNG

Liebe Leserin, lieber Leser,

Edelsteine sind die schönsten und geheimnisvollsten Gebilde der Natur. Schön sind sie durch ihre Farben und Formen, geheimnisvoll ist ihre Entstehung: Sie sind vor Jahrmillionen aus dem gestaltlosen, glutflüssigen Gesteinsbrei, dem Magma, auf dem die festen Kontinente der Erde schwimmen, entstanden. Sie haben sich zu einer farbenprächtigen Mineralwelt entwickelt, die sich in den unterschiedlichsten Ausformungen in Gebirgen auf der ganzen Welt zeigen. Wenn wir diese Mineralien lange genug betrachten und über ihr Wesen und ihre Herkunft nachdenken, kann in unserem Inneren eine Ahnung davon aufsteigen, dass wir mit ihnen verwandt sind. Wer hat nicht selbst schon manches Mal ein Feuer in sich gespürt, was an das glutflüssige Magma im Erdinnern erinnert. Und steckt nicht in jedem von uns ein Vulkan, der, wenn er nicht kontrolliert wird, ausbrechen könnte, so wie ein Vulkan durch das Deckengebirge bricht?

Seltsamerweise entstehen nun aber gerade in der Zeit vor Vulkanausbrüchen, bei denen das glutflüssige Magma noch in den Spalten, Gängen und Röhren des umliegenden Gesteins aufsteigt, die schönsten Mineralien und Edelsteine. Vor allem dann, wenn es letztlich nicht zu einem Vulkanausbruch kommt, weil der glutflüssige Gesteinsbrei auf seinem Weg nach oben langsam erkalten und auskristallisieren kann.

Wenn wir lernen, in der richtigen Weise mit unserem eigenen »Gesteinsbrei«, mit den ins Unbewusste verdrängten Erlebnisssen, Wünschen und Bedürfnissen umzugehen, dann können wir vermeiden, dass es zu destruktiven Vulkanausbrüchen kommt und sich das, was in uns steckt, stattdessen unter dem Einfluss der »Glut« in »Edelsteine« verwandelt.

Dass wir das Potenzial in uns haben, zu wahren Edelsteinen zu werden, ist den meisten Menschen unbekannt. Ebenso unbekannt ist, dass es eine sehr große Ähnlichkeit zwischen eben der Entwicklung der Edelsteine aus dem Mineralbereich und der Seelenentwicklung des Menschen gibt.

Um diese Analogie zu erkennen, müssen wir zurück zu den Quellen unserer Erkenntnis, zur Natur. Wo aber finden wir noch unberührte Natur frei von wissenschaftlichem Experimentierbetrieb und technischem Machbarkeitswahn? Sie ist näher, als man zunächst annimmt. Sie befindet sich dicht unter unseren Füßen: Schon wenige Kilometer unterhalb der 35 Meter dicken Erdkruste, im oberen

Erdmantel, ist eine Natur, die noch völlig unberührt ist: das glutflüssige Magma. Von diesem Ort aus steigt es in seiner Urform durch die Spalten und Risse, die sich durch die Bewegung der Kontinente auf der Oberfläche der Gebirge bilden, nach oben.

Wenn der Mensch mit diesen Urkräften der Tiefe in Berührung kommt, die sich in Erdbeben und Vulkanausbrüchen äußern, dann ist er ihnen hilflos ausgeliefert. Er kann nur noch die Flucht ergreifen und hoffen, dass sich die Erde baldmöglichst wieder beruhigt.

So zerstörerisch ein Vulkanausbruch für den Menschen sein kann, der Vulkan hat sich damit selbst geheilt: die Lava, das an der Oberfläche erkaltende Magma, schließt selbst die Spalten und Risse, in denen es aufgestiegen ist, neue Gesteinsmassen türmen sich darüber und die Gefahr ist bis zum nächsten Ausbruch gebannt. In der Zwischenzeit aber finden in den Pegmatitgängen und Schloten – so nennen die Geologen die Risse und Spalten, in denen das Magma nach oben steigt – geheimnisvolle Vorgänge statt. Die einzelnen Stoffe, aus denen der glutflüssige Magmabrei besteht, verbinden sich beim Abkühlen zu neuen Gesteinen, Mineralien und Edelsteinen, die aus der Schmelze auskristallisieren. Der wunderbarste und interessanteste Edelstein aber, der bei diesem Kristallisationsprozess der Gesteine entsteht, ist der Turmalin. Er kommt in allen Farben des Regenbogens vor und vereinigt in sich alle Stoffe des Magmas. Seine Entstehung können wir, wie beispielsweise die des Diamanten, der nichts weiter ist als Kohlenstoff, der sich unter hohem Druck und bei hoher Temperatur unter Luftabschluss in farblose Kristalle umwandelt, nicht künstlich nachmachen. Denn die Turmalin-Bildung, mit den verschiedenen Kristallisationsphasen des Magmas, ist ein langwieriger und stofflich hochkomplizierter Prozess.

Was aber hat das alles mit unserer Seele zu tun? Ist der Vergleich zwischen unserem Unterbewusstsein und dem glutflüssigen Magma im Erdinnern zu weit hergeholt und wissenschaftlich unhaltbar?

Während uns diese Art des Vergleichs fremd ist, wurde diese Art analogen Denkens im Mittelalter nicht nur von den Alchemisten gepflegt, sondern war auch als Grundlage der gesamten hermetischen Philosophie und Wissenschaft des Abendlandes bekannt. Erst nach der Aufklärung zu Beginn der Neuzeit wurde der Rationalismus modern und prägte mit Logik und analytischem Denken das Bewusstsein ganzer Generationen von Naturwissenschaftlern. Seit Descartes wurde die Welt wissenschaftlich als eine Maschine betrachtet, die physikalisch nach rein logisch-mechanischen Gesetzmäßigkeiten funktioniert. Heute, nach dem »Paradigmenwechsel« in den Naturwissenschaften, der in der Physik seinen Anfang nahm, besinnen wir uns allmählich wieder auf das alte Wissen der hermetischen Philosophie von den Zusammenhängen zwischen Makrokosmos und Mikrokosmos und verstehen die Alchemisten neu, für die alle Prozesse und Erscheinungen in der Außenwelt immer auch eine Entsprechung im Inneren des Menschen hatten. Deshalb versuchten die Alchemisten, alles, was sie in der Natur beobachten konnten, zugleich mit allem, was in ihrer Seele und in ihrem Geist vorging, in Beziehung zu bringen.

Wenn wir in alten alchemistischen Schriften die Darstellung solcher Zusammenhänge lesen oder betrachten, so erscheint uns das manchmal als unzulässige Verknüpfung grundsätzlich verschiedener Bereiche und Gegenstände, von denen wir als Regel gelernt haben, dass sie logisch und sachlich voneinander getrennt untersucht und gedeutet werden müssen. Aber das liegt nur daran, weil wir immer noch in der analytischen Denkweise befangen sind. Im neuen wissenschaftlichen Denken hingegen erwacht das alte hermetisch-alchemistische Bewusstsein von den analogen und symbolischen Zusammenhängen zwischen den Prozessen in der Natur und im Menschen wieder. Das heißt, bei der Betrachtung verschiedener Naturerscheinungen kommt es nicht auf die materiellen Unterschiede der daran beteiligten Stoffe an, sondern auf die Analogie der Prozesse, die ihnen zugrunde liegen.

In unserem Zusammenhang hat das glutflüssige Magma materiell selbstverständlich nichts mit unserer Seele zu tun und auch die Mineralien und Edelsteine, die aus ihm entstehen können, sind stofflich betrachtet etwas ganz anderes als seelische Verhaltensweisen und Tugenden. Aber wir können das Magma als Symbol für das ungeordnete und triebhafte Unbewusste nehmen, das normalerweise unter dem Druck von Verdrängungen unauffällig unter der Oberfläche unseres Alltagslebens brodelt und bei entsprechender »Überhitzung« gleich einem Vulkanausbruch ins Bewusstsein geschleudert wird.

Wie aber ist es möglich, dass sich dieses Chaos unter bestimmten Bedingungen so ordnet, dass das Ergebnis nicht ein destruktiver Vulkan, sondern ein farbenprächtiger Edelstein wird? Die Antwort auf diese Frage steckt im Geheimnis der Entstehung des Turmalins im Erdinnern und in der Beziehung dieses Prozesses zur Entwicklung unserer Seele.

Von dieser Beziehung handelt dieses Buch. Seine Kapitel sind nach dem Prinzip der Ganzheitlichkeit so angelegt, dass Sie jedes einzelne als Teil des Ganzen verstehen können, weil in jedem der vollständige Inhalt keimhaft enthalten und dargestellt ist. Dort, wo Verständnisschwierigkeiten auftreten könnten, weil Begriffe verwendet werden, die entweder in einem früheren Kapitel stehen oder erst in einem späteren erklärt werden, sind entsprechende Verweise, Links ⊳ angegeben. Detaillierte Informationen finden Sie auch über das Stichwortverzeichnis ⊳S.181. Sie können also mit einem Kapitel anfangen, das Sie interessiert, und werden dabei Schritt für Schritt bis zur »Praxis der Einweihung« in

Kapitel 6 weitergeführt. Der Mineraloge unter Ihnen wird sich wahrscheinlich zunächst für die Entstehung des Turmalins in Kapitel 2 interessieren, während der Edelsteinliebhaber sich von Kapitel 1 angezogen fühlt. Der Heilpraktiker beginnt vielleicht sogar mit Kapitel 7 »Die heilende Wirkung des Turmalins und seiner Präparate« am Ende des Buches, der Alchemist wird Kapitel 3 und 4 als Einstieg bevorzugen. Der Pädagoge mag zunächst mit Kapitel 4 »Der Lange Weg der Einweihung« anfangen und der Esoteriker beginnt vielleicht direkt mit dem Kernstück des Buches im Kapitel 6 »Die Praxis der Einweihung«.

Mit welchem Kapitel Sie auch immer anfangen, vielleicht kristallisiert sich im Laufe des Lesens und bei der Anwendung der einzelnen Übungen in Ihnen Ihr ureigenster farbenprächtiger Turmalin heraus.

KAPITEL 1
DER TURMALIN ALS PHÄNOMEN

EINLEITUNG

Meine erste Begegnung mit dem Turmalin fand auf einer Mineralienbörse in München statt. Ich traute zunächst meinen Augen nicht: Diese Vielfalt der Farben und Formen sollte zu einer einzigen Edelsteinart gehören? In allen Regenbogenfarben strahlten da die durchsichtigen, geschliffenen Scheiben der Turmalin-Kristalle mit ihren charakteristischen gleichseitigen Dreiecken in der Mitte, die von vielfarbigen Streifen umgeben waren.

Der Aussteller hatte seine Kristalle in der Abfolge der Farben des Regenbogens so angeordnet, dass sie sich in ihren Wirkungen verstärken konnten. Nachdem ich eine Weile von dem Anblick fasziniert vor der Vitrine gestanden hatte, überkam mich ein wunderbares, euphorisches Gefühl, wie ich es bisher nur vor den Meisterwerken der Malerei oder in einer gänzlich vom Sonnenlicht erfüllten Landschaft Afrikas erlebt hatte. Ich trat so nah an die Vitrine heran, dass ich nichts mehr sah als nur noch diese Steine. Sie schienen zu einem farbigen Lichtermeer zusammenzufließen und mich mit ihrer Schönheit zu umspülen. Wie von selbst kam es mir auf die Lippen:

Turmalin, du Stein der Steine

Aus dem Schmelzfluss der Gesteine
Entstehst du wie das Herz im Blut,
Sammelst, was für sich alleine
Asche wäre nach der Glut.

Dein Kristall vereinigt Kräfte,
Stoffe, die sich widerstreben,
Wie das Herz getrennte Säfte
Bindet durch sein rhythmisch Leben.

Gleich dem Blut auf dunklen Bahnen
Strömt durch deinen Leib das Licht,
Wo es wie in Regenfahnen,
Farbenfroh sich in dir bricht.

Turmalin, du Stein der Steine,
Herz des Herzens im Gestein,
Zeigst uns, was wir hier alleine
Nie und nimmer können sein!

Seit diesem Erlebnis ging mir die Frage nach der Entstehung, dem Wesen und der Bedeutung dieses Edelsteines für den Menschen nicht mehr aus dem Kopf. Je mehr ich mich mit dem Turmalin beschäftigte, desto mehr erkannte ich, dass es sich dabei lediglich um ein äußeres Abbild unserer menschlichen Seelenentwicklung handelt.

DER TURMALIN ALS MINERAL

Bereits in der Antike wurde der Turmalin aufgrund seiner Farbenvielfalt sehr geschätzt und als Edelstein verwendet. Man verwechselte ihn jedoch oft mit anderen Edelsteinen wie z.B. dem Rubin, Granat oder Saphir, so dass er als eigener Edelstein allmählich in Vergessenheit geriet und im Mittelalter in Europa völlig unbekannt war.

Erst im 18. Jahrhundert, als die Holländer ihn unter der singhalesischen Bezeichnung »turamalin«, was so viel wie »der Stein, der Asche anzieht« bedeutet, von ihren Reisen mitbrachten, wurde ihm wieder Aufmerksamkeit geschenkt. Nachdem sie festgestellt hatten, dass dieser Stein nach Erhitzen Asche anzieht, benutzten sie ihn zum Reinigen ihrer Tabakpfeifen. Dabei handelt es sich um eine Reaktion, bei der sich die Enden eines säulenförmigen Turmalin-Kristalls infolge ihrer inneren Struktur an einem Ende positiv und am anderen negativ aufladen.

Die ersten Turmaline, die in Ceylon entdeckt wurden, waren rötlich bis leuchtend rot. Und obwohl der schwarze Turmalin bei den europäischen Bergleuten schon lange bekannt war, fiel es niemandem auf, dass es sich bei dem Stein aus Ceylon um dasselbe Mineral handelte.

Chemisch ist der Turmalin eines der inhaltsreichsten Minerale mit dem kompliziertesten Aufbau. Mineralogen glaubten lange Zeit, es handle sich um eine Mischung verschiedener Mineralien, und bezeichneten ihn deshalb nur als Halbedelstein. Erst mit Hilfe der so genannten Röntgenstrukturanalyse konnte dieser Irrtum erkannt werden. Es zeigte sich, dass die chemischen Bestandteile im Kristallgitter des Turmalins sehr stark variieren können. Besonders die Variationen der Schwermetallionen sorgen für die Farbenvielfalt des Kristalls.

Die Turmalin-Kristalle bestehen hauptsächlich aus langen Säulen und sind außen gerieft und ihr Querschnitt ist fast dreieckig, trigonal.

Das Mineral Turmalin findet man hauptsächlich in Graniten und Pegmatiten, sekundär auch in Ablagerungen, meistens vergesellschaftet mit Lithioglimmer (Lepidolith), den Edelsteinen Beryll, Topas, begleitet von Apatit.

Der Turmalin kommt auf der ganzen Erde vor und in manchen Gegenden, wie z.B. im Erongogebirge in Namibia, bildet das Mineral sogar ganze, zusammenhängende »Turmalin-Gesteine«. Fundorte sind: die Pegmatiten Nordamerikas, insbesondere Kalifornien

(Distrikt Pala); Elba, Brasilien, Madagaskar, Ural, Südafrika, Australien, Birma, Kaschmir und Bengalen. In Mosambik sind die bisher größten Turmaline mit Edelsteinqualität gefunden worden. So vielfältig die Fundorte des Turmalins sind, so reichhaltig ist das Farbenspektrum dieses Edelsteins.

Der bekannteste Turmalin ist der *Schörl,* der jedoch wegen seiner schwarzen Farbe kaum als Schmuckstein verwendet wird. Genauso ist der farblose und selten vorkommende *Achroit* >Tafel 11 wenig in Gebrauch. Der *Apyrit* >Tafel 10 ist als Edelstein am beliebtesten. Seine Farbe erinnert an den Rubin und deshalb wurde er auch oft mit diesem verwechselt. Der grüne *Verdelith* >Tafel 4 kommt ähnlich wie der blaue *Indigolith* >Tafel 6 in verschiedenen Farbstufen vor und der *Dravit* in seinen gelben bis braunen Farbtönen ist sehr selten.

Die säulenförmigen Turmalin-Kristalle sind oft verschiedenfarbig gestreift und glänzen in allen Farben des Regenbogens. Am deutlichsten ist der Farbwechsel in Turmalin-Scheiben (Querschnitten) zwischen verschiedenen Zonen deutlich zu erkennen, da der Kern des Kristalls eine andere Farbe hat als die äußeren Zonen. Und je nach Blickwinkel und Lichteinfall bietet ein einziger Stein ein faszinierendes Farbenspiel.

DIE »REGENBOGENFARBIGEN« TURMALINE

Es gibt 7 einfarbige Turmaline. Sie haben die Grundfarben des Regenbogens: Gelb, Orange, Grün, Rot, Blau, Violett. Weiß kommt noch ergänzend hinzu, ist aber eigentlich keine Farbe. Es hat deshalb ebenso wie Schwarz eine Sonderstellung, da es Übergänge und Verdichtungen zwischen den reinen Farben ermöglicht, obgleich es selbst nie ganz rein vorkommen. Unter diesem Aspekt ergibt sich folgende Übersicht:

ACHROIT

Der farblose oder »weiße« Turmalin kommt vor allem in reiner, absolut farbloser Ausprägung sehr selten vor. In den meisten Fällen sind die Achroite wie mit einem schwachen Farbfilm durchzogen. Oder sie sind – wie auf unserer Abbildung – ein farbloser Bereich innerhalb eines farbigen Kristalls.

GOLDGELBER TURMALIN

Dieser Stein kommt ebenso selten vor. Es handelt sich dann meistens um gelbe Dravite oder Elbaite, die ins Braune und Blaugrüne übergehen. Der Dravit ist eigentlich ein einfarbiger gelber Turmalin, bei dem Gelb in ein bronzefarbenes Braun übergegangen ist.

Orangefarbener Turmalin

Mit seinem rötlich-orangen Farbton stellt er eine Seltenheit dar. In den meisten Fällen handelt es sich – wie beim gelben Turmalin – um Dravit, dessen Farben bis ins Braungelb reichen.

Grüner Turmalin

Dieses Mineral ist unter dem Namen *Verdelith* bekannt und wurde zum ersten Mal in Brasilien gefunden. Sein Grundton variiert vom zartesten Grün der Buchenblätter im Frühling bis zum dunklen Moosgrün. Dabei finden sich häufig Übergänge von hellgrünen bis zu gelben und braunen Farbschattierungen sowie von Dunkelgrün über Blau zu Schwarz. Sehr selten, aber dafür besonders eindrucksvoll, sind Verdelithe mit einem roten inneren Dreieck.

Roter Turmalin oder Rubellit

Der Rubellit wird in seiner rosafarbenen Erscheinung auch als *Apyrit* >Tafel 10 bezeichnet und erscheint vom hellsten Rosa bis zum tiefsten Purpurrot. Er wurde zuerst im Ural gefunden, später auch in Birma und Kalifornien.

Blauer Turmalin oder Indigolith

Seine Farbvielfalt reicht vom hellsten Blau eines Frühlingshimmels bis zum Schwarzblau dunkler Gewitterwolken. Zwischen diesen beiden Extremen gibt es alle Übergänge. Infolge der hohen Farbdichte tritt das Blau in den dunklen Variationen der Kristalle nur bei starker Durchleuchtung in Erscheinung.

Violetter Turmalin

Dieses Mineral hat keine eigene mineralogische Bezeichnung, ist aber ebenso wie Indigolith sehr intensiv gefärbt. Bei ihm reicht die Farbpalette vom schwachen rötlichem Blau bis zu dunkelvioletten Tönen.

Schwarzer Turmalin oder Schörl

Er ist in praktisch allen Granitgesteinen zu finden, die aus der pegmatitischen Abfolge >S. 30 stammen. Mit seinem matten bis metallisch glänzenden Kristallflächen ist der schwarze Stein fast immer undurchsichtig.

Zwischen den 7 Grundfarben gibt es zahlreiche Übergänge. Von denen vor allem diejenigen interessant sind, die sich auf unser Gemüt auswirken. Johann Wolfgang von Goethe hatte sich sehr ausführlich mit Farben und ihrer Heilwirkung auf unser Gemüt beschäftigt und in seiner Farbenlehre[1*] detailliert beschrieben. Mehr dazu in den nächsten beiden Kapiteln. Die Erkenntnisse Goethes können uns heute helfen, die Bedeutung der Heilkraft der unterschiedlichsten Farben besser zu verstehen. Wie sehr auch die Farbe des Turmalins die menschliche Seele beeinflussen kann, erfahren Sie in Kapitel 6, und im folgenden Abschnitt.

---

* *Quellenangaben siehe Seite 175*

VON DER WIRKUNG DER FARBEN AUF UNSER GEMÜT

Goethes Untersuchungen über das Wesen der Farben und ihre Wirkungen auf die Seele werden sowohl in der Malerei als auch in der Farbtherapie anerkannt und geschätzt. Er machte folgende Feststellung, die Sie selbst einmal überprüfen können:

Betrachten Sie lange und intensiv eine hell beleuchtete rote Fläche in einem abgedunkelten Raum. Schließen Sie danach fest die Augen. Vor Ihrem inneren Auge erscheint dann eine Fläche, die in ihren Umrissen als helles Gebilde erscheint, welches jetzt nicht mehr rot, sondern grün gefärbt ist. Wiederholen Sie den gleichen Versuch mit einer rein gelben Fläche, so erscheint diese als »Nachbild« auf der Netzhaut des Auges in rotblauer Farbe und bei Betrachtung einer rein blauen Fläche ist das Nachbild intensiv rotgelb gefärbt.

Goethe deutete diese Beobachtung folgendermaßen:

> *Wenn das Auge die Farbe erblickt, so wird es gleich in Tätigkeit gesetzt, und es ist seiner Natur gemäß, eine andere so unbewusst als notwendig hervorzubringen, welche mit der gegebenen die Totalität des ganzen Farbkreises enthält. Eine einzelne Farbe erregt in dem Auge durch eine spezifische Empfindung das Streben nach Allgemeinheit. Um nun dieser Totalität gewahr zu werden, um sich selbst zu befriedigen, sucht es neben jedem farbigen Raum einen farblosen, um die geforderte Farbe an demselben hervorzubringen. Hier liegt also das Grundgesetz aller Harmonie der Farben, ... welche sich denn zuletzt auf 3 einfache Gegensätze zurückführen lassen:*
>
> *Gelb fordert Rotblau, Blau fordert Rotgelb, Purpur fordert Grün, und umgekehrt.*[2]

Goethes Erkenntnis diente später als Grundlage für die Farbtherapie.

> *Aus der Idee des Gegensatzes der Erscheinung, aus der Kenntnis, die wir von der besonderen Bestimmung desselben (erlangt) haben, können wir schließen, dass wir die einzelnen Farbeindrücke nicht verwechseln können, dass sie spezifisch wirken und entschieden spezifische Zustände in dem lebendigen Organ hervorbringen müssen. Ebenso auch in dem Gemüt. Die Erfahrung lehrt uns, dass die einzelnen Farben besondere Gemütsstimmungen geben.*[3]

Goethe teilte die Farben in zwei Gruppen auf und unterschied zwischen Farben der »Plusseite« und der »Minusseite«. Zur ersten gehören Gelb, Orange und Rot und zur zweiten Grün, Blau und Violett. Er charakterisiert die Wirkungen der Farben der Plusseite als regsam, lebhaft und strebend stimmend, während die der Minusseite unruhige, weiche und sehnende Empfindungen hervorrufen. Des Weiteren unterschied er zwischen »reinen Farben« und »Übergangsfarben«.

Die Auswirkungen auf unser Gemüt können Sie bei der Betrachtung der entsprechenden farb igen Turmaline nachempfinden. Allerdings kommen die reinen Farben im »regenbogenfarbigen« Turmalin eher selten vor, sondern erscheinen dort als Mischfarben.

Reine Farben

Gelb steht dem weißen, farblosen Licht am nächsten und ist in der Natur immer mit der Helligkeit des Sonnenlichtes verbunden. Sie hat eine erheiternde, aufmunternde Wirkung und führt zu einer angenehmen warmen Empfindung. Sobald Gelb in den Goldton übergeht, entsteht eine besonders kräftige und edle Wirkung.

Wenn Gelb mit gräulichbrauner Farbe gemischt wird, kann es sehr schnell billig und schmutzig wirken und unangenehme Empfindungen auslösen. Deutlich wird dies an schmutzigem Braungelb.

Rot ohne gelbe oder blaue Anteile enthält die Aktivität und das Potenzial aller anderen Farben des Farbkreises. Dunkelrot vermittelt Ernsthaftigkeit und Würde und ist Blau mit seiner Innerlichkeit verpflichtet. Hellrot (Rosa der Pfirsichblüte) dagegen drängt nach außen. Es will sich ausbreiten, aktiv werden und ist lieblich und anmutig dem Gelb zugetan.

Blau steht Schwarz am nächsten und hat immer etwas Kaltes, Dunkles an sich. Das reine Blau ist gleichsam ein »reizendes Nichts«. Blaue Zimmer erscheinen weit, aber gleichzeitig leer und kalt.

Grün entsteht aus einer Mischung aus Gelb und Blau. Grün beruhigt und hat zudem etwas sehr Ausgleichendes. Somit kann es eine Balance zwischen Extremen schaffen. Goethe schrieb in seiner Farbenlehre Folgendes über Grün: »Man will nicht weiter, und man kann nicht weiter. Deswegen für Zimmer, in denen man sich immer befindet, die grüne Farbe zur Tapete meist gewählt wird.«

Reine Farben sind nicht nur im Mineralreich, sondern auch in der gesamten Natur selten zu beobachten. Somit haben die Übergangsfarben, wie sich im Folgenden zeigen wird, besondere Bedeutung.

Übergangsfarben

Rotgelb entsteht, wenn der Gelbton dunkler wird. Dadurch wird der Farbton energiereicher, kräftiger und herrlicher und Gefühle von Wärme und Freude nehmen zu. So hinterlässt ein schöner Sonnenuntergang die Empfindung der Fülle und Freude.

Gelbrot Durch die Steigerung des Gelben ins Gelbrote (Zinnober, Messing) wird die aktive Seite verstärkt und zur höchsten Energie gesteigert. Diese Farbe steht für Aktivitäten, die sich nach außen richten. Kinder lieben diese kraftvolle Farbe und Naturvölker verwenden sie als Symbol der höchsten Energie.

ROTBLAU ist ein gesteigertes Blau, das durch die Rotanteile auf die »Plusseite« gelangt. Abgeschwächt ist es eine Farbe der Lebhaftigkeit, bei der fröhliche Empfindungen jedoch fehlen.

BLAUROT Das konzentrierte Blau steigert die Unruhe und das Bedürfnis, einen ruhenden Pol zu finden. »... und man kann wohl behaupten, dass eine Tapete von einem ganz reinen, gesättigten Blaurot eine Art von unerträglicher Gegenwart sein müsste.«[4]

SCHWARZ und WEISS werden von Goethe nicht als Farben im eigentlichen Sinn bezeichnet, sondern es sind Wahrnehmungen unseres Sehorgans, die erst in ihrem Zusammenspiel die Farben erzeugen.

So wie die Netzhaut Hell und Dunkel aufnimmt, so verhält sie sich dunklen und hellen Gegenstände gegenüber. Licht und Finsternis vermitteln ihr ganz unterschiedliche Stimmungen.

Wenn wir die »verschiedenen Stimmungen« von Licht und Finsternis untersuchen, die durch Weiß und Schwarz repräsentiert werden, zeigt sich Folgendes:

Das Schwarze, als Repräsentant der Finsternis, lässt das Organ im Zustand der Ruhe, das Weiße, als Stellvertreter des Lichts, versetzt es in Tätigkeit.[5]

WEISS, die »Farbe« des Lichtes wirkt sich erfrischend auf unser Gemüt aus. Licht bringt auch Helligkeit in unser Inneres. Dunkelheit hingegen verstellt uns den Blick auf unser eigenes Ich. Dieses Ich, das eigentliche Zentrum unseres Bewusstseins, ist dem Licht verwandt. Durch die Farbe Weiß können wir es intensiver und bewusster erleben. Das spüren wir ganz besonders deutlich, wenn wir aufwachen und es ist ein heller, sonnenerfüllter Tag. Dann fühlen wir uns wohl und jede Zelle wird von Helligkeit und Leben umspült. Im Gegensatz dazu sind wir in der Dunkelheit weit von uns entfernt und bei vollständiger Finsternis werden wir zur Untätigkeit gezwungen.

SCHWARZ repräsentiert als Gegenpol zu Weiß die Farbe der Finsternis und lässt alle lebendigen Empfindungen in unserer Seele absterben. Im Dunkeln können wir von Angst erfüllt werden und alles Leben und jede Regsamkeit der Seelenkräfte können erstickt werden. Sobald es mit Weiß in Verbindung auftritt, erweckt es in diesem das Geistige, aber in abstrakter, toter Form.

In folgender Tabelle sind die Wirkungen der Farben noch einmal übersichtlich zusammengefasst:

REINE FARBEN	WIRKUNG
Gelb	erheiternd, aufmunternd, aber auch kräftige und edle Wirkung
Braungelb	verursacht unangenehme Empfindungen
Rot Dunkelrot Hellrot Rosa	aktivierend ernsthaft, würdevoll, verlässlich und streng; aktivierend, nach außen drängend, lieblich
Blau	vermittelt Kälte, Weite, Leere
Grün	wirkt ausgleichend, beruhigend
Rotgelb	fördert das Gefühl von Wärme und Freude
Gelbrot	steigert die Energie bis hin zur Aggression, fördert nach außen gerichtete Aktivitäten
Rotblau	Lebhaftigkeit
Blaurot	steigert das Gefühl der Unruhe
Weiß	erfrischt, bringt Helligkeit ins Innere, unterstützt das bewusste und intensive Erleben
Schwarz	verstellt den Blick auf das Ich, lässt die Empfindungen der Seele absterben, wirkt sich abschreckend und abtötend auf das Gemüt aus

FARBEN UND TEMPERAMENTE

Aus der Psychotherapie ist bekannt, dass mit Farben Krankheiten geheilt werden können, weil diese sich positiv auf die Stimmung auswirken. Andererseits können sich Farben auch negativ auf die Seelenkräfte auswirken. Goethe hat in diesem Zusammenhang mit Friedrich Schiller die »Temperamentsrose« >Tafel 13 entworfen. Dabei handelt es sich um die sinnlich-sittliche Wirkung der Farben im Hinblick auf die verschiedenen Temperamente des Menschen. In der Temperamentsrose wird die Beziehung der 4 Temperamente zu den Farben dargestellt. Dazu wurde dieser Farbkreis in 12 Segmente aufgeteilt; in jedem Segment wurde eine charakteristische Grundstimmung der Seele eingezeichnet. Die Bezeichnungen entsprechen denen des griechischen Altertums (Hippokrates): Phlegmatik, Melancholie, Cholerik und Sanguinik.

Jedes Temperament erscheint dabei in 3 Abwandlungen. Zwei davon sind immer die Übergänge zu dem benachbarten Temperament mit einem Zentraltyp in der Mitte. Durch die Gegenüberstellung der Temperamente im Farbkreis (Cholerik/Phlegmatik und Sanguinik/Melancholie) ist die psychologische Gesetzmäßigkeit der Polaritäten zwischen aktiven und passiven Temperamentsqualitäten berücksichtigt.

Die Temperamentsrose Goethes und Schillers war aus ihrem Interesse für menschliche Seelenqualitäten entstanden, die sie im Schauspiel darzustellen versuchten. Es war ihnen ein Anliegen, dabei die Entwicklung und Schwierigkeiten, die die Seele im Laufe eines Lebens erfährt, mit einzubeziehen. Genau um diese »biographischen Seelenprobleme« geht es auch in unserem alchemistischen »Langen Einweihungsweg« >S. 55, bei dem der Turmalin als Symbol dient.

VOM VEREDLUNGSPROZESS DER EDELSTEINE UND DER SEELE

Wenn wir den Turmalin oder andere Edelsteine der Temperamentsrose zuordnen, ergibt sich aufgrund der Farben ein erster Zusammenhang zwischen ihnen und den Seeleneigenschaften. Darüber hinaus kommt aber noch eine andere Wirkung hinzu, die nicht allein durch die Farben zu erklären ist, sondern mit der Entstehung des Edelsteins zusammenhängt.

Turmaline haben, wie alle Edelsteine, eine kristalline Struktur und entstehen durch eine »Veredlung« ihrer Grundstoffe in den Vulkangesteinen (Basalt, Granit, Porphyr). Dieser Veredlungsprozess umfasst 3 Stufen: die *Reinigung*, die *Läuterung* und die *Verdichtung* des Materials. Sie entsprechen den 3 Prozessen »Trennung« (*Separatio*), »*Reinigung*« *(Putrefactio) und »Vereinigung« (Cohebitio).*

1. Stufe: Trennung des Materials
geschieht durch Befreiung von Fremdstoffen durch Abscheiden und Ausstoßen (Verdampfen, Sublimieren usw.), die nicht zum Edelstein gehören.

2. Stufe: Reinigung
geschieht so lange durch Auflösen, Umschmelzen und erneutes Ausfällen, bis der Stoff durchsichtig, wasserklar und leuchtend ist.

3. Stufe: Verdichtung, Vereinigung
bedeutet, dass das Material so kristallisiert, dass seine Farben intensiv werden und in alle Richtungen des Raumes ausstrahlen können.

Dieser 3-stufige Veredlungsprozess geschieht bei der Edelsteinbildung aber nur an Mineralien (chemisch einheitlichen Stoffen), die bestimmten Anforderungen genügen, d.h. die späteren Eigenschaften des Edelsteins besitzen. Dazu gehören:

1. Festigkeit: Es muss eine bestimmte Härte und Struktur haben, um den mechanischen Zerstörungskräften in der Gesteinswelt widerstehen zu können.

2. Resistenz: Das Material muss gegenüber chemischen Einflüssen resistent sein, d.h., es weist keine oder nur geringe Löslichkeit in Wasser, Säuren oder Alkalien und Unempfindlichkeit gegenüber Sauerstoff (Oxidation) und Wasserstoff (Reduktion) weist.

3. Temperaturbeständigkeit: Das Material muss auch bei hohen Temperaturen noch seine Struktur bewahren, also schwer schmelzbar sein.

Infolge dieser Anforderungen muss das Ausgangsmaterial eines Edelsteins in einer Art »Vorveredlungsprozess« auf seine Veredelung vorbereitet werden.

So kann sich z.B. aus einfachem Aluminiumoxid (Tonerde) kein Rubin oder Saphir bilden, wenn nicht vorher die Tonerde (amorphes Oxid) zu Korund (kristallisiertes Aluminiumoxid) geworden ist. Ebenso kann aus Siliziumdioxid erst Bergkristall entstehen, wenn es sich vorher in Quarz (kristalline Kieselsäure) umgewandelt hat.

Der »Vorveredlungsprozess« findet auf komplizierte Weise im Inneren, gleichsam im »Unbewussten« der Gesteinswelt statt. Einen Zusammenhang zwischen Edelsteinbildung und Seelenentwicklung können wir bereits bei dem folgenden Vergleich feststellen:

Die 3 Anforderungen an die Grundmaterialien für den Prozess der Edelsteinbildung entsprechen ihrem Wesen nach in metamorphosierter Form dem, was auch für die Veredlung unserer Seelenkräfte auf dem Einweihungsweg Voraussetzung ist:

1. Die Festigkeit unserer Seele zeigt sich darin, dass Wahrheit und Ideale im Laufe des Lebens manifestiert werden, Zweifel schwinden und Widerstandsfähigkeit gegenüber äußeren Zerstörungskräften zunehmen.

2. Die Resistenz gegenüber chemischen Einflüssen entspricht der Fähigkeit, Triebe, Begierden und Leidenschaften lenken zu können, um in Beziehungen liebevoller und beständiger zu sein.

3. Die Temperaturbeständigkeit entspricht der kraft vollen Art, wie der Mensch sein zielgerichtetes Handelns in der Welt zum Ausdruck bringt. Diese Analogiebeziehungen, die Ihnen vielleicht zunächst »weit hergeholt« erscheinen mögen, werden verständlicher, wenn Sie Kapitel 3 und 4 gelesen haben, in denen die Grundlagen unserer Betrachtungsweise dargestellt sind. In den Kapiteln 5 und 6 nehmen sie dann reale, praktische Gestalt an. Da wir uns in diesen Kapiteln wieder auf den Vergleich zwischen Veredlungsprozess und Seelenentwicklung beziehen, wird er anschließend noch einmal übersichtlich dargestellt: >Tabelle unten.

Die genauen Zusammenhänge zwischen den analogen Prozessen »Turmalin-Bildung durch Veredlung« und »Seelenentwicklung durch Selbsterkenntnis« werden in Kapitel 4 dargestellt. Für das Verständnis dieser Analogien ist es erforderlich, zunächst beide Prozesse voneinander getrennt zu betrachten.

Veredelung der Edelsteine	Seelenentwicklung durch Selbstbewusstsein
1. Edelsteine entstehen durch Reinigung von Materialien und verleihen dem Stein große Festigkeit. Der Reinigungsprozess verstärkt diese Grundeigenschaft durch Ausscheiden von Fremdstoffen, die nicht zur eigentlichen Substanz des Edelsteins gehören.	1. Seelenentwicklung beginnt mit der Katharsis (Reinigung). Sie verlangt eine bewusste Kontrolle der Triebe, wodurch körperliche Gesundheit und geistig-seelische Widerstandsfähigkeit entstehen. Denn unbewusst ausgelebt, können Triebe das Gleichgewicht der Seelenkräfte stören. Diese Entwicklung wird durch Selbstbewusstsein und einen bewussten Umgang mit den inneren Kräften erreicht.
2. Nach der Reinigung und Läuterung des Materials erfolgt unter dem Einfluss von Druck und Wärme die Verdichtung zum Edelstein. Dadurch wird die Temperaturbeständigkeit erhöht. Das ursprüngliche Material kommt gleichsam zu sich selbst und erscheint vor unseren Augen in seiner ganzen Schönheit. So, wie wir das bei den Turmalinen erleben können.	2. Nach der Katharsis kommt es bei der Seelenentwicklung auf dem Einweihungsweg zur »*Auferstehung*«. Diese entsteht durch eine Ausrichtung (Verdichtung) auf Wahrheiten, die einem während dieses Prozesses bewusst geworden sind. Dies erfolgt durch bewussten Umgang mit den Instinkten, Trieben und Ängsten. Dadurch wird der Mensch frei und die eigene Klarheit wird immer größer und somit die innere Schönheit immer offensichtlicher.

Deshalb wenden wir uns im nächsten Kapitel den geologisch-mineralischen Grundlagen der Entstehung des Turmalins zu. Dabei sollten Sie immer daran denken, dass es sich mit der Entwicklung unseres Seelenlebens ähnlich verhält.

KAPITEL 2
DER TURMALIN-BILDEPROZESS

EINE REISE INS INNERE DER ERDE

Am 18. Mai 1980 explodierte der Mount St. Helens. Der Vulkan im nordwestlichen US-Bundesstaat Washington wurde als »amerikanischer Fujiyama« bezeichnet. Ein gleichmäßiger, oft schneebedeckter Kegel, der majestätisch aus der mit Douglasien- und Tannenwäldern bedeckten Berglandschaft herausragte. Er war etwas Besonderes und an seiner erodierten Form war zu erkennen, dass er aktiver als die anderen Vulkane der Cascade Range war.

Bei geologischen Untersuchungen stellte sich heraus, dass die Hauptmenge des in der Gegend abgelagerten vulkanischen Materials von ihm stammte. Die Vulkane vom Typ des Mount St. Helens sind die »Choleriker« unter den Feuer speienden Bergen, die zu ungeheuren Wutausbrüchen fähig sind. Anders als bei Basaltvulkanen – wie dem Ätna in Italien – ist ihre Lava kieselsäurereich und sehr zähflüssig. Die ideale Mischung für die Bildung von Bergkristallen und Edelsteinen, die beim langsamen Aufsteigen aus der Tiefe in den Schloten der Gebirgsmassive erkaltet.

Wenn sich dabei aber Pfropfen bilden, die den Vulkanschlot wie ein Blutgerinnsel verstopfen, stauen sich die in der Gesteinschmelze gelösten Gase. Der Druck im Erdinnern wird so gewaltig, dass ein solcher Berg wie ein Luftballon aufgebläht werden kann. So dehnte sich die Nordflanke des Mount St. Helens vor dem Ausbruch bis zu anderthalb Meter am Tag. Der entstandene Druck musste entweichen und so kam es am 18. Mai 1980 um 8.32 Uhr zu einer Explosion.

Der Berg sprengte seinen bereits spröde gewordenen Gipfel mit der gesamten Nordflanke ab. Aus der Öffnung raste eine Glutlawine aus schäumender Lava, die alle Bäume im nördlichen Umkreis von 30 Kilometern entwurzelte oder knickte, und verbrannte alles Leben an der Erdoberfläche.

Die Aschenwolke schwoll bis auf 20 Kilometer Höhe an und verteilte den Gesteinsstaub knöchelhoch über ein 600 Quadratkilometer großes Gebiet. Noch in einer Entfernung von 130 Kilometer machte der Staub den Tag zur Nacht und in den darauf folgenden drei Wochen trieb der Vulkanstaub in etwa 10 000 Meter Höhe einmal um die Erde. Es war ein Ereignis, das die menschliche

Vorstellungskraft sprengte und Bilder dieser Naturkatastrophe berührten viele Menschen. Ganz besonders die des amerikanischen Geologen J. D., der am Kraterrand geblieben war und noch dabei war, dieses unfassbare Naturschauspiel in sein Funkgerät zu sprechen, bevor er von der Glutlawine erfasst wurde.

In der Nacht, nachdem ich die erschütternden Bilder des Geologen gesehen hatte, hatte ich einen seltsamen Traum:

Auf einer Wanderung in einer öden Gebirgslandschaft begegnete mir ein Mann, der wie ein Astronaut gekleidet war. Er lud mich auf eine Reise ins Innere der Erde ein. Ohne zu zögern nahm ich seine Einladung an und im gleichen Moment brach die Erde unter uns auf und wir standen plötzlich am Grunde eines Kraters. Ich schaute an mir herunter und sah, dass ich den gleichen Anzug trug wie der Fremde. Wir gingen auf die Kraterwand zu, in der sich lautlos ein Tor öffnete, durch das wir ins Innere einer Halle gelangten. Dort stand ein Gefährt, das wie eine Rakete aussah, aber vollkommen durchsichtig war. »Nanokomprimiertes Titansilikat«, sagte der Fremde, »ein Material aus Titan, Silizium und Sauerstoff, in dem die Atome in einer Spezialstruktur so angeordnet sind, dass es unschmelzbar ist und jedem Druck standhält.«

Wir stiegen ein und das Cockpit erinnerte mich an das Innere von Raumschiffen, die ich in vielen Science-Fiction-Filmen gesehen hatte. Wir setzten uns und der Fremde zeigte auf einen Bildschirm über uns im Cockpit, auf dem die Erdkugel erschien. Er deutete auf einen Punkt in Afrika, südlich der Sahara, und sagte: »Hier ist unser Startpunkt. Genau auf dem Wendekreis des Steinbocks. Die Erdatmosphäre haben wir verlassen und die Wasserhülle stört uns in der Wüste nicht. Die Gesteinshülle der Erdkruste liegt vor uns.« Er startete unser »Erdschiff« und fuhr langsam durch die Gesteinswand. Dunkelheit umgab uns und nur der Bildschirm leuchtete noch. Auf ihm verschwand jetzt auch die Erdkugel und seltsame Bilder und Figuren, die mich an schönste Schliffe von Mineralien und Edelsteinen erinnerten, tauchten auf. Ich betrachtete diese Bilder fasziniert und irgendwann hörte ich meinen Begleiter sagen: »Wir reisen jetzt durch die verschiedenen Bereiche der Erdkruste auf den oberen Erdmantel in Richtung Zentrum. Zur Zeit befinden wir uns noch im Deckengebirge, einem Gemenge aus Gesteinen, die aus kristallinen Mineralien bestehen. Sie sind die interessantesten Gebilde der Kruste, weil sie uns viel über die Entstehung der Gebirge und ihrer Gesteinsschichten erklären können. Mit der Röntgenstrukturanalyse kannst du es besser erkennen.« Mein Begleiter betätigte einen Knopf auf dem Keyboard und auf dem Bildschirm erschien ein graues Gewirr von Quadraten, Rechtecken und Flächen, die sich zu Würfeln, Oktaedern und anderen geometrischen Körpern zusammenfügten, die ein Netzwerk bildeten. In des-

sen Knotenpunkten waren Kugeln verschiedener Größe angeordnet. »Kristallgitter«, sagte mein Begleiter »die Erdkruste ist in dieser Tiefe ein riesiges Netzwerk, in dem alles gesetzmäßig geordnet ist.«

Der Fremde schaltete die Kamera wieder auf Normalbetrieb und die farbigen Kristalle der Mineralien erschienen erneut im Bild. Er zeigte auf einen großen Turmalin-Kristall, der in allen Regenbogenfarben funkelte, und erklärte: »Wir befinden uns hier in einem Pegmatitgang, in einer Erdspalte, einem mächtigen Rohr, ausgefüllt mit Mineralien aller Art. Sie sind aus dem Magma, dem glutflüssigem Gestein, das durch eine plötzliche Druckentlastung nach oben stieg und dabei langsam erkaltete, entstanden. Bald werden wir es erreichen. Zur Zeit befinden wir uns noch im Bereich der hydrothermalen Schicht, etwa 10 bis 20 Kilometer unter der Erdoberfläche, bei einer Temperatur von 300 und 400 Grad Celsius und einem Druck von 1000 Atmosphären. Ich schalte auf Makroansicht um.« An Stelle der farbigen Kristalle erschien jetzt ein dunkelbraunes Gefüge von Gesteinen auf dem Bildschirm, das nicht die exakte geometrische Struktur der Kristalle hatte, aber eine gesetzmäßige Anordnung zeigte, die immer noch an das kristalline Netzwerk erinnerte. »Hier im Reich der Gesteine und Mineralien steht alles miteinander im Zusammenhang«, hörte ich meinen Begleiter sagen. »Makrokosmos der Gesteine und Mikrokosmos der Struktur der Mineralkristalle bilden eine genetische Einheit.« Er schaltete die Kamera wieder auf Normalsicht und wieder erschienen die wunderbarsten farbigen Kristallbilder verschiedener Mineralien auf dem Schirm: der goldgelbe Topas, grüne und gelbe Apatite, der blaue Aquamarin sowie der schwarze Magnetit und dazwischen immer wieder einmal die herrlichsten regenbogenfarbenen Turmalin-Kristalle. Freudig zeigte er wieder auf den Bildschirm und rief: »Achtung, jetzt erreichen wir die Zone der Pegmatite! Hier, ca. 30 Kilometer im Innern der Erde, kristallisiert der Turmalin als schwarzes Mineral aus der magmatischen Gesteinsschmelze zum ersten Mal aus. Vor uns liegt nur noch die liquidmagmatische Zone der Mineralbildung, die letzte Station vor dem Erreichen des oberen Erdmantels.«

Der Temperaturanzeiger stieg über die 1000-Grad-Marke, der Anblick auf dem Bildschirm veränderte sich. Alle Gesteine und Mineralien verwandelten sich in einen rot glühenden Brei, der träge dahinströmte. Nur ab und zu tauchten einige Kristalle und Gasblasen auf, die sich aber im nächsten Moment auch schon wieder aufzulösen schienen. »Wir haben jetzt die Asthenosphäre erreicht«, erklärte mein Begleiter, »hier beginnt die Zone des Magmas, des glutflüssigen Gesteinsbreies, aus dem alle Mineralien und Gesteine entstehen, die wir in der Erdkruste finden können.« Die Vibrationen der Erdfähre gingen in ein sanftes Wiegen über und ich schlief ein. Als ich aufwachte, fand ich mich in meinem Bett wieder·

Der Traum hat mich tief berührt und im folgenden Kapitel werde ich ihn aus der Sicht des Chemikers und Mineralogen darstellen. Vielleicht gelingt es Ihnen, sich analog dazu schon einmal die Entwicklung der menschlichen Seele vorzustellen.

DIE MAGMATISCHE ABFOLGE DER MINERALBILDUNG

Die *magmatische Abfolge* ist die Bezeichnung für die Mineralbildungen, die im glutflüssigen Gesteinsbrei (Magma) unterhalb der festen Erdkruste stattfinden.

Beim Aufstieg von Magmen aus der Tiefe, die durch Druck- und Temperaturänderungen infolge von Bewegungen der festen Kruste hervorgerufen werden, bilden sich unter dem Einfluss von Druckabfall und Abkühlung Kristalle. Diese Mineralkristalle schwimmen zunächst gleichmäßig verteilt im flüssigen Magma. Unter dem Einfluss der Schwerkraft kommt es bald zu einer Differenzierung der unterschiedlich schweren Kristalle, was zu ersten größeren Mineralablagerungen führt. Dabei handelt es sich hauptsächlich um die Oxide und Sulfide von Schwermetallen, die sich im Gesteinsbrei unten ansammeln, so dass die darüber liegenden Schichten die leichteren Stoffe als feine Kristallschleier enthalten. Der weitere Verlauf der Mineralbildung ist von der Art und Menge der Bestandteile, ihrer Verteilung im Magma und den Druck- und Temperaturverhältnissen abhängig. Innerhalb der magmatischen Abfolge gibt es folgende Stadien:

DIE LIQUID-MAGMATISCHE MINERALBILDUNG

Zwischen 1200 bis 650 Grad Celsius bilden sich aus dem flüssigen Magma bei zunehmender Abkühlung folgende Mineralien: Magnetit, Apatit, Olivin, Pyroxen, Amphibol, Glimmer, Plakioglas, Alkalifeldspäte und Quarz.

DIE PEGMATITISCHE MINERALBILDUNG

Nach dem Auskristallisieren der ersten Mineralien aus dem flüssigen Magma sind in der zurückbleibenden Schmelze das Wasser und andere Stoffe mit niedrigen Schmelz- und Siedepunkten angereichert. Dazu kommen die Verbindungen jener leichten Elemente, die für die Bildung der bereits auskristallisierten Mineralien nicht verwendet wurden. Das sind vor allem Bor, Lithium, Beryllium, Zirkonium, Uran, Tantal, Niob und Thorium.

Jetzt scheiden sich zwischen 500 bis 650 Grad vor allem Glimmer, Feldspäte und Quarze in größeren Mengen ab. Dabei taucht zum ersten Mal auch der Turmalin als Mineral aus der magmatischen Schmelze auf.

DIE PNEUMATOLYTISCHE MINERALBILDUNG

Sie geschieht durch weitere Abkühlung des inzwischen mit Kristallen stark angereicherten Magmas. Seine Phasen bestehen hauptsächlich aus Wasser, das infolge des hohen

Druckes auch bei Temperaturen um 500 Grad noch flüssig ist. Außerdem sind unter diesen extremen Druck- und Temperaturverhältnissen auch die Borsäure, Flusssäure und Salzsäure flüssig, so dass der Mineralbrei im Magma eine große Beweglichkeit hat und in Risse und Spalten des Nebengesteines eindringen kann. Hier erfolgt dann durch weiteres Abkühlen von 500 auf 400 Grad Celsius die nächste Bildung von Turmalinen zusammen mit Topas, Lithiumglimmer, Apatit, Zinnstein, Wolframit, Molybdänglanz, Magnetit und Magnetkies.

Die hydrothermale Mineralbildung

In diesem Stadium bilden sich auch Mineralien wie Quarz, Kalkspat, Dolomit, Siderit, Schwerspat und Flussspat. Besonders eindrucksvoll aber ist in dieser Phase die Bildung des Turmalins in allen Regenbogenfarben.

Die exhaltive Mineralbildung

Sie ist ein Sonderfall, der nur eintritt, wenn flüssiges und noch nicht entgastes Magma infolge plötzlicher Druckentlastung durch Aufbrechen eines Gesteinsganges (Schlot) an der Erdoberfläche dringt, wo eine plötzliche Entgasung erfolgt. Dabei entstehen unmittelbar aus den Gasen Minerale. Vor allem Sulfide und andere Salze, so, wie man sie in der Nähe von Vulkankratern findet.

Turmaline entstehen zusammen mit anderen Edelsteinen, wenn Mineralstoffe aus einer heißen Schmelze im Verlauf allmählicher Abkühlung und Druckentlastung auskristallisieren. Infolge der unterschiedlichen spezifischen Gewichte und Schmelzpunkte lassen sich dabei verschiedene Kristallisationsphasen unterscheiden, die mit den oben genannten Stufen der Gesteinsbildung in Beziehung stehen:

Kristallisationsphase	Mineralbildung
Frühkristallisation (1200–900° C)	liquid-magmatisch (1200–800° C)
Übergangszone I	
Hauptkristallisation (900–500° C)	pegmatitisch (900–650° C)
	pneumatolytisch (650–500° C)
Übergangszone II	
Restkristallisation (650–400° C und abwärts)	pneumatolytisch (500–400° C) hydrothermal (ab 400° C abwärts)

Bei der Frühkristallisation werden in der flüssigen magmatischen Schmelze zuerst die schweren Mineralien gebildet, die infolge der Kristalldifferenziation unter dem Einfluss der Gravitation nach unten sinken und sich in tieferen Bereichen des Magmas ansammeln.

Dabei handelt es sich außer um die schon genannten Metalloxide und Sulfide auch noch um die schweren Silikate wie eisenhaltiges Olivin, Pyroxen und das manganhaltige Silikatmineral Hornblende.

Durch das Auskristallisieren dieser schweren Silikate verbleiben in der Restschmelze die leichten Silikate, die für die Bildung des Turmalins und anderer Silikatmineralien und Edelsteine notwendig sind. Außerdem reichert sich hier das Bor in Form der leichten und flüchtigen Borsäure an, die für die Entstehung von Turmalinen Voraussetzung ist. Auf diese Weise versammelt der Turmalin, der hier als Kristall noch nicht in Erscheinung tritt, in der Schmelze schon alle Stoffe um sich, die er für seine spätere Kristallisation braucht.

DIE TURMALIN-GENERATIONEN

Die *erste Generation* der Turmaline entsteht aus der »Restschmelze« der liquid-magmatischen Phase an der Grenze des Temperaturbereiches von Frühkristallisation zur Hauptkristallisation Dabei gelingt die Geburt des Turmalins aus einer granitischen Schmelze aber nur, wenn genügend Bor vorhanden ist. Ohne Bor bzw. seine Verbindungen (Borsäure) kristallisiert nur granitisches Gestein aus. Das Element Bor ist für die Entstehung der so genannten Ringsilikatstruktur ⊳Abb. S. 54, des »Knochengerüsts« des Turmalins offenbar unbedingt notwendig.

Die Vertreter der ersten Turmalin-Generation, die in der pegmatitischen Phase ⊳S. 30 am Anfang der Hauptkristallisation auskristallisieren, sind vorwiegend Variationen des schwarzen Turmalins (Schörl). Dieser verdankt seine Farbe dem Eisen, das er aufnimmt. Die Turmalin bildende Kraft des Bors wird durch überschüssiges Eisen unmöglich gemacht – ein »Symbolisches« Phänomen von großer Bedeutung für die Analogie zur geistig-seelischen Entwicklung des Menschen! ⊳Kapitel 4, S. 67

Die *zweite Generation* der Turmaline bildet die ersten farbigen und durchsichtigen Kristalle aus. Sie entstehen in der Hauptkristallisationsphase der pegmatitisch-pneumatolytischen Mineralbildung. Dabei spielen jetzt die leichten Elemente Lithium und Magnesium die Rolle, die vorher das Eisen bei der Schörlbildung hatte. Sobald der Gehalt von Lithium und Magnesiumverbindungen in der Restschmelze höher ist als der des Eisens, ersetzen diese beiden Leichtmetalle das Eisen in den Silikatringen des Turmalins. Dadurch werden die Kristalle heller und klarer und durch die immer noch vorhandenen geringen Mengen an »Eisenmetallen« wie z.B. Eisen, Chrom, Nickel, Kobalt, Mangan charakteristisch gefärbt.

Lithium- und Eisenprozess stehen also auch in einem polaren Verhältnis zueinander. Dasselbe gilt für das Magnesium. Magnesiumsilikate drängen das Eisen zurück und führen zur Durchsichtigkeit und Klarheit der

Kristalle. Lithium- und Magnesiumprozess steigern also den Veredlungsprozess des Granites, der vom Bor getragen wird. Auch gibt es hier wieder einen »realsymbolischen« Zusammenhang mit der seelisch-geistigen Entwicklung des Menschen ⊳Kapitel 4, S. 63 + 67.

Die Prozesse, die während der *dritten Generation* der Turmaline ablaufen, sind von besonderer Symbolischer Bedeutung für den Einweihungsweg ⊳Kapitel 5. In dieser Phase kristallisiert die Schmelze vollständig aus. Die Temperatur sinkt unter die kritische Temperatur des Wassers (374 Grad). Im Wechselspiel zwischen Druck und Temperatur kann ab 217 atü das Wasser über der normalen Siedetemperatur von 100 Grad noch flüssig sein. Unter diesen Bedingungen werden viele Mineralien wieder aufgelöst. Die dabei entstehende hydrothermale Lösung dringt in die Risse und Spalten der umliegenden Gesteine ein und reichert sich zusätzlich mit Mineralstoffen durch Auflösen von Kristallen an. In der Nähe der Oberfläche des Deckengebirges kristallisiert sie schließlich mit sinkender Temperatur aus. Ist Borsäure vorhanden, kommt es hier zur Turmalin-Bildung. Diese Generation entsteht durch Auflösen der vorherigen Turmalin-Generationen in der hydrothermalen Restschmelze im Kontakt mit dem umliegenden Gestein. Dieser Prozess der »Kontaktmetamorphose« führt dazu, dass in den Spalten und Gängen des Deckengebirges die Turmaline der dritten Generation auch auf den früheren Generationen aufwachsen. Sie sind von besonderem Farbenreichtum, rein und klar und besitzen Edelsteinqualität (z.B. Elbaite).

Die so entstandenen Turmaline sind Zeugnisse dafür, dass der in der Frühkristallisation angelegte Keim des Turmalin-Wesens hier wahrhaftig zu sich selbst gekommen ist.

DIE 4 GRUNDPROZESSE DER TURMALIN-BILDUNG

Für die Analogiebetrachtung zwischen der Turmalin-Bildung und der geistig-seelischen Entwicklung des Menschen ⊳Kapitel 4, S. 67 ist die Bedeutung der 4 Entstehungsprozesse des Turmalins wichtig. Deshalb werden sie im Folgenden einmal übersichtlich zusammengestellt.

Der Borprozess ist der eigentliche Turmalin bildende Impuls. Ohne Bor in der granitischen Schmelze am Ende der Frühkristallisation in der liquid-magmatischen Phase ⊳S. 30 findet keine Veredlung des Granites zu Turmalin statt.

Der Eisenprozess sorgt dafür, dass sich aus einer granitischen borhaltigen Schmelze der Turmalin zum ersten Mal in seiner schwarzen Variation als Schörl inkarnieren kann. Dabei kann es passieren, dass zu viel Eisen in der Schmelze den Bor-Veredlungsprozess verhindert.

Der Lithium-Magnesium-Prozess sorgt gegenüber dem Eisenprozess für Ausgleich, da sich beide Leichtmetalle im Strukturgerüst des Turmalins an Stelle des Eisens setzen können. Somit gleichen sie entweder einen in der granitischen Schmelze vorhandenen Überschuss an Eisen aus, so dass es trotzdem zur Turmalin-Bildung kommt oder sie übernehmen dessen Rolle bei zu wenig Eisen in der Restschmelze. Dabei entstehen die klaren durchsichtigen Lithium- bzw. Magnesiumturmaline.

Der Aluminiumprozess beruht darauf, dass Aluminium in seinen ganzen chemischen und mineralischen Erscheinungsformen dem Silizium ähnlich ist. Es stammt aus Tonerde, während Magnesium dem Glimmer angehört. Der Aluminiumprozess im Turmalin bewirkt deshalb im Zusammenspiel mit den Silikaten die Beständigkeit desselben, vor allem bei den Umbildungen in der pneumatolytischen >S. 30 und hydrothermalen Phase >S. 31.

Die Kristallisation des Turmalins

Der gesamte Entstehungsprozess des Turmalins steht in seiner Gesamtheit »realsymbolisch« für den alchemistischen Prozess der geistig-seelischen Entwicklung des Menschen >Kapitel 4. Die chemischen und kristallographischen Eigenschaften des Turmalins, die im Folgenden dargestellt sind, verdeutlichen diese Analogie.

Die Makrostruktur der Turmalin-Kristalle

Mineralien und Edelsteine haben eine ganz spezielle ihnen zugehörige chemische Zusammensetzung. Dabei müssen die Elemente, die das Mineral aufbauen, in einer bestimmten räumlich-geometrischen Ordnung vorliegen, wobei die Form ihrer Kristalle fast immer gleich ist und strengen geometrischen Gesetzen unterliegt:

Anzahl der Kristallflächen + Kristallecken = Anzahl der Kanten + 2

Bedingt durch die jeweiligen geometrischen Symmetrieverhältnisse lassen sich die dabei unterschiedlichen Kristallformen in 7 Kristallsysteme gliedern, in denen der Turmalin eine besondere Stellung hat. Wenn Sie mehr darüber wissen möchten, so finden Sie unter den Literaturempfehlungen die passende Fachliteratur >S. 179.

Die Mikrostruktur der Turmalin-Kristalle

Der Turmalin gehört zu den gehaltvollsten Edelsteinen. Seine chemische Zusammensetzung und die Struktur seiner Elementarzelle waren lange Zeit für die Mineralogen ein Rätsel, das erst mit Hilfe modernster, so genannter spektroskopischer Analysenverfahren gelöst werden konnte.

Die Analysenergebnisse zeigen, dass er außer den genannten Grundbestandteilen Bor, Eisen, Lithium-Magnesium und Aluminium noch über ein Drittel der über 100 chemischen Elemente des Periodischen Systems enthält.

Bevor wir mit den Analogiebetrachtungen zwischen dem Turmalin und unserer Seelenentwicklung beginnen, möchte ich in den folgenden zwei Kapiteln die wissenschaftlich-weltanschaulichen Grundlagen für unsere Betrachtungsweise darstellen. Dabei handelt es sich um die Hermetik als Grundlage für die Alchemie.

Die hermetische Lehre ist eine Naturphilosophie mit der Darstellung der Wirkung des Geistes in der Welt, in das der Mensch als geistig-materielles Wesen mit einbezogen ist: Alles Geschehen im Kosmos wird verstanden als ein hermetischer, d.h. verborgener, in sich abgeschlossener Prozess der selbsttätigen Befreiung, Geburt und Dynamisierung des absoluten Bewusstseins, des »Weltgeistes«. Dieses absolute Bewusstsein mit seiner dynamischen Entwicklung der Materie zwischen den Gegensätzen von Werden und Vergehen, Geburt und Tod, Licht und Finsternis ist die geistige Tendenz und das »Ewige« in der Natur, von der Goethe – der geheime Hermetiker der Neuzeit – sagt:

Natur, wir sind von ihr umgeben und umschlungen – unvermögend aus ihr herauszutreten und unvermögend tiefer in sie hineinzukommen. ... Sie scheint alles auf Individualität angelegt zu haben und macht sich nichts aus Individuen. Sie baut immer und zerstört immer und ihre Werkstätte ist unzugänglich. – Sie ist die einzige Künstlerin: aus dem simpelsten Sto ff zu den größten Kontrasten; ohne Schein der Anstrengung zu der größten Vollendung. ... Jedes ihrer Werke hat ein eigenes Wesen, jede ihrer Erscheinungen den isoliertesten Begriff, und doch macht alles Eins aus. Es ist ein ewiges Leben, Werden und Bewegen in ihr und doch rückt sie nicht weiter. Sie verwandelt sich ewig und ist kein Moment Stillstehen in ihr. Die Menschen sind alle in ihr und sie in allen. Mit allen treibt sie ein freundliches Spiel und freut sich, je mehr man ihr abgewinnt. ... [6]

Für die abendländischen Alchemisten offenbarte die Hermetik die höchste göttliche Weisheit. Sie war ihnen Schlüssel zu den letzten Geheimnissen der Natur und zu ihrer eigenen Seele. Seltsamerweise geriet diese Naturphilosophie als Grundlage der Wissenschaften im Laufe der Geschichte in Vergessenheit und wurde aber durch den Paradigmenwechsel in den Naturwissenschaften wieder ins Bewusstsein der Forscher gehoben. Heute ist es an der Zeit, die Hermetik wieder zu entdecken. Denn sie stimmt auch überein mit den Ergebnissen der Forschungen in der Quantenphysik und den Gesetzen der Selbstorganisation[7] in der Chemie. Die am Beispiel der Analogie Turmalin – Mensch in diesem Buch vorgestellte hermetische Denkweise soll ein Impuls sein für eine Erneuerung unseres Naturverständnisses im Sinne Goethes:

»Sie (die Natur) hat keine Sprache noch Rede, aber sie schafft Zeugen und Herzen durch die sie spricht. Ihre Krone ist die Liebe. Nur durch sie kommt man ihr nahe. Sie macht Klüfte zwischen allen Wesen, und will alles sich verschlingen. Sie hat alles isoliert, um alles zusammen zu ziehen. Durch ein paar Züge aus dem Becher der Liebe hält sie für ein Leben voll Mühe schadlos.«[8]

KAPITEL 3
ALCHEMIE – DIE HERMETISCHE WISSENSCHAFT

DIE TABULA SMARAGDINA UND DIE 7 PRINZIPIEN DER HERMETIK

Die Grundlagen des ganzheitlichen hermetischen Weltbildes der Alchemie beruhen auf den 7 hermetischen Prinzipien der Tabula Smaragdina, dem Kompendium des geheimen hermetischen Wissens der Alchemisten. Sie ist auch die Basis für unseren 7-stufigen Einweihungsweg >Kapitel 6. S. 89–140.

Es ist wahr ohne Lüge, gewiss und sehr wahr. Was das Untere ist, ist wie das, was das Obere ist, um die Wunder einer Sache zu Stande zu bringen. Und wie alle Dinge von einem herstammen, durch den Plan eines: so stammen alle geschaffenen Dinge von dieser einen Sache her durch Adoption. Sein Vater ist die Sonne, seine Mutter der Mond. Der Wind trug es im Bauch, seine Nährerin ist die Erde. Es ist der Vater aller Vollendung der Welt, seine Tugend ist vollkommen, wenn es in Erde verwandelt worden. Trenne die Erde vom Feuer, das Subtile vom Dichten sukzessive mit großer Geschicklichkeit. Es steigt dann mit der Erde zum Himmel und steigt dann wieder zur Erde hinab und erhält die Kraft der Oberen und der Unteren. So hast du den Ruhm der ganzen Welt. Daher wird vor dir fliehen jegliche Finsternis. Das ist aller Stärke, wie sie jede subtile Sache besiegt und jede feste durchdringt. So ist die Welt erschaffen. Daher stammen die wunderbaren Anpassungen, deren Maß sie ist. Deswegen heiße ich dreimal großer Hermes, der ich habe 3 Teile der Philosophie der ganzen Welt. Es ist vollendet, was ich von der Wirksamkeit der Sonne gesagt habe.[9]

Der Legende nach fand Alexander der Große diese Schrift in einer Smaragdtafel eingemeißelt unterhalb einer Hermesstatue in der ägyptischen Cheopspyramide. Als Verfasser wird in den alchemistischen Schriften Hermes Trismegistos, der »3 Mal große Hermes« genannt. Eine legendäre Gestalt, von der bis heute niemand weiß, ob sie tatsächlich gelebt hat. Die Tabula smaragdina ist die kürzeste und zugleich tiefsinnigste Zusammenfassung der hermetischen Prinzipien. Für die abendländischen Alchemisten, die sich vor allem mit der Verwandlung der Metalle und ihren

Korrespondenzen im Menschen beschäftigten, sowie für die Hermetiker, die an ein umfassendes, physisches und meta-physisches Gesamtsystem glaubten, das die Kosmologie ebenso in sich barg wie die Anthropologie (im Sinne eines Gesamtwissens vom Menschen in körperlicher, geistiger und seelischer Beziehung), offenbarte die Tabula Smaragdina die höchste göttliche Weisheit und war der Schlüssel zum letzten Geheimnis der Natur. Demzufolge ist alles Geschehen im Kosmos ein selbstständiger hermetischer (verborgener) Prozess, bei dem es um die Organisation, Befreiung, Geburt und Dynamisierung des absoluten Bewusstseins, des »Weltgeistes« geht. Dieses absolute Bewusstsein mit seiner dynamischen Entwicklung der Materie besteht aus den Gegensätzen Werden und Vergehen, Geburt und Tod, Licht und Finsternis. Es ist das »Ewige« in der Natur, der geistig-materielle Prozess, der auf 7 Prinzipien beruht, von der die Tabula smaragdina spricht:

1. Das Prinzip der Geistigkeit

Das All ist Geist. Das gesamte Universum mit allen seinen Erscheinungen ist der materielle Ausdruck einer geistigen Schöpfung des Alls.

2. Das Prinzip der Entsprechung

Wie oben, so unten. Dies gilt für den gesamten Kosmos und bedeutet, dass es bis in kleinste Mikroorganismen Entsprechungen gibt.

3. Das Prinzip der Schwingung

Alles ist in ständiger Bewegung. Es gibt keine Ruhe in der Materie. Die verschiedenen Ausdrucksformen des Geistes, unserer Gedanken, Gefühle und Handlungen, haben ihre Ursache in unterschiedlichen Schwingungsgraden (Frequenzen).

4. Das Prinzip der Polarität

Alles, was existiert, hat zwei Pole, besteht aus einem Paar von Gegensätzen, die sich ergänzen und miteinander in Einklang gebracht werden können.

5. Das Prinzip des Rhythmus

Jede Bewegung hat zwischen den Polaritäten ihren eigenen Rhythmus, ihre »Gezeiten« wie Ebbe und Flut.

6. Das Prinzip von Ursache und Wirkung

Keine Wirkung ohne Ursache. Nichts ist zufällig, alles geschieht gesetzmäßig auf verschiedenen Ebenen des Universums.

7. Das Prinzip des Geschlechts

Sonne und Mond, die Polaritäten des Geschlechtes, männlich und weiblich durchdringen das geistig-materielle Sein und offenbaren sich auf allen seinen Ebenen durch Reproduktion und Schöpfung.

DIE ALCHEMISTEN UND DAS OPUS MAGNUM

Seit frühester Zeit wurde der Alchemist ebenso wie der Schmied als »Meister des Feuers« betrachtet. Denn mit der Hilfe des Feuers gelang es dem Alchemisten, natürliche Prozesse zu beschleunigen und alte Stoffe in neue zu verwandeln. Darüber hinaus konnten Alchemisten in ihrem Körper ein eigenes Feuer entzünden, das die menschliche Natur überwindet und als Ausdruck des göttlich-geistigen Prinzips angesehen wird.

Die »Meister des Feuers« berührten glühendes Eisen, ohne sich zu verbrennen, und gingen ebenso unbeschädigt über glühende Kohlen. War der Lehrling eines Alchemisten in der Lage, es seinem Meister nachzumachen und diese Handlungen zu vollziehen, ohne Verbrennungen zu erlangen, hatte er die Initiation bestanden. Dann hatte er bewiesen, dass er selbst zu Feuer geworden war, so dass ihm die äußere Berührung nicht mehr schaden konnte. Auch hier wird wieder die Analogie deutlich: wie innen, so auch außen.

Um die Verwandlung der Stoffe herbeizuführen, arbeiteten die Alchemisten, wie später die Chemiker auch, mit Mineralien und anderen Stoffen aus der Natur. Sie benutzten ähnliche Apparaturen und führten vergleichbare Experimente aus. Aber den Alchemisten kam es, im Gegensatz zu den Chemikern, in erster Linie darauf an, das Opus magnum, das Große Werk ▷S. 41 zu vollenden, bei dem Metall in Gold verwandelt wurde. In dem Moment, in dem einem Alchemisten dies gelang, wurde auch seine eigene Seele verwandelt. Deshalb galt die Alchemie als eine »Heilige Wissenschaft«. Wie aber kamen die Adepten auf die Idee, die Veredlung von Metallen mit der Läuterung ihrer Seele in Verbindung zu bringen? Und vor allem, wie stellten sie sich ihre Verwirklichung vor?

CHEMIE, ALCHEMIE UND MYSTERIUM

In der hermetischen Wissenschaft der Alchemie bedeutet das Prinzip »Mikrokosmos gleich Makrokosmos«, dass es Zusammenhänge zwischen allen Phänomenen in der gesamten Natur und dem Weltganzen gibt. Für den Hermetiker ▷S. 38 zerfällt die Welt der Erscheinungen in seiner Vorstellung also nicht in Atome, Elektronen, Protonen, Neutronen und Quanten, sondern für ihn bildet sie eine sinnvolle organische Einheit, in der alle Teile in ständiger Beziehung und Entsprechung zueinander stehen.

Jedes Weltgeschehen ist für den Alchemisten ein seelisches Ereignis und umgekehrt: jedes seelische Phänomen hat seine Entsprechung in der Welt. Solche Entsprechungen werden »Realsymbole« genannt, weil sie nicht willkürlich definiert oder erfunden sind, sondern auf realen Prozessen und Strukturen in der Natur beruhen.

Die Entsprechung »Mikrokosmos gleich Makrokosmos« sieht der Alchemist auch in der Beziehung zwischen dem Menschen und dem Turmalin, d.h., dass die Prozesse, die in der Mineralwelt zur Entstehung des Turmalins führen, Realsymbole für die Seelenprozesse im Inneren des Menschen sind – und umgekehrt.

Der Mensch ist das Abbild der ganzen Welt. Wir sind der Mikrokosmos des Makrokosmos. Alle Naturerscheinungen vom Stein bis zum Stern und alle Kräfte und alle Prozesse, die zu dieser Entstehung geführt haben, sind auch im Menschen angelegt und wirksam. Zum Teil sind sie schon entwickelt und zum Teil können sie noch entfaltet werden. Unser Körper entspricht dem Leib der Welt, unsere Seele der Weltenseele und unser Geist dem Weltgeist! Wir dürfen jedoch nicht vergessen, dass diese Entsprechungen nur keimhaft in uns angelegt sind und dass es bewusster Anstrengungen bedarf, um sie zu entwickeln. Dass sie bereits im Menschen vorhanden sind, beschreibt Paracelsus in seinem Kommentar zur Tabula smaragdina ⊳ S. 37.

So folgt aus dem Menschen sein Adelsname Mikrokosmos; das heißt soviel: alle himmlischen Bahnen, irdische Natur, Eigenschaften des Wassers und Wesen der Luft sind in ihm; in ihm ist die Natur aller Früchte der Erde und Erze, Natur der Wasser, dazu auch alle Konstellationen und die 4 Winde der Welt. ... Diese großen und wunderbaren Dinge stehen alle im Menschen, alle Kräfte der Kräuter, der Bäume werden in seinem Heilstoff gefunden; nicht nur der Erdgewächse Kraft, sondern des Wassers, die Eigenschaft der Metalle, die Natur der Schwefel-Eisenkiese, das Wesen der Edelsteine.[10]

Um verstehen zu können, dass der Mensch der Mikrokosmos im Makrokosmos ist, müssen wir lernen, in Analogien zu denken. Eine der Analogien, auf die sich die Alchemisten immer wieder beziehen, ist die zwischen dem Himmel, also dem »Oberen« und der Erde, sprich dem »Unteren«. Sie wird in diesem Buch als Grundlage für den Vergleich der Turmalin-Bildung mit der Seelenentwicklung des Menschen verwendet. Zum »Oberen«, von dem in der Tabula smaragdina die Rede ist, gehört der Fixsternenhimmel im Tierkreis zusammen mit den 7 Hauptplaneten Sonne, Merkur, Venus, Mars, Jupiter, Saturn und Mond. Dieses System hat seine Entsprechung im »Unteren«, d.h. im Mineralreich mit den 7 Metallen Gold, Quecksilber, Kupfer, Eisen, Zinn, Blei und Silber, als auch im menschlichen System mit den 7 Organen Herz, Lunge, Nieren, Blut, Gehirn, Milz und Gonaden, die wiederum in Beziehung stehen zu den 7 Chakren, den Energiezentren unseres Körpers ⊳ Anhang D und Tabelle S. 41.

Diese Entsprechungen sind nicht zufällig, sondern beruhen auf Gesetzmäßigkeiten und besitzen damit »realsymbolischen« Charakter, da tatsächlich die Metalle und die von ihnen abstammenden Salze als Heilmittel oder Gifte auf die entsprechenden Organe wirken. Dazu kommt, dass diese Wirkung durch die Stellung der Planeten im Tierkreis des Fixsternenhimmels verstärkt oder abgeschwächt werden kann.

Aufgrund dieses Analogiedenkens sind die Worte, die von den Alchemisten zur Darstellung ihrer Versuche und Erkenntnisse gebraucht wurden, immer mehrdeutig. Wenn alchemistisch z.B. von »Sonne« gesprochen wird, so ist damit nicht bloß ein glühender Gasnebel im Weltall gemeint, in dem Elementarteilchen chaotisch durcheinander wirbeln. Sondern es stellt gleichzeitig den Ursprung aller Prozesse in der Natur dar, so wie das Herz im menschlichen Organismus, und das Gold, das im Mineralreich wirksam ist.

Planet	**Metall**	**Organ**	**Chakren**
Sonne	Gold	Herz, Blutkreislauf	Herzchakra
Merkur	Quecksilber	Lunge, Lymphsystem	Solarplexuschakra
Venus	Kupfer	Nieren, Auge	Bauchchakra
Mars	Eisen	Blut, Kehlkopf	Kehlkopfchakra
Jupiter	Zinn	Gehirn, Leber	Stirnchakra
Saturn	Blei	Milz, Nerven-Sinne	Scheitelchakra
Mond	Silber	Gonaden, Gehirn, Nervensystem	Basischakra

DIE WAHRE ALCHEMIE

Schon mehrfach war vom Opus magnum, dem Großen Werk der Verwandlung, die Rede. Was hat es damit konkret auf sich? Uns interessiert vor allem der Gebrauch der alchemistischen Symbole, Substanzen und Prozesse, die zur Umwandlung der Materie, aber gleichzeitig auch zur Verwandlung der Seelenkräfte, d.h. zur Initiation des Alchemisten (Adepten), benutzt wurden. Eine besondere Rolle spielte dabei das Gold. Dieses Edelmetall war symbolisch die Krönung des 4-stufigen alchemistischen Prozesses, weil es als Realsymbol ⊳S. 40 für die geistig-seelische Vollendung stand. Die Alchemisten kannten in Mesopotamien die »Goldprobe« bereits, und die Idee eines gemeinsamen Ursprungs aller Stoffe aus einer einzigen Materie, der Prima materia, war eine allgemein anerkannte Grundthese der griechischen Philosophie.

Die eigentlichen chemischen Eigenschaften und Reaktionsweisen der Stoffe interessierten die griechischen Alchemisten dabei wenig. So werden z.B. Schwefel (Sulfur), Quecksilber (Merkurius bzw. Merkur) und Salz (Sal) in den Schriften aus jener Zeit immer wieder genannt, aber Hinweise auf ihre stofflichen Eigenschaften fehlen. Der englische Alchemie-

Historiker F. Sherwood Taylor kam deshalb zu dem Schluss: »Man wird in der Alchemie keine Spur einer (Natur) Wissenschaft finden« und ... »dass diese Männer (Alchemisten) nicht am Goldmachen interessiert waren und in Wirklichkeit nicht das echte Gold meinten.«[11]

Um zu verstehen, was es mit dem Opus magnum, auf sich hat, ist es hilfreich, zum Ursprung des Begriffs »Einweihung« zurükkzu-kehren. Die Vorstellung von der Einweihung als einer Verwandlung der Seele stammt aus den alten ägyptischen Mysterien. Dort war der Höhepunkt einer Initiation die Erfahrung des menschlichen Leidens, Sterbens und der Wiederauferstehung in göttlicher Form. Erst durch diese Erfahrung verwandelte sich die Seinsweise des Adepten und er wurde nach den Vorstellungen der Mysterienpriester unsterblich und damit teilhaftig an der Gottheit und ihren Kräften. Diese Vorstellung finden wir in der gesamten ägyptisch-griechischen alchemistischen Literatur. Sie wurde später von den Alchemisten als das Opus magnum bezeichnet und als ein 4-stufiger Weg beschrieben. Er wird durch bestimmte Farben, die die Stoffe während dieses Prozesses annehmen, charakterisiert:

1. Tötung	melanis, nigredo, schwarz
2. Reinigung	leukosis, weiß
3. Erleuchtung	xanthosi, gelb
4. Auferstehung	iosis, rot

Dieses Farbenspiel, das die Alchemisten tatsächlich bei ihren Experimenten mit Schwefel, (Sulfur), Quecksilber (Merkurius), Blei und den verschiedensten Salzen (Sal) beobachtet hatten, wird heute als reine chemische Reaktionen erklärt. Die Alchemisten hingegen hielten diesen Prozess für ein mystisches Drama der Gottheiten und übertrugen die davon abgeleiteten Stufen auf die Einweihung des Adepten. Sie behandelten also die Materie genauso wie der Adept in den Mysterien behandelt wurde, um einen Prozess zu beschleunigen oder zu ermöglichen, der normalerweise lange Zeiträume benötigt. Zu diesem Zweck erhitzten Alchemisten die Salze, Erze und Metalle in Reaktionsgefäßen, rührten, mischten, sublimierten und destillierten sie, um sie in verwandelter Form veredelt wieder aufzuerstehen und als »Gold« in Erscheinung treten zu lassen.

Die Alchemisten beobachteten dabei immer wieder einen Zusammenhang zwischen dem Verhalten der Materie und den geistig-seelischen Vorgängen im Menschen und glaubten, dass es zu einer wechselseitigen Steigerung beider Prozesse kommen kann.

In den folgenden Kapiteln werden Sie entsprechend dem ganzheitlichen hermetischen Weltbild der Alchemie und seinen 7 Prinzipien den Turmalin-Bildeprozess als Realsymbol ⪢S. 40 für Ihre geistig-seelische Entwicklung und als Hilfe für Ihre Selbsterkenntnis kennen lernen.

KAPITEL 4
DER ALCHEMISTISCHE TURMALIN-PROZESS IM MENSCHEN

DIE ALCHEMISTISCHE EINWEIHUNG

Horchet in euch selbst und blickt in die Unendlichkeit des Raumes und der Zeit. Von da erklingen der Gesang der Sterne, die Sprache der Zahlen, die Harmonie der Sphären.
Jede Sonne ist ein Gedanke Gottes und jeder Planet eine Form ihres Gedankens. Um die Erkenntnis des göttlichen Gedankens zu erlangen, o. Seelen, steigt ihr mühsam hinab und hinauf den Weg der 7 Planeten und ihrer 7 Himmel.
Was tun die Sterne? Was sagen die Zahlen? Was offenbaren die Sphären?
O, ihr verlorenen oder geretteten Seelen, sie sagen, sie singen, sie offenbaren – euer Schicksal!

Fragment nach Hermes[12]

Die alchemistische Einweihung beruht auf den Mysterien Ägyptens, die in der Antike als Stätte der heiligen Wissenschaft galt. Hier lebten die berühmtesten Propheten und hier haben auch die edelsten Überlieferungen der Menschheit ihren Ursprung. Die bedeutendste Überlieferung ist die des Hermes Trismegistos ⪢ S. 37.

Wie erfolgte die alchemistische Einweihung in die ägyptischen Mysterien des Hermes? Was für ein Prozess war das und was sollte damit bei den Adepten erreicht werden, die sich ihm unterzogen? Versetzen wir uns zurück in die Zeit um das Jahr 2200 vor unserer Zeitrechnung ins Land der Pharaonen:

Der Staat Ägypten befand sich damals in einer existenziellen Krise. Barbaren drangen unter der Führung der Hyksos, der »Hirtenkönige«, durch das Nil-Delta und über Mittelägypten ins Land. Diese schismatischen Könige schwelgten in Luxus und verehrten primitive Gottheiten. Durch ihr dekadentes Leben schien Ägypten als Kulturträger in Gefahr! Die Gemeinschaft der Eingeweihten, die Hüter der uralten Wissenschaft des Hermes und des Sonnengottes Ammon-Ra, zogen sich daraufhin in die Tiefen ihrer Heiligtümer zurück und suchten im eigenen Inneren Zuflucht und Kraft, um sich für den Widerstand rüsten zu können.

Die ägyptischen Priester und Adepten verfügten damals noch über das Wissen von den »drei Wesensgliedern Körper, Seele und Geist« des Menschen und ihrem unauflöslichen Zusammenhang mit den Kräften des Universums.

Körper, Seele und Geist wurden als Einheit begriffen, in der alle Glieder ineinander spielten und voneinander abhängig waren. Durch unbewusstes Denken und Handeln konnten dieses Gleichgewicht und die Harmonie zwischen den einzelnen Gliedern gestört werden und den Menschen ins Unglück stürzen. Deshalb bemühten sich die Priester und Eingeweihten um eine bewusste Erziehung dieser Wesensglieder und bezeichneten dies als die Initiation. Was dabei geschah, können Sie sich vergegenwärtigen, wenn Sie sich mit Hilfe ihrer Phantasie in das Reich der Pharaonen der XX. Dynastie zurückversetzen:

Vom Ruhm der Tempel Ägyptens angezogen kommen Sie eines Tages in Memphis an. Ein Volksfest ist im Gange. Der Pharao tritt aus dem Tempel und steigt auf seinen Thron, getragen von 12 Offizieren, die ihm mit großen Fächern aus Straußenfedern Kühlung zufächeln. Dieser prächtige Aufzug des Pharao interessiert Sie aber eigentlich nicht. Sie suchen die Hierophanten und Magier. Sie möchten Isis und Osiris begegnen, den Göttern, von denen erzählt wird, dass sie das Mysterium der Wiedergeburt kennen.

Endlich, im Tempel, dem Ort der Verehrung des Osiris, begegnen Sie dem Hierophanten, dem höchsten Priester der Gottheit.

Lange und eindringlich werden Sie nach Ihrer Herkunft und Ihren Wünschen befragt. Durchdringend und unerbittlich sind die Augen des Priesters auf Sie gerichtet, nichts was in Ihrem Inneren vorgeht, bleibt ihm verborgen.

Wer diese erste Prüfung nicht besteht, wird für immer vor die Tore des Tempels gewiesen. Finden Sie jedoch Gnade vor seinem Blick, fordert er Sie auf, ihm zu folgen.

Der Weg führt durch weite Innenhöfe und lange Gänge zu einem kleinen Tempel. Vor der Tür sitzt als überlebensgroße Statue die Göttin Isis. Ihr Antlitz ist von einem tiefblauen Schleier verhüllt, auf ihren Knien liegt ein geschlossenes Buch. Innere Sammlung und konzentrierte Meditation kommen in ihrer Haltung zum Ausdruck.

»Du stehst vor dem Tor des verborgenen Heiligtums«, hören Sie den Hierophanten sagen und lesen unter der Statue die Inschrift: »Kein Sterblicher hat je meinen Schleier gehoben. Betrachtet genau die 2 Säulen links und rechts der Tür: Die rote Säule ist das Symbol für den Aufstieg des Geistes zum Licht des Osiris, die schwarze bedeutet seine Gefangenschaft in der Materie und führt zur völligen Vernichtung. Bedenke also, du setzt dein Leben bei dieser Einweihung aufs Spiel. Wer die Prüfungen nicht besteht, die hinter dieser

Tür auf ihn warten, wird nicht mehr in die Welt der Lebenden zurückkehren.«

Sie beschließen, den Weg zu gehen, und müssen zunächst eine Woche unter Aufsicht eines Dieners einfache Arbeiten verrichten, Hymnen anhören und Waschungen durchführen. Alles schweigend in vollkommener Stille.

Endlich werden Sie am Tag der Prüfung durch die Tür des Eingangstempels in das verborgene Heiligtum geführt. Sie gelangen in einen unterirdischen Gang, der scheinbar völlig ohne Ausweg ist. Beim zuckenden Schein einer Fackel vorbei an Bildsäulen von Menschenleibern und Tierkörpern durchschreiten Sie den Raum bis zum anderen Ende. Hier befindet sich ein unscheinbarer Ausgang, ein Loch im Mauerwerk. Von jetzt ab gibt es kein Zurück mehr. Nur eine kleine flackernde Öllampe, die Ihnen der Hierophant mit auf den Weg gab, beleuchtet den engen Gang, durch den Sie kriechen müssen. Eine laute Stimme erschreckt Sie plötzlich mit einem von den Wänden in einem 7-fachen Echo widerhallenden Spruch:

Hier verderben die Toren,
die nach Wissenschaft
und Macht begehrt haben.

Am Ende des Ganges befindet sich eine trichterförmige Grube, in die zunächst noch eine eiserne Leiter hinabführt, sich aber bald in der Wand eines Brunnenschachtes verliert. Sie stehen auf der letzten Sprosse über dem finstren Abgrund. Wie geht es weiter? Die Lage ist hoffnungslos! Was sollen Sie tun? Da! Im letzten Moment, bevor Sie das Gefühl der Verzweiflung völlig überwältigt, entdecken Sie neben der Leiter in der Wand einen Spalt und in ihm eine spiralförmig gewundene Treppe, die Sie zu einem Bronzegitter hinaufführt, dahinter zwei Reihen von Fresken, für Sie unverständliche Zeichen. Ein Wächter öffnet mit einem Schlüssel eine Tür, Sie betreten den Saal hinter dem Gitter. Er erklärt Ihnen die Bedeutung der Zeichen. Es sind die 22 Symbole der verborgenen Wissenschaften, die universellen Schlüssel für Macht und Wissen, wenn wir sie mit unserem Willen ergreifen und nutzen. Das Wesentliche dabei aber ist, dass jeder Buchstabe und jede Zahl in der ihnen eigenen Sprache ein 3-faches Gesetz zum Ausdruck bringt mit seiner Entsprechung in der göttlichen, der irdischen und der seelischen Welt. Sie betrachten der Reihe nach die 22 Bildtafeln, die »Arkanen«, und bei der letzten Tafel mit einer Krone erklärt Ihnen der Hüter der heiligen Symbole:

Jeder Wille, der sich mit Gott vereinigt, um die Wahrheit zu offenbaren und die Gerechtigkeit zu fördern, hat schon in diesem Leben Anteil an der göttlichen Macht über die Wesen der Dinge, an dem ewigen Lohn der befreiten Geister.

Es folgen die Feuerprobe, die Wasserprobe und die Versuchung durch die Sinne. Danach beginnt Ihre Lehrzeit als Aspirant im Kreis der 12 fackeltragenden Neokoren bei den 12 weiß gekleideten Magiern im Heiligtum der Isis. Sie durchleben den Inhalt der 22 heiligen Arkanen in der Einsamkeit Ihrer Lehrzeit. Sie besteht aus langen Jahren des Studiums der Wissenschaften der »irdischen Isis«. Dazu gehören die Mineralogie, die Pflanzenkunde, die Geschichte der Völker, Anthropologie, Medizin, Architektur und Musik.

Nach dieser Zeit werden Sie in einen marmornen Sarkophag gelegt, der sich in einer niedrigen Krypta befindet, von vier Pfeilern gestützt und vier Sphinxen getragen. Hier müssen Sie den Tod erleiden, um bereit zu sein für die Auferstehung. Dabei schreiten Sie gleichsam lebendig durch das Grab, um in diesem Leben schon eingehen zu können in das Licht des Osiris. In einer ekstatischen Vision begegnen Sie dabei der Isis des okkulten Heiligtums, die sich als Ihre unsichtbare Schwesterseele offenbart und Ihnen für die Zukunft ihre Hilfe verspricht.

Nach der Auferstehung aus dem Sarkophag verkündet Ihnen der Hierophant nachts im Tempel die Vision des Hermes, die Geheimnisse der ewigen Geschichte der Welt und des Kreislaufes der Dinge:

Die mit den Planeten verbundenen 7 Sphären symbolisieren sieben verschiedene Zustände der Materie und der Geister, die jeder Mensch und jede Menschheit gezwungen sind während ihrer Evolution in unserem Sonnensystem zu durchlaufen. Die heilige Zahl 7 durchzieht die gesamte Schöpfung. Sie schwingt in den 7 Farben des Regenbogens und offenbart sich im 3-fachen Wesen des Menschen, das seiner Entwicklung nach 7-stufig ist, entstanden aus einer einzigen Seele, die sich teilte und so alle Seelen gezeugt hat, die sich im Weltall bewegen. Die 7 Sphären aber verkünden zusammen das Ziel: Weisheit! Liebe! Gerechtigkeit! Schönheit! Herrlichkeit! Wissen! Unsterblichkeit!
Zwei Schlüssel gibt es auf dem Weg zum 7-fachen Ziel, bedenke wohl:

1. *Das Äußere ist wie das Innere der Dinge: das Kleine wie das Große; nichts ist klein, nichts ist groß in der göttlichen Ordnung. Es gibt nur ein Gesetz und das Wirkende ist das eine.*

2. *Die Menschen sind sterbliche Götter und die Götter sind unsterbliche Menschen.*

Wer den Sinn dieser Worte begreift, ist auf dem Weg zur Wahrheit und zum Leben.

Der Hierophant schaut Sie jetzt schweigend mit seinen durchdringenden, dunklen Augen an. Leise fügt er hinzu: »Jetzt weißt du Bescheid, die göttlich-geistige Welt ist in deiner Schattenwelt erschienen. Du bist auferstanden von den Toten, es ist es an dir, die Richtung zu wählen und den Weg zu gehen, der zum Geist des lebendigen Universums führt.«

Die Mysterienkultur des alten ägyptischen Reiches ist Vergangenheit. Wir können heute den Einweihungsweg der Adepten aus der Zeit der Hyksos nicht mehr gehen. Aber es gibt die alchemistischen Schriften, in denen die Vision des Hermes in einer eigenen verschlüsselten Sprache aufbewahrt und die Beschreibung des Einweihungsweges für die Nachwelt gerettet wurde. Und es gibt auch noch andere Menschen, die den Einweihungsweg gehen. Denn in seinem Kern ist er auf der ganzen Welt gleich: erst muss das Alte, von Gewohnheiten durchzogene und vom Ego eingekerkerten Ich befreit werden, damit etwas Neues begonnen werden kann. Der Adept, der später einmal Eingeweihter wird, oder der Indianer, der zum Schamanen wird, muss verschiedene Stufen des Sterbens durch laufen, bevor seine Seele geläutert und gereinigt wieder emporsteigen kann, um den Menschen die Dinge zu vermitteln, die er während seiner Initiation erfahren hat. Der symbolische Tod ist ein Muss auf dem Weg der Einweihung, denn nur wer diesen Weg gegangen ist und dabei all seine Schattenseiten erlebt hat, besitzt die Fähigkeit, frei von Hochmut in die Herzen anderer Menschen zu sehen und zu erkennen, dass, selbst wenn sie roh und ungeschliffen vor einem stehen, sich in ihrem tiefsten Innern ein wahrer Edelstein befindet.

Auch Sie können den Einweihungsweg eines Alchemisten gehen, um Ihre ureigenste Verwandlung zu erleben. Bevor wir dies in diesem Buch tun, möchte ich jedoch zuerst Ihre Aufmerksamkeit auf die Sprache der Alchemisten und ihre Bedeutung für das Verständnis esoterischer Wahrheiten lenken, um Sie danach mit der alchemistischen Einweihung vertraut zu machen, die wir mit dem Bildungsprozess des Turmalins vergleichen können.

DIE SPRACHE DER ALCHEMISTEN

Jeder von uns ist eine Entsprechung des Weltalls – körperlich, seelisch und geistig – ein Abbild der Sternenwelt des Kosmos und damit auch Ausdruck der darin wirkenden Weltvernunft! Wie aber können wir diese »Entsprechung« verstehen und ausdrücken? Entsprechend dem genannten Grundsatz der Alchemie ist der gesamte Makrokosmos, d.h. alles, was im Weltall existiert und geschieht, in Worte zu fassen.

Die Antwort aber auf die Frage »Wie lassen sich die Entsprechungen zwischen Makrokosmos-Mikrokosmos verbal darstellen?« lautet: Bildhaftes, metaphorisches Denken und poetisches Sprechen ermöglichen uns, die Analogien zwischen Mensch und Natur zu verstehen und zu beschreiben. Dies bedeutet die Schulung der eigenen Phantasie und eröffnet ein neues, spielerisches Anwendungsfeld der Sprache. Am besten lassen sich diese Analogien durch Realsymbole >S. 40 darstellen. So, wie wir es in diesem Buch mit der Entwicklung des Turmalins und der Seelenentwicklung des Menschens tun.

Bei der Darstellung der Entstehung des Turmalins habe ich die in der Geologie und Mineralogie bekannten, wirklichkeitsgemäßen Begriffe verwendet. Für die Beschreibung der Entwicklung des Menschen, die wir mit der Entwicklung des Turmalins vergleichen wollen, fehlen uns dagegen noch diese Begriffe und die von den Alchemisten dafür verwendeten Symbole. Diese werden Sie im folgenden Kapitel kennen lernen, damit Sie anschließend die Analogien zwischen beiden Bereichen verstehen können.

REALSYMBOLE DER ALCHEMISTEN FÜR DIE WESENSGLIEDER DES MENSCHEN

Ein kurzer Augenaufschlag ist der Mensch.
Die ewige Kraft auf ihre Werke tut.
Ein Blinzeln der Geschlechter langer Ruhm.
Ein Blick des Erdballs Werdnis und Verglut.

Christian Morgenstern

Die Kunst der Dichtung ist ein Weg zum Verständnis der Alchemie und ihren realsymbolischen Analogien, weil der Poet dieselbe Art des Analogiedenkens und des Umgangs mit Symbolen pflegt wie der Alchemist. Dichtung lebt von der Beweglichkeit der Sprache, von »flüssigen« Begriffen und der analogischen Beziehung zwischen logisch scheinbar unvereinbaren Bereichen des Daseins. Da wird die weiße Wolke, die am Himmel schwebt, zum Bild für die Sehnsucht. Schneetreiben und Eis werden zur Herzenskälte. Todesstarre und die Wolfsschlucht werden zum Symbol für das Böse usw. Dabei sind nicht alle poetischen Symbole immer Realsymbole.

In dem Gedicht von Morgenstern begegnen wir nur einem poetischen Symbol. Dieser »Augenaufschlag« des Universums ist ein Wesen aus Fleisch, Blut, mineralischer Knochensubstanz und Zellen mit Tausenden von Eiweißverbindungen. Das alles stellt unseren *Körper* dar. Als Leichnam bleibt er noch eine Weile bestehen, bevor er allmählich über verschiedene Stufen der Desorganisation in seine ursprünglichen Einzelbestandteile zerfällt, beim Verbrennen als Asche zurückbleibt und als Rauch zum Himmel aufsteigt.

Solange sich aber dieser Körper erneuert, ist er lebendig und wir bezeichnen ihn deshalb als unseren *Leib* (abgeleitet von »Leben«). Der pulsierende Herzschlag und die Atmung halten uns am Leben. Ein Wunder! In einem gesunden, lebendigen Körper können wir über das, was wir wahrnehmen, nachdenken und uns verändern. Fühlen, Denken und zielgerichteter Wille sind das, was uns vom Tier unterscheidet und wir als *Seele* bezeichnen.

Was aber ist die Seele und was macht unseren Geist aus? Eine mögliche Antwort finden wir bei den alten griechischen Philosophen Platon und Aristoteles. Platon hat sie seinen Schülern im Bild des Pferderennwagens veranschaulicht. Diese – bei sportlichen Wagenrennen verwendet – war ein Gefährt mit zwei Rädern, einer Plattform für den Wagenlenker und einer Deichsel mit je einem Pferd links und rechts. Das eine Pferd ist ein edles Tier, das den höheren Strebungen im Menschen, seinen edlen Seeleneigenschaften entspricht. Das andere Pferd entspricht den aus der Sinnlichkeit stammenden Begierden. Diese in gegensätzliche Richtungen strebenden Pferde mussten vom Wagenlenker, der im Bild dem »Geist« entspricht, so geschickt mit Hilfe der Zügel geführt werden, dass der Wagen möglichst schnell ans Ziel kam.

Bei uns also führt fürs erste der Herr des Gespanns die Zügel; ferner ist von den Rossen das eine schön und edel und von eben solchem Stamm, das andere aber hat die gegenteiligen Eigenschaften und ist von gegenteiliger Abkunft. Schwierig und mühsam ist daher natürlich bei uns die Lenkung.[13]

Nehmen wir den Wagen als Symbol für den Körper noch dazu, so haben wir im Bild des Wagenlenkers mit seinem Gefährt und den zwei Pferden ein Bild für das menschliche Wesen vor uns. Der Lenker entspricht unserem Ich, das edle Pferd dem Anteil der Seele, der dem Geist verbunden ist, das andere Pferd den Kräften unseres Leibes, die den »unedlen« Leidenschaften unterworfen sind und den Wagen von der Bahn abbringen wollen. Es ist vom Wagenlenker – dem Geist – abhängig, ob das Gefährt – der Mensch – das Ziel, die Vollkommenheit, erreicht oder nicht.

Die Voraussetzungen für das Gelingen der Fahrt haben die Alchemisten mit ihren 4 Substanzen Sal, Merkurius und Sulfur und dem philosophischen Gold aus der stofflichen Welt im Bild des gleichseitigen Dreiecks mit dem Zeichen der Sonne in der Mitte symbolisch dargestellt.

In diesem Bild der »Heiligen 3«, wie es später von den christlichen Alchemisten im Mittelalter genannt wurde, entspricht jede Seite einem Wesensglied des Menschen. Das Zeichen für die Sonne im Mittelpunkt steht für seinen göttlichen Geist. Er ist das eigentliche alchemistische Gold (Aurum), das entsteht, wenn Körper (Sal), Leib (Merkurius) und Seele (Sulfur) im harmonischen Verhältnis eines gleichschenkligen Dreiecks miteinander verbunden sind. Zu diesem Ziel des alchemistischen Werkes, auch Opus magnum genannt, führen 2 Wege: der sogenannte Kurze Weg ⊳S. 50 und der Lange Weg ⊳S. 55.

Für die Beschreibung der beiden Wege werde ich die alten alchemistischen Symbole für die 3 Substanzen (Sulfur, Merkurius und Sal) und die 4 Elemente (Feuer, Wasser, Luft und Erde) immer in Beziehung zum Menschen und zum Turmalin setzen.

DER KURZE WEG DER EINWEIHUNG

Der »Kurze Weg« ist für die Selbsterziehung der wichtigste. Er bietet uns die Möglichkeit, Versäumnisse und Fehlentwicklungen nachzuholen und auszugleichen, die auf dem »Langen Weg« passiert sind. Mit dem Langen Weg ist die geistig-seelische Entwicklung gemeint, die wir alle mehr oder weniger unbewusst im Verlauf unseres Lebens durchmachen.

Der Kurze Weg mit seinen 7 Stationen ist der eigentliche alchemistische Seelen-Einweihungsweg. Bei der Turmalin-Bildung entspricht er dem, was in der pneumatolytisch-hydrothermalen Phase ⊳S. 30 beginnt und in den Prozessen der Kontaktmetamorphose vollendet wird ⊳Kapitel 2, S. 33. Dabei werden Turmalin-Kristalle, die in den vorherigen Bildungsphasen schon fertig auskristallisiert waren, wieder aufgelöst und durchlaufen dann wie im »Schnellgang« nochmals die Prozesse der Veredlung granitischer Schmelzen der Turmaline der 1. und 2. Generation ⊳S. 32.

Analog dazu verläuft der chemisch-alchemistische Veredlungsprozess, bei dem Metall in Gold verwandelt werden soll, so wie der seelen-alchemistische Veredlungsprozess, bei dem es dem Menschen möglich ist, die Vollendung der eigenen Seele zu erlangen. Auch hier werden schon »erstarrte« Seelenanteile aus dem »Langen Weg« gleichsam wieder aufgelöst, in Bewegung gebracht und aufs Neue miteinander vereinigt. Das Ziel ist, den »Langen« und unbewussten biographischen Weg zu konzentrieren und bewusst in abgekürzter intensivierter Form zu durchlaufen. Der Kurze Weg ist allerdings schwieriger als der Lange Weg. Denn man muss sehr bewusst umgehen mit den Energien der Tierkreiszeichen und der Planeten, die in den Naturreichen und im Menschen wirken, um die Beanspruchung der Seelenkräfte für die Ausbildung höherer geistiger Fähigeiten physisch ertragen und ausgleichen zu können.

Bereits im Mittelalter mussten die Alchemisten am eigenen Leib erfahren, wie schwierig es war, mit eben diesen Kräften umzugehen. Immer wieder erlebten sie, dass es nicht jedem vergönnt war, das Ziel dieses Weges zu erlangen, genauso wenig wie es nicht jedem gelang, Blei in »Gold« zu verwandeln. Die Eingeweihten, die den Kurzen Weg erfolgreich gegangen waren, gaben ihr Wissen nicht weiter oder aber ihnen fehlte die gemeinsame Sprache für eine Verständigung. Einig waren sich jedoch alle darin, dass nicht jeder den Weg findet. Alexander von Bernus, einer der letzten Alchemisten, merkt dazu in seinem Buch *Alchemy und Heilkunst* zu dem Kurzen Weg Folgendes an: »Der Unberufene wird den Weg dahin doch nicht finden. Er ist schlechthin nicht zu finden ohne Erleuchtung oder als Geschenk von oben«.[14]

Aus Angst, seines Geheimnisses des erfolgreichen Opus magnums ⪢S. 39 beraubt zu werden, hatte jeder Alchemist seine eigene Symbolsprache entwickelt, mit der er seine praktischen Erfahrungen und mystischen Erleuchtungen beschrieb. Einigkeit und Offenheit herrschte nur in Bezug auf die »Heilige 3« (Sal, Sulfur und Merkurius) und den Lapis philosophicum, dem philosophischen Gold, das man durch geeignete Mischung und Behandlung der 3 mit zusätzlichen Ingredienzien experimentell im Laboratorium gewinnen wollte.

Für unseren eigenen alchemistischen Weg, den wir hier mit Hilfe dieses Buches gehen können, ist es nicht so wichtig, die weiteren Ingredienzien herauszufinden, die neben Sal, Sulfur und Merkurius verwendet wurden, sondern erst einmal die Analogien zwischen den einzelnen Phasen des chemisch-alchemistischen Kurzen Weges und dem seelisch-alchemistischen Einweihungsweg des Menschen zu verstehen. Denn dieses Verständnis ist die Voraussetzung für den eigenen alchemistischen Weg.

Die Bereitung der Prima materia, welche die 3. Station auf dem Kurzen Weg darstellt und ein wesentlicher Bestandteil für den Weg ist, bereitete schon im Mittelalter vielen Alchemisten Kopfzerbrechen. Wo sie genau zu finden ist oder wie sie bereitet werden muss, darüber herrscht bis zum heutigen Tag immer noch Unklarheit. Aber nach alchemistischer Vorstellung entstehen aus dem Urstoff, der Prima materia, nicht direkt andere Stoffe, sondern erst die beiden bereits oben erwähnten Substanzen, die zwei polaren Prinzipien Sulfur und Merkur. Diese entsprechen dem Gegensatz zwischen männlich und weiblich. Die Wiedervereinigung von Sulfur und Merkur als Ziel des Großen Werk ist aber nur mit Hilfe eines dritten Prinzips möglich, das zwischen den Polaritäten vermittelt und ebenfalls durch Abspaltung aus dem Urstoff hervorgeht. Das ist das Sal. *Sulfur, Merkur und Sal* sind also die 3 »Substanzen« oder Prinzipien, aus denen die Prima materia »zusammengesetzt und doch nur eins« ist.

Auch alle anderen Stoffe der Natur enthalten diese »Heilige 3«, die 3 Grundprinzipien, was auch in unserem Kontext mit der Bildung des Turmalins eine große Rolle spielt:

Wenn wir uns daran erinnern, dass der Turmalin aus Granit entsteht, der in der magmatischen Schmelze noch in Form seiner 3 Bestandteile Feldspat (Sal), Glimmer (Merkur) und Quarz (Sulfur) aufgelöst ist, so können wir diesen als ein Abbild der Prima materia des zukünftigen Turmalins ansehen. Durch den Borprozess wird diese granitische Schmelze zur Turmalin-Substanz veredelt. Dabei lagert sich in die Tetraederstruktur der Silikate das Bor ein und es bilden sich die Ringsilikate, die eigentlichen Turmalin-Ringe. Der gleichzeitige Einbau von Aluminiumsilikaten erhöht die Festigkeit des Turmalin-Körpers. Es entsteht das »hermetische Siegel«

im Kristall, das in den gleichseitigen Dreiecken der durchsichtigen Kristallscheiben sichtbar ist. Damit hat die Prima materia mit ihren 3 Prinzipien im Mineralreich die höchste Form ihres materiellen Ausdrucks gefunden.

Beziehen wir das auf uns selbst und unseren geistig-seelischen Prozess der Einweihung, so können wir sagen, der Ichkeim, der dem Bor in der granitischen Schmelze entspricht, kann die Kräfte unserer Seele (Sulfur), das Fühlen, das Denken und das Wollen, die dem Eisenprozess, dem Lithium/Magnesium-Prozess und dem Silizium-Aluminium-Prozess entsprechen (und ihre Quelle in den drei Granitmineralien haben), in dreifacher Weise verwandeln. Das geschieht, sobald wir uns selbst unserer Gefühle, Gedanken und Willenskräfte, unserer eigenen »Heiligen 3« wirklich bewusst werden.

Dieses Bewusstsein erwacht normalerweise zwischen dem 16. und 21. Lebensjahr des Langen Weges und kommt zu einer Vollendung im 6. Jahrsiebt, die sich steigern kann zu den letzten Stufen der Weisheit (Manas, Buddhi und Atman) im Alter. Diese Entwicklung kann aber auch während der alchemistischen Einweihung über die 7 Stufen direkt und schnell erfolgen. Als Ergänzung zum folgenden Text:

1. Stufe:
Das *Ich* verbindet sich mit *Sulfur/Seele* und lebt hauptsächlich bewusst in und von der Sympathie und Antipathie.

2. Stufe:
Das *Empfindungs-Ich* verbindet sich mit dem *Merkurius/Leib* und lebt vorwiegend in und vom Verstand und für die eigenen Interessen.

3. Stufe:
Das *Verstandes-Ich* verbindet sich mit dem *Salz/Körper* und lebt vorwiegend in und von der Vernunft selbstlos für die Welt.

4. Stufe:
Diese entspricht der »Herstellung der Prima materia« insofern, als die vorhergehende Stufe die 3 Grundkräfte schon integriert und damit eine gewisse Stufe der Vollkommenheit entwickelt hat. Eine weitere Verwandlung ist ohne vorherige Lockerungen der Bindungen zwischen den Seelenkräften (Katharsis) nicht möglich. Wenn das erfolgt (Geburt der Weisheit), so kann danach der Prozess 1–3 wiederholt werden.

5. Stufe:
Das *Vernunft-Ich* verbindet sich mit dem *Sulfur/Seele* und lebt geistig als »Empfindungs-Weisheit« für andere und die Welt.

6. Stufe:
Die *Empfindungs-Weisheit* in uns verbindet sich mit dem *Merkurius/Leib* und lebt als Verstandes-Weisheit mit und für die Interessen anderer und der Welt.

7. Stufe:
Die Verstandesweisheit verbindet sich mit dem Sal und lebt als *Bewusstseins*-Weisheit im Inneren der Welt.

Diese Stufe ist mit der 7. Stufe des Wandlungsprozesses des unedlen Metalls in Gold identisch ⪢S. 41. Mit dem Entstehen der Weisheit im Menschen wird auch die Fähigkeit entwickelt, als »Elexier« auf andere Menschen im Sinne einer »Veredlung« ihrer Seelenkräfte zu wirken.

Die Bedeutung der 4 Elemente

Bislang sind wir hier einige Male der heiligen Zahl 3 und ihrer Bedeutung begegnet. Nun werden wir uns einer anderen heiligen Zahl, der 4, zuwenden.

In vielen Mysterienschulen muss der Adept auf dem Kurzen Weg zahlreiche Proben bestehen, um die Initiation zu erlangen. Dazu zählen die Feuerprobe, die Wasserprobe, die Sinnenprüfung und das Sich-begraben-Lassen bei lebendigem Leibe. Diese 4 Handlungen sind ein Hinweis auf die 4 Elementenlehre, die dem Verfahren zu Grunde lag und die von den Alchemisten übernommen wurde. Diese Lehre stammt ursprünglich von dem griechischen Naturphilosophen Empedokles. Nach ihm besteht die Welt aus den vier Grundstoffen *Feuer, Wasser, Luft* und *Erde*, die durch die Urkräfte *Liebe* und *Streit* gemischt werden und in unserer Welt zu der Vielfalt der Erscheinungen führt.

> *Empedokles setzt als die stofflichen Elemente vier an ..., die ewig sind und sich in größerer oder geringerer Menge infolge von Vereinigung und Trennung wandeln; als die Prinzipien im eigentlichen Sinne aber, von denen jene in Bewegung gesetzt werden, die Liebe und den Streit. Denn es müssen die Elemente dauernd umschichtig in Bewegung gesetzt werden: bald werden sie von der Liebe vereint, bald vom Streit getrennt.*[15]

Wie alte Texte bezeugen, galt diese 4 Elementenlehre in der antiken Medizin auch für den Menschen:

> *Auch Empedokles behauptet, dass wir (Menschen) und alle anderen Körper auf der Erde aus denselben Elementen, wie es Hippokrates annimmt, geworden seien, die nicht etwa durcheinander (chemisch) gemischt wären, sondern in kleinen Teilen nebeneinander lägen und sich berührten.*[16]

Empedokles hat gelehrt, dass Gesundheit auf der richtigen Mischung der 4 Elemente beruht. Platon und Aristoteles nahmen die Gedanken des Empedokles später auf und entwickelten sie mit ihren Schülern weiter. Auf dem Gebiet der Medizin wurde daraus die Lehre des Hippokrates von den 4 Körpersäften im Menschen und ihren Entsprechungen zu den Körperorganen und den 4 Temperamenten.

Speziell die Lehre von den 4 Temperamenten wurde so zum Vorläufer der abendländischen Psychologie. Nachdem C. G. Jung in seinen Arbeiten nachgewiesen hatte, dass die Struktur unseres Bewusstseins tatsächlich die alte 4 Elementstruktur des Empedokles aufweist – wenn auch in metamorphosierter Form – ist die Temperamentenlehre wieder wissenschaftlich rehabilitiert. Unter Verwendung der alten aristotelischen Symbolik für die Elemente und ihrer Beziehung zu den geistig-seelischen Eigenschaften ergibt sich für den zuvor dargestellten alchemistischen Einweihungsweg folgendes Bild: ▷Tafel 14.

Mit Hilfe der Symbole für die 4 Elemente ist auf dieser Tafel anschaulich dargestellt, was alchemistisch bei den 7 Prozessen geschehen soll: Die Polaritäten Feuer und Luft mit ihren jeweils charakteristischen Qualitäten kommen zum Ausgleich, indem sie sich durchdringen. So entsteht das Hexagramm, das alchemistische Symbol für den Makrokosmos.

Erstaunlicherweise findet man auch bei der Röntgenstrukturanalyse des Turmalinkristalls das Hexagramm mit den 4 Grundelementen Bor, Silizium, Magnesium und Eisen (vgl. Abbildung rechts):

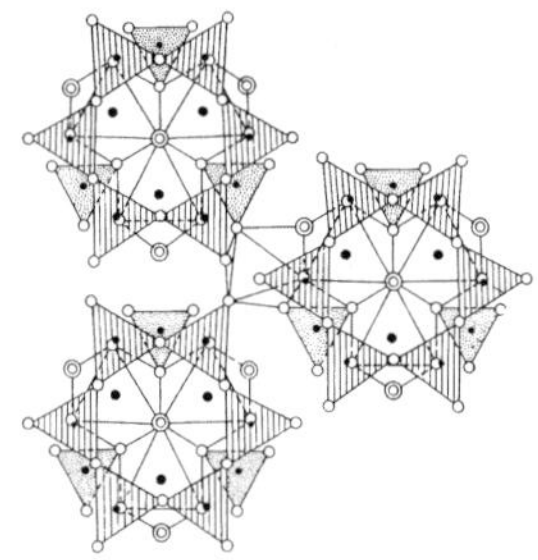

Nach der Lehre von den 4 Elementen gehört dazu noch der Ausgleich zwischen dem Element Erde und Wasser, so dass als Bild für das Ziel des Einweihungsweges ein Zwölfeck steht, das Symbol für den Tierkreis.

Wie dieses Ziel erreicht werden kann, d.h., was Sie konkret dafür tun können und welche Hilfe Ihnen dabei die 7 regenbogenfarbigen Turmaline sein können, erfahren Sie in Kapitel 6 ▷S. 89. Wir wollen uns hier aber erst noch dem Langen Weg der Einweihung, d.h. den Phasen unseres Lebenslaufs, zuwenden.

DER LANGE WEG DER EINWEIHUNG

Der Lange Weg der Einweihung beginnt für jeden Menschen mit seiner Zeugung, d.h. dem Verschmelzen von Ei- und Samenzelle und der anschließenden Einnistung im Uterus ▷Tafel 15. Er setzt sich nach den ersten charakteristischen Zellteilungen und Differenzierungen des Keimlings und dem Heranwachsen des Embryo im Mutterleib bis zu seiner Geburt fort. Dabei werden während der Schwangerschaft im Rhythmus von 7 Tagen, 7 Wochen und 7 Monaten bestimmte Lebensstadium durchlaufen, die sich später in verwandelter Form in unserer Biographie wiederholen. Nach dem 7. Monat ist der Embryo außerhalb des Mutterleibes lebensfähig und wird im 9. Monat geboren, wobei die Geburt für uns eines der bedeutsamsten Erlebnisse in unserem Leben darstellt.

Für viele Menschen war die Geburt ein traumatisches Erlebnis, weil sich die Lebensverhältnisse plötzlich verändern. Die symbiotische Beziehung, die Wärme und ständige Fürsorge und Geborgenheit im Mutterleib, sind vorbei. Darüber hinaus können Geburten sehr langwierig und kompliziert sein.

Obwohl diese Erfahrung so elementar wichtig ist, können sich die wenigsten Menschen daran ebenso wenig erinnern wie an das Erleben der ersten Jahre der Seele im menschlichen Körper, die den Beginn des Langen Weges darstellen. Das ganz bewusste Wahrnehmen des Erlebens im eigenen Körper fällt den meisten Menschen sehr schwer.

Vielen Menschen ergeht es so, dass sie während ihres Langen Weges, der im Folgenden im Detail beschrieben wird, bestimmte Entwicklungsphasen nicht bewusst durchleben. Diese können dann später, wenn der Mensch erwachsen ist und Eigenverantwortung übernimmt, nachgeholt werden. Es gibt die unterschiedlichsten Wege und Methoden, dies zu tun. Wie jeder Mensch dabei vorgeht, hängt ganz allein von seinem persönlichen Naturell und seinen Vorlieben ab. Hier wird jedoch einer der ältesten Wege beschritten. Es ist der Kurze Weg, der Einweihungsweg, den schon zahlreiche Alchemisten vor uns und noch viele andere Menschen nach uns beschreiten werden, um das zu erreichen, was das Ziel eines jeden Alchemisten ist, nämlich die Verwandlung der Seele.

Sollte es vielleicht auch in Ihrem Leben Phasen gegeben haben, die sich nicht ganz ausgelebt und entwickelt haben oder wo es durch besondere Umstände zu Einschränkungen gekommen ist, dann haben Sie durch Übungen im 6. Kapitel die Möglichkeit, diese Phasen noch einmal zu aktivieren und Defizite aufzuarbeiten, um dadurch zu ihrem tiefsten Inneren, Ihrem Edelstein, Ihrem Stein der Weisen vorzudringen.

1. Stufe – Die Entwicklung des Körpers und seiner Organe 1.–7. Lebensjahr >Tafel 15

In dem 1. Lebensjahrsiebt entfaltet sich der physische Leib. Dabei wird der Körper mit seinen äußeren und inneren Organen bis zum Zahnwechsel vollständig ausgebildet und funktionsfähig gemacht. In dieser Zeit lernt das Kind sehen, gehen, sprechen und denken.

In dieser Phase lebt das Kind sehr bezogen auf die nächste Umgebung. Im Säuglingsalter ist dabei im Normalfall die Mutter der Bezugspunkt, im Kleinkindalter die Eltern und im Spielalter die Kernfamilie. Dabei ahmt das Kind alles nach, was in seiner Umgebung stattfindet. Deshalb sind positive Vorbilder der Eltern und alles, was in seiner Umgebung geschieht, außerordentlich bedeutsam. Im Nachahmen und Wiederholen des guten oder schlechten Vorbildes formt das Kind Verhaltensweisen aus, die es in seiner Umgebung wahrnimmt. Dieses Verhalten ließ sich besonders eindrucksvoll an den sogenannten Wolfskindern beobachten, die, nachdem sie von ihren menschlichen Eltern ausgesetzt wurden, mit Wölfen aufwuchsen und deren Verhalten übernahmen.

Durch die Nachahmung wächst das Kind in die jeweilige Kultur hinein. Es hilft ihm, sich die ersten 2 bis 3 Lebensjahrsiebte in der Welt zu orientieren. Aber in der Mittelphase der menschlichen Biographie muss sich der Mensch der eigenen Prüfung durch das Ich unterziehen und schauen, wie viele Eigenschaften seinen Charakter ausmachen und wie viele ihm anerzogen wurden.

Die Grundstärken eines Kindes in dieser Zeit sind Hoffnung, Wille und Entschlusskraft. Die Grundfähigkeiten, die sich das Kind in dieser Zeit erwirbt, sind Gehen, Sprechen und Denken. Wenn in dieser Phase das Kind von ängstlichen Eltern zu sehr »gegängelt« und »bemuttert« oder mit Verboten in seiner Aktivität zu sehr eingeschränkt wird, kann das zur Folge haben, dass es zu wenig Selbstvertrauen entwickelt. Das führt dann dazu, dass es später kein »Urvertrauen« hat, sondern Versagensängste, Zweifel und Schuldgefühle entwickelt. Im Erwachsenenalter kann diese Phase noch einmal aufgearbeitet werden, bis ein gesundes Selbstvertrauen und Selbstwahrnehmung durch die Aktivierung der vernachlässigten Kräfte und Fähigkeiten entstehen. Literaturempfehlungen Entwicklungspsychologie »S. 179

2. Stufe – Die Entwicklung der Seelenkräfte 7.–14. Lebensjahr »Tafel 15

Diese Phase beginnt mit dem Zahnwechsel. Er gilt als Zeichen dafür, dass die Entwicklung am grobstofflichen Körper abgeschlossen ist. Das Kind ist jetzt schulreif.

In dieser Zeit beherrscht das Kind schon alle Körperfunktionen und seine Organe sind ausgereift. Jetzt kommen Bedürfnisse nach Selbstbestimmung zu Tage, da die Verstandeskräfte geweckt werden. In dieser Phase kommt das Kind mit der eigenen Kompetenz in Kontakt.

Während das Kind im 6. Lebensjahr noch eine ganzheitliche Denkweise hat, können im 10. Lebensjahr fast alle Kinder bereits analytisch denken.

Wenn es in diesem Zeitraum z.B. einen zu abstrakten Unterricht in der Schule erlebt, kann dies später zu phantasie- und gefuhllosem Denken führen. Vielleicht erkennt ein

Mensch erst in einer späteren Lebensphase durch intensive Auseinandersetzung mit seinem Innersten, dass es viel mehr Kreativität in sich hat, als es glaubt.

Darüber hinaus kann es passieren, dass das Kind, wenn es noch nicht alle Körperfunktionen beherrscht, überfordert wird und es können durch die schulischen Lernprozesse Lebenskräfte vom Körper abgezogen werden, die sich früher oder später negativ auf die Gesundheit auswirken.

Neben den Verstandeskräften werden die Lebenskräfte an und für sich frei. Der Radius der wichtigen Beziehungen hat sich von der Kernfamilie auf die Nachbarschaft und die Schule erweitert und so wendet er sich jetzt mehr und mehr nach außen. Erste Freundschaften und Feindschaften werden erlebt, die Entwicklung unserer Gefühle von Sympathie und Antipathie erfolgt in dieser Zeit.

In der 2. Phase kommt es auch zur Blütezeit der Temperamentsentfaltung. Dabei gibt es die vier Temperamentstypen Sanguiniker, Melancholiker, Choleriker und Phlegmatiker >S. 149. Diese vier Typen sind rein funktionell und somit noch nicht der Ausdruck der eigenen Persönlichkeit. Aber sie werden bereits in diesem Alter an den Handlungs- und Reaktionsweisen eines Menschen sichtbar und gelten in der Anthroposophie als die Früchte karmischer Vergangenheit. Diese Temperamente sind eine bestimmte Art, sich im Leben zu bewegen und darauf zu reagieren. Gerade zwischen dem 7. und 14. Lebensjahr sollte besonders in der Schule auf diese Entwicklung geachtet werden. Denn die Kenntnisse der Möglichkeiten der verschiedenen Temperamentsveranlagungen ist von großer Bedeutung für das Verständnis des Lernprozesses als Teil des Gesamtverhaltens des Kindes, d.h., dass die Kinder in dieser Zeit auch sehr in der Ausbildung ihres eigenen Potenzials unterstützt werden können.

Darüber hinaus ist diese Zeit eine wichtige Zeit der körperlichen Entwicklung. In dieser Phase ergreifen die Ichkräfte den Bereich des Stoffwechsels. Eine Reifephase wird durchlebt, deren Ziel die Pubertät, die Entwicklung der Geschlechtsreife, ist. Mit dem Eintritt in die Pubertät etwa ab dem 14. Lebensjahr werden die Seelenkräfte frei, die vorher den Leib mitgeformt und bewegt haben. Es beginnt die 3. Phase der natürlichen Einweihung. Misslingt dieser Prozess der 2. Stufe, kann es zu körperlich-seelischen Störungen kommen, die sich z.B. in starken Minderwertigkeitsgefühlen oder illusionärem Omnipotenzverhalten äußern können.

3. Stufe – Das Jugendalter 14.–21. Lebensjahr >Tafel 15

In dieser Zeit tritt der Charakter, der sich aus dem Temperament gebildet hat oder der Seelentyp in den Vordergrund. Aber trotzdem hat der Mensch immer noch nicht seine Mitte oder sein Ich gefunden. Vielen Menschen fehlt in dieser Zeit noch der Zugang dazu.

Jetzt ist der Mensch neugierig, unruhig und strebt nach neuen Ufern. Denn hier beginnt die allmähliche Entstehung eines Lebensplanes und das Hineinwachsen in die einzelnen Lebensgebiete. Im Protest und Oppositionsverhalten versucht der Jugendliche seine eigenen Vorlieben, Sympathien und Antipathien zu finden. Eigene Gefühle und Empfindungen werden stark und drängen nach außen, so dass Jugendliche erst lernen müssen, damit umzugehen.

Das hat zur Folge, dass der Jugendliche sich mehr zu Gleichaltrigen und Freunden hingezogen fühlt und sich von Vorgaben des Elternhauses löst. Durch die familiäre Lossagung auf der einen Seite entstehen aber auch andere, neue Kontakte. Erste Liebesbeziehungen fangen an und es beginnen Freundschaften zum gleichen oder dem anderen Geschlecht, die oft ein ganzes Leben lang halten. Eine der Grundstärken für diese Lebensphase ist die Treue.

In dieser Phase kommt es bei den meisten Jugendlichen zum Einstieg in die Berufswelt. Darüber hinaus erlangt der Mensch in dieser Zeit auch die juristische Volljährigkeit und muss voll und ganz Verantwortung für sein Handeln übernehmen.

In diesem Alter kann der Mensch sich selbst schon ganz anders wahrnehmen und beobachten als in den ersten zwei Phasen. Denn der Ich-Keim, das »innere alchemistische Gold«, ist bereits so weit entwickelt, dass der Jugendliche die eigenen Empfindungen (Sulfur), Gedanken (Merkurius) und Willenstätigkeit (Sal) beobachten und kontrollieren kann. Aber das alles vollzieht sich noch unter dem gefühlsmäßigen Aspekt von Sympathie und Antipathie.

Wenn es einem Menschen nicht gelingt, diese Phase natürlich und frei zu durchleben, dann kann es in einer späteren Phase passieren, dass ein starkes Nachholbedürfnis entsteht. Das Gefühl, etwas verpasst zu haben, kann sich aufdrängen und Ursache für ein inneres Ungleichgewicht werden.

4. Stufe – Das Vernünftigwerden 21.–28. Lebensjahr >Tafel 15

In dieser Zeit geht es um die Etablierung und um das »Erwachsenwerden«. Dies zeigt sich in der notwendigen Übernahme von Verantwortung in einem Beruf oder in der Familie. Diese Phase beginnt etwa mit dem 21. Lebensjahr und ist so etwas wie eine Wiederholung der Geburt. Ab jetzt beginnen die Phasen der Entwicklung, die auf Bewusstsein gegründet sind.

Diese Entwicklung sollte möglichst bewusst und aus eigener Kraft stattfinden. Jetzt besteht die Möglichkeit, das Leben eigenverantwortlich in die Hand zu nehmen. »Wie erlebe ich die Welt?« und »Wer bin ich in dieser Welt?« sind wichtige Fragen, die sich ein Mensch in diesen Lebensjahren, aber auch schon in der Pubertät stellt.

Freundschaften, Liebesbeziehungen, Gruppenbildungen und Eheschließungen sind für diese Zeit unserer Biographie charakteristisch. Auch die sogenannte Berufung, das plötzliche Erkennen unserer Lebensaufgabe, ereignet sich hier. Damit kündigt sich aber auch schon das Ende dieser Lebenszeit an und das 5. Jahrsiebt mit seinen Berufsaufgaben steht uns jetzt bevor.

In dieser Phase zeigt sich schon häufig, ob das Kind in den ersten Phasen eine gesunde Entwicklung durchlaufen konnte. Scheu vor Verantwortung oder sehr abstraktes Denken und distanziertes Verhalten zeigen, dass ein Mensch nicht das Glück hatte, Eltern zu haben, die in ihm einen einzigartigen Edelstein sahen und alles daran setzten, ihn zum Strahlen zu bringen. Bewusste Auseinandersetzung mit der frühen Kindheit oder dem Kindesalter sind notwendig, um wieder eine Balance herzustellen. Eine Unterstützung darin bietet der alchemistische Einweihungsweg, der in diesem Buch beschrieben wird >S. 100.

Neben dem physischen Leib und dem Ich besitzt der Mensch aber auch animalische Seelenkräfte. Das Ich lernt im Laufe der ersten 4 Lebensjahrsiebte, diese Kräfte zu durchdringen und zu beherrschen. Danach erst können diese Kräfte für weitere Entwicklungsprozesse verwendet werden. Diese Entwicklung vollzieht sich vor allem in der Beziehung mit anderen Menschen. Schenkend-empfangend und umgekehrt durchlaufen wir dabei unser Leben. Wichtig dabei ist, dass wir lernen, diese Energien zu transformieren.

Sollte dies nicht gelingen, so bedarf es enormer Aufmerksamkeit und Selbstdisziplin, da es hierbei um die Verwandlung egoistischer Verhaltensweisen geht, um eine »Wiedergeburt« des Ichs, bevor der Mensch sich nach innen wenden kann, um dann in den späteren Lebensphasen am eigenen Veredlungsprozess erfolgreich zu arbeiten.

5. Stufe – Die Wendung nach Innen 28.–35. Lebensjahr >Tafel 15

Zwischen dem 28. und dem 35. Lebensjahr findet eine wesentliche Veränderung im Vergleich zu den vorherigen Phasen statt. Wenn es dem Menschen gelingt, nicht mehr zwischen Reiz und Reaktion, zwischen Sympathie und Antipathie hin- und herzupendeln, dann kann es zu einer innigeren Begegnung mit der Welt und mit sich selbst kommen. Dann entsteht ein Unterschied zu früherem Verhalten, bei dem es sich häufig um eine gefühlsbestimmte Reaktion auf Sinneseindrücke handelte. Es entsteht eine neue Bewusstseinsqualität und eine objektivere Wahrnehmung. Verstandesmäßige Beurteilungen zählen jetzt mehr als Entscheidungen nach Sympathie und Antipathie. Dadurch kommt es zu einer tieferen Wahrheitserfahrung, einem anderen Schönheitssinn und einer wirklichen moralisch-ethischen Urteilskraft.

Wir stellen die Frage nach dem Sinn des Lebens und dem Wesen der Welt. Entsprechend dieser Frage werden neue Erfahrungen gesucht und Kenntnisse erworben. Das bedeutet eine Veränderung der bisherigen Ansichten, Gewohnheiten und Verhaltensweisen und somit kann es zu einer Veränderung der Lebensumstände kommen.

In dieser Zeit beginnt sich das Leben zu strukturieren. Durch den Einstieg ins Berufsleben kommt es hier schon zu einer Etablierung.

Sexualität, Wettbewerb und Zusammenarbeit sind die Schwerpunktthemen in den Beziehungen. Darüber hinaus kann es aber bei Menschen, die früh geheiratet haben, bereits auch jetzt schon zu einer Auseinandersetzung mit den eigenen Kindern kommen. Das kann dazu führen, dass man die Position der eigenen Eltern aus einer neuen, verständnisvolleren Sicht betrachtet und ihnen verzeiht. Auf der anderen Seite kann es aber auch unabhängig davon dazu kommen, dass man sich mit der eigenen Kindheit auseinander setzt und die Quellen von eigenen Verhaltensweisen erkennt und nach Möglichkeiten sucht, diese zu ändern.

6. Stufe – Die Entwicklung des schöpferischen Ichs 35.–42. Lebensjahr >Tafel 15

In dieser Phase haben sich der individuelle Charakter und der Seelenleib des Menschen bereits ausgebildet. Jetzt kann er schenkend und empfangend zum Kulturträger werden. Hier möchte unsere Persönlichkeit, unser Ich, schöpferisch werden. Der Wille strebt danach, Ziele (Ideale) in der Welt zu verwirklichen. Es ist aber auch gleichzeitig die Zeit, in der die physischen Kräfte nachlassen, da sie den Gesetzen des biologischen Abbaus unterliegen und schwächer werden. Es kann zu einer Mid-Life-Crisis kommen, wenn man frühere Entwicklungsphasen nicht seinem Alter gemäß durchlaufen hat. Oder aber es kann auch der Wunsch nach Unsterblichkeit entstehen, da in dieser Zeit die Erfahrung gemacht wird, dass der Körper einem nicht mehr so gehorcht, wie es in früheren Phasen der Fall war. Viele machen in dieser Zeit die Erfahrung: »Ich kann nicht mehr so, wie ich möchte!«, was zu Frustrationen führt. Sie zu überwinden gelingt nur, wenn die absteigende Kurve der biologischen Entwicklung als eine Möglichkeit für eine Verwandlung seiner Selbst begriffen wird. Sie kann zum Bewusstsein einer Harmonie aller Seelenkräfte führen, die es ermöglicht, auf Grund freier Willensentscheidungen das Leben zu gestalten. Gelingt das, kann der Mensch in eine letzte existenzielle Krise kommen, in der er sich die Frage nach einem Ziel für seine Selbstbestimmung stellt, das über ihn hinausweist. Damit aber rühren wir an die Substanz des Weltgeistes und an die ihm immanenten Tugenden (im Sinne des althochdeutschen Wortes tugunt mit der Bedeutung von Kraft,

Tauglichkeit, Vortrefflichkeit) und der Liebe. Und vor uns steht die Aufgabe, uns selbst durch die Liebe zu finden. Dies ist jedoch oft nicht möglich, wenn in den frühen Stufen keine Liebe erfahren wurde.

Auch hier hilft der alchemistische Einweihungsweg dabei, sich für die Liebe zu öffnen. Öffnen wir uns für die Liebe, dann erkennen wir, dass uns selbst, wie jedem anderen Menschen auch, ein sehr großer Schatz innewohnt, der nur darauf wartet, gesehen und angenommen zu werden.

7. Stufe – Erwachen der Weisheit 42.–49. Lebensjahr >Tafel 15

Wenn der Mensch dieses Alter erreicht hat, dann wird eine Bilanz über das bisherige Leben gezogen. Und wenn man seinen Entwicklungsphasen entsprechend gelebt hat, werden Früchte auf den unterschiedlichsten Ebenen geschöpft. Darüber hinaus sind auch die Erfahrungen in den unterschiedlichsten Ebenen groß, so dass man auch mit sich selbst und seiner Umwelt viel nachsichtiger wird als in früheren Lebensphasen.

Das kann dann etwa ab dem *7. Lebensjahrsiebt* zum Erwachen der Weisheit in uns führen, die in der indischen Religion als *Manas* bezeichnet wird. Sie ist dadurch gekennzeichnet, dass der Mensch so vom göttlichen Geist der Liebe erfüllt wird, dass er fähig ist, in bedingungsloser Weise selbstlos auch seine Feinde zu lieben.

8. Stufe – Geistig-seelische Entwicklung 49.–56. Lebensjahr >Tafel 15

Nach der 7. Stufe folgt um das *8. Lebensjahrsiebt* als mögliche geistig-seelische Stufe der biographischen Entwicklung, das was in Indien *Buddhi,* oder »Hülle der Seele« heißt. Im Alten Testament wird es als das »Manna-Mahnaas« bezeichnet, das auf die Israeliten in der Wüste herabregnete und das später nach der Fleischwerdung des Logos in den Evangelien das »Brot des Lebens« genannt wurde. Es ist ein Bewusstseinszustand, bei dem der Mensch fähig ist, allein durch die Liebe, die Grundkraft des Universums, zu agieren.

Im Hinduismus werden die Menschen in diesem Alter sogar ganz von den gesellschaftlichen Pflichten enthoben um sich ganz ihrer spirituellen Entwicklung zu widmen. Viele von ihnen wandern dann in den orangefarbenen Gewändern als »Sannyasin« durch das Land und werden von den jüngeren Hindus sehr geachtet und mit Nahrung und Unterkunft unterstützt, so dass sie sich ganz und gar der spirituellen Entwicklung widmen können.

In Europa hingegen beginnt am Ende dieses Lebenszyklus für viele Menschen eine schwierige Zeit. Es ist die Zeit des Loslassens und Abgebens. Im Berufsleben folgen bereits die jungen, dynamischen mit Willensstärke und Lebenskraft erfüllten Menschen und sind bereit, die Plätze der Alten zu übernehmen.

Für Menschen, die sich bis dahin nie mit sich selbst und ihrer spirituellen Entwicklung beschäftigt haben und sehr nach außen orientiert waren, kann dies eine äußerst schmerzvolle Erfahrung werden. Sie beginnen, sich überflüssig und ungeliebt zu fühlen. Dabei ist diese Lebensphase eine Möglichkeit, an eine tiefe All-Liebe heranzukommen. Der alchemistische Weg dieses Buches kann darin eine Unterstützung bieten.

9. Stufe – Verbindung mit der Weisheit 56.– 63. Lebensjahr >Tafel 15

Diese Phase ist die Zeit des Abschiednehmens. Die meisten Menschen ziehen sich aus dem aktiven Berufsleben zurück. Die Kinder verlassen endgültig das Elternhaus, um eigenen Familien zu gründen. Es ist auch die Zeit, in der erste Freunde sterben und der Mensch wird immer mehr mit der eigenen Vergänglichkeit und Sterblichkeit konfrontiert. Akzeptiert der Mensch, dass alles einem ständigen Wandlungsprozess unterliegt, dann kann er, sofern es ihm vor seinem Tode vergönnt ist, den Zustand des Atman erreichen, bei dem er mit der *Atmung* durch die allgegenwärtige Luft mit dem allumfassenden Weltgeist verbunden ist und so allein durch seinen Willen, über die Atmung, die Liebe in der Welt verstärken kann.

Durchläuft der Mensch all diese Phasen in der richtigen Reihenfolge und Länge, dann hat er das Glück, am Ende seines Lebens, seines eigenen Langen Weges, so zu erstrahlen wie der Turmalin-Edelstein, der auch bestimmte Phasen durchlaufen musste, um farbenprächtig und edel in Erscheinung zu treten.

Die menschlichen Entwicklungsphasen stimmen nicht nur mit dem Entstehungsprozess des Turmalins überein, sondern zeigen auch deutliche Analogien zu den verschiedenen Stufen des Opus magnum, dem großen Wandlungsprozess der Alchemisten. Dies stelle ich in folgendem Vergleich dar.

Vergleich der Lebensphasen mit dem Opus magnum

Betrachten wir die beschriebenen 9 Entwicklungsphasen der Biographie, so zeigt sich eine deutliche Gliederung in 3 Bereiche >Tafel 15:

1. Eine Frühentwicklungsphase (1.–3. Jahrsiebt)

Hier sind Leib, Seele und Geist noch in enger Verbindung mit den Kräften des Körpers und werden von seiner Entwicklung getragen. Dabei befreien sich die Seelenkräfte des Denkens, Fühlens und Wollens gleichsam als »Nebenprodukt« der biologischen Evolution von ihren Bindungen an die Materie. Sie werden zunächst in Form von Trieben, Begierden und Leidenschaften des Kindes erfahrbar, die sich allmählich durch Nachahmung der Bewegungen, der Sprache und der zielgerichteten Handlungen der Erwachsenen funktional verändern.

2. Die mittlere Hauptentwicklungsphase (4.–6. Jahrsiebt)

Nachdem der Körper ausgewachsen ist, kann das unbewusste Dasein vom erwachten Ich wahrgenommen werden. Dabei verbindet es sich zunächst mit den Gefühlskräften der Seele und wird ganz von Sympathie und Antipathie getragen. Unsere Persönlichkeit lebt also in dieser Zeit vorwiegend als »Empfindungs-Ich« und wandelt sich später zum »Verstandes-Ich«. In dem werden die Empfindungen von der Außenwelt unabhängiger und können sich nach innen richten. Das führt dann in der 3. Stufe der Ich-Entwicklung zum Erwachen des Bewusstseins, das von uns selbst bestimmt wird.

3. Die letzte Restentwicklungsphase (7.–9. Jahrsiebt)

Hier erfolgt gleichsam eine letzte Durchdringung der 3 Ich-Formen, die in der Hauptphase entwickelt wurden, mit den Grundformen des Denkens, Fühlens und Wollens der ersten Phase, die in der Hauptphase entwickelt wurde: Das *Manas-Ich* entsteht als Metamorphose aus dem Bewusstseins-Ich, indem dieses nochmals von den Gefühlskräften durchdrungen wird. Das *Buddhi-Ich* entwickelt sich aus dem Manas-Ich, indem dieses sich nochmals mit den Denkkräften des Lebensleibes durchdringt. Das *Atman-Ich* schließlich entsteht aus der Vereinigung des Buddhi-Ich mit den Willenskräften des physischen Leibes.

Diese 3 Phasen mit ihrer inneren Dreigliederung stimmen erstaunlicher Weise mit den im Folgenden aufgeführten verschiedenen Stufen des *Opus magnum* ⊳S. 39 der Alchemisten überein und entsprechen in ihrer gegenseitigen Durchdringung den für das Gelingen des »Werkes« angegebenen Prozessen, die mit *Sulfur, Merkur* und *Sal* durchgeführt werden, um das alchemistische *Gold*, auch *Lapis philosophorum* oder dem Stein der Weisen genannt, »herzustellen«.

Jeder Alchemist, der sich diesem Werk verschrieben hatte, entwickelte seine persönlichen Vorstellungen von der Durchführung des Prozesses. Die Arbeitsvorschriften waren dementsprechend variabel. Trotzdem gelang der erfolgreiche Prozess nur, wenn bestimmte Stufen durchlaufen wurden, die sich in der Verfärbung des Materials zeigten.

Für die wirklich eingeweihten Alchemisten bestand der »Stein der Weisen« qualitativ aus 3 verschiedenen Arten. Diese werden von dem klassischen Alchemisten Pernety wie folgt beschrieben:

»Der Stein der ersten Ordnung«

Er ist die gereinigte und in ihren Merkur überführte Materie der Philosophen.

»Der Stein der zweiten Ordnung«

Hierbei handelt es sich um dieselbe Materie, aber nun durch Kochen, Digerieren und Fixieren in einen unbrennbaren Sulfur verwandelt.

»Der Stein der dritten Ordnung«

Er ist ebenfalls diese Materie, aber fermentiert, multipliziert und zur letzten Perfektion gebracht. Das entspricht den oben genannten 3 Entwicklungsphasen unseres seelisch-geistigen Wesens!

Zur Bereitung des Steins gibt es zwei Wege: einen *langen, nassen* und einen *kurzen, trockenen* Weg. Der *Kurze Weg* >S. 50 wird von den meisten Alchemisten als 7-stufig beschrieben, während der *Lange Weg* >S. 55 entweder 9 oder 12 Stufen um-fasst, je nachdem, ob die Übergänge als »Geburtsphasen« zwischen den dabei entstehenden 3 Steinen mit als Stufen gezählt werden oder nicht.

Der 12-stufige Lange Weg zum Opus magnum, der für unseren Vergleich mit dem Langen Weg der biographischen Einweihung relevant ist, sieht Pernety im Zusammenhang mit den 12 Tierkreiszeichen >Tabelle S. 66.

Die Alchemisten waren sich bewusst, dass die Kräfte und Stoffe, die sie in ihrem Laboratorium handhabten, ihren Ursprung im Kosmos haben. Es waren die Kräfte der Sterne, die sie in ihren Tongefäßen und Öfen zur Veredlung der Stoffe – vorwiegend Metalle – und ihrer Seele einsetzten. Sie arbeiteten mit folgender Zuordnung: Die Farben, die während des Durchlaufens der 12 Stufen auftreten, sind im wesentlichen die 3 alchemistischen Farben Schwarz, Weiß und Rot. Gelb, Grün und Blau gelten als Farben des Übergangs von einer Stufe in die andere. Es lassen sich folgende Zusammenhänge zwischen den Arbeitsgängen und den Farben beobachten:

1. Trennung

Hier werden die 3 Prinzipien *Sulfur, Merkurius* und *Sal* getrennt, was durch die Prozesse *Calcinatio, Solutio, Fermentatio und Separatio* geschehen kann. Dabei entsteht die Prima materia >S. 41, der ursprüngliche Ausgangsstoff aller Weltprozesse. Die Farbe für diesen Prozesse ist *Schwarz.*

2. Reinigung

Durch den Prozess erfolgt die Reinigung der getrennten 3 Prinzipien. Dazu dienen die Arbeitsgänge *Destillatio, Sublimatio* und *Digestio.* Zu dieser Reinigung gehört die Farbe *Weiß.*

3. Vereinigung

Hier werden die 3 gereinigten Prinzipien wieder neu zusammengefügt. Dazu gehören die Arbeitsgänge *Congleatio, Fixatio, Ceratio* und *Multiplicatio und Projectio. Rot,* das Symbol für die Vollendung und die Liebe, kennzeichnet diesen Vorgang.

Die Übergangsfarben zwischen Schwarz und Weiß, Schwarz und Rot und Weiß und Rot sind Blau, Grün und Gelb. Das bedeutet, dass im Verlauf des Prozesses die 6 Grundfarben erscheinen. Die mehrfarbigen Übergänge, die während der Arbeit zu beobachten sind, wurden von den Alchemisten auch als »Pfauenschwanz« bezeichnet und mit dem Regenbogen verglichen. Sein Erscheinen kündigte das Gelingen des Opus magnum an, nämlich die Bildung der letzten Stufe des Steines der Weisen, das Ziel der Substanz- und Seelenverwandlung.

Auch für uns spielen die Farben auf dem Weg zur Seelenverwandlung eine große Rolle. Richtig angewandt können sie die Seele läutern und den Körper und Geist reinigen. Anleitungen zu Farbmeditationen und entsprechenden Übungen finden Sie im Kapitel 6 ⊳S. 100–140.

Die Farben des Regenbogens galten im Mittelalter bei den Alchemisten als Symbole für die 7 bzw. 12 Tugenden, die in der Apokalypse des Johannes als 12 Schmucksteine für die Grundmauern des »neue Jerusalem« genannt werden:

> *Und die Grundsteine der Mauer um die Stadt waren geschmückt mit allerlei Edelsteinen. Der erste Grundstein war ein Jaspis, der zweite ein Saphir, der dritte ein Chalzedon, der vierte ein Smaragd, der fünfte ein Sardonyx, der sechste ein Sarder, der siebente ein Chrysolith, der achte ein Beryll, der neunte ein Topas, der zehnte ein Chrysopras, der elfte ein Hyazinth, der zwölfte ein Amethyst.*[17]

Diese Beziehungen zwischen dem Opus magnum der Alchemisten, den Tierkreiszeichen und den 12 »Edelsteintugenden« der Apokalypse sind besonders wichtig für das Verständnis des Turmalins als den 13. Stein, das Realsymbol ⊳S. 40 für die alchemistische Einweihung, der die Qualitäten der anderen 12 Steine in sich vereinigt.

Fassen wir unsere bisherigen Erkenntnisse zusammen, so können wir sagen: Der alchemistische Prozess der Seelenreinigung, das Opus magnum mit seinen 12 Stufen, entspricht den Entwicklungsphasen unserer Biographie. Beim täglichen Umgang mit den 4 Prinzipien oder Substanzen, Sulfur (Schwefel), Merkur (Quecksilber), Sal (Salz) und dem »Stein« (Lapis philosophorum) in ihren Laboratorien erfuhren die Alchemisten damals die Verwandlung ihrer eigenen geistig-seelischen und körperlichen Kräfte und Fähigkeiten. Das war im Grunde genommen weniger ein mystisch-geheimnisvoller Prozess als vielmehr ein sehr realer und verständlicher Vorgang. Wer einmal in einem chemischen Laboratorium gearbeitet hat, weiß, welche Disziplin beim Arbeiten mit unbekannten gefährlichen Stoffen erforderlich ist. Denn die Reaktion von Schwefel und Quecksilber mit anderen Stoffen ist nicht immer vorhersehbar. Beherrschung der Gefühle, Geistesgegenwart und die entsprechende Geschicklichkeit und

Der zwölfstufige alchemistische Weg zum Opus magnum[18]		
Stufe/Tierkreiszeichen	**Arbeitsgang**	**Beschreibung**
1. Widder	Calcinatio	Verbrennen
2. Stier	Congleatio	Kristallisieren
3. Zwillinge	Fixatio	Fixieren
4. Krebs	Solutio	Lösen, Verflüssigen
5. Löwe	Digestio	Verreiben, Zerkleinern
6. Jungfrau	Destillatio	Destillieren und Kondensieren
7. Waage	Sublimatio	Verdampfen ohne Schmelzen
8. Skorpion	Separatio	Abtrennen; Filtrieren; Ausfällen
9. Schütze	Ceratio	Erweichen, Schmelzen
10. Steinbock	Fermentatio	Fermentieren, Gären
11. Wassermann	Multip licatio	Vermehren
12. Fische	Proiectio	Aufstreuen, Verteilen

Disziplin für den Aufbau und die Durchführung der Versuche sind unbedingt erforderlich. Die »Heiligen 3« – Körper, Leib, und Seele – müssen dabei im Gleichgewicht und vom Geist durchdrungen sein.

Das Phänomen, dass die Stufen des Großen Werkes der Alchemisten den Entwicklungsphasen des Langen Weges unserer biographischen Einweihung entsprechen, führt zu der Frage, ob es sich dabei bloß um zufällige Übereinstimmung handelt, oder ob darin allgemeine Gesetzmäßigkeiten zum Ausdruck kommen, die auch für andere Prozesse in der Natur gelten.

Vergleichen wir unter diesem Aspekt die Bildung des Turmalins mit dem Opus magnum und dem Langen Weg der biographischen Einweihung, so ergeben sich wesentliche Zusammenhänge, die Sie im Folgenden kennenlernen.

ENTWICKLUNG DES MENSCHEN UND ENTSTEHUNG DER TURMALINE IM VERGLEICH

Erinnern wir uns an den Turmalin-Bildeprozess >Kapitel 2, S. 30–34. Der Turmalin entsteht nicht erst im Deckengebirge in den Pegmatitgängen oder an der Erdoberfläche, sondern er wird schon tief im Erdinneren, an der Grenze zwischen glutflüssigem Gesteinsbrei, dem »Magma«, in der Phase der Erst- und Frühkristallisation der Gesteine als »Turmalin-Wesen« keimhaft angelegt. Diese Vorbereitungsphase im flüssigen Gesteinsbrei des Magma hat seine Entsprechung in der Anlage des Keimes im Mutterleib nach der Zeugung.

So wie das Turmalin-Wesen in seiner Struktur und mit den Möglichkeiten seiner weiteren Entwicklung schon im Magma vorgebildet wird und erstmals in der Phase der Frühkristallisation erscheint, so ist auch die Persönlichkeit, das Ich des Neugeborenen, schon als Keim in der ersten Stufe der Teilung einer befruchteten Eizelle vorhanden. Dieser Keim umkleidet sich im Laufe seines Wachstums mehr und mehr mit den materiellen Substanzen, die er für die Ausbildung seiner Formen und Organe mit Hilfe der Lebenskräfte und Gefühlskräfte der Mutter benötigt. Schließlich ist er allein lebensfähig und entwickelt sich nach der Geburt in der Außenwelt weiter. Dabei wird zunächst der noch »unfertige« Körper des Kindes im Wechselspiel der 3 Gestaltungskräfte von Leib, Seele und Geist vollständig ausgebildet, während er über seine Sinnesorgane in ständiger Wechselbeziehung zu seiner Umgebung steht. >Tafel 15

Dieser Prozess findet auch in metamorphosierter Form beim Turmalin statt. In der Phase der Frühkristallisation der Gesteine, also in der Zeit seiner Entwicklung vor der Geburt aus dem »Mutterleib« des Magmas, sammelt der Turmalin-Keim die Stoffe aus der Umgebung und verbindet sie so miteinander, dass sie zu seiner stofflichen Grundlage werden können. Diese Stoffe sind im Wesentlichen die 3 Mineralien Feldspat, Quarz und Glimmer, aus denen der normale Granit in Form einer kristallinen Mischung besteht. Der Turmalin mit seiner verwandelnden und strukturbildenden Kraft bringt diese 3 Mineralien in ein geordnetes Verhältnis zueinander. Er knüpft hier schon zu anderen Mineralien (Schwermetallmineralien von Eisen, Kupfer, Nickel, Kobalt usw.) durch den Borprozess >S. 33 Verbindungen, die beim Übergang zur Hauptkristallisationsphase zur Entstehung der ersten Generation der Turmaline führen.

Die *1. Turmalingeneration* >S. 32, die hauptsächlich aus dem schwarzen Schörl, Buergerit und Dravit besteht, ist die Entsprechung des menschlichen Ichs in den *ersten 3 Jahrsiebten*.

In der auf 700–500 Grad abgekühlten Restschmelze kristallisieren dann in der pegmatisch-pneumatolytischen Phase der Hauptkristallisation ▷S. 30 die Turmaline der *2. Generation* aus. Es sind hauptsächlich Elbait, Uvit und Liddicoatit, die gegenüber den Turmalinen der 1. Generation durchsichtiger und farbiger sind. Sie entsprechen in ihrem Veredlungsgrad den Erscheinungen des Ichwesens der menschlichen zweiten 3 Jahrsiebte unserer Biographie (4.–6. Jahrsiebt)

Seine schönste Entfaltung aber erfährt das Turmalin-Wesen in seiner *3. Generation*, wenn es in der pneumatolytisch-hydrothermalen Phase ▷S. 30 auskristallisiert. Vor allem die Turmaline, die durch Kontaktmetamorphose ▷S. 33 entstehen, zeichnen sich durch die Edelsteinqualitäten Klarheit, Reinheit und Farbenreichtum aus. Die Analogie zur *3. Phase der Ich-Entwicklung* (7.–9.Jahrsiebt) auf dem langen Einweihungsweg unserer Biographie ist hier besonders deutlich. Hier finden wir auch die Farben des »Pfauenschwanzes«, die 7-farbigen Turmaline des Regenbogens. Sie weisen auf die Beziehung des Turmalin-Bildeprozesses zum Opus magnum der Alchemisten hin und stellen die Verbindung des Turmalins mit den Kräften des Tierkreises dar.

Die Beziehung des Turmalin-Bildeprozesses zum Opus magnum und damit zum Langen Weg der Einweihung wird noch deutlicher, wenn wir uns diese im Detail anschauen und mit dem vergleichen, was in der 1. Stufe der Ich-Entwicklung geschieht.

In Kapitel 2 ist dargestellt, dass sich Turmalin nur in Verbindung mit 4 Stoffen bzw. Prozessen bilden kann. Diese Prozesse sind der Bor-, der Eisen-, Lithium-Magnesium-Prozess und der Aluminiumprozess ▷S. 34. Sie haben ihre Entsprechungen zur Entwicklung der Wesensglieder Körper, Leib, Seele und Geist in folgender Weise:

1. DER BORPROZESS ▷S. 33 führt zur Veredlung des Granits. Die Salze der Borsäure sind die »Samenzelle«, die sich erst mit der »Eizelle« des Granit vereinigen müssen, bevor sich dieser zum Turmalin wandeln kann.

2. DER EISENPROZESS ▷S. 33 ist polar zum Borprozess: zu viel Eisen in der Mischung verhindert die Turmalin-Bildung. Das entspricht genau dem, was für die Entwicklung unseres »inneren Turmalins« gilt: zu viel Triebe, Begierden und Leidenschaften hemmen die Wirksamkeit der Ichkräfte, die den Menschen zum Höheren Selbst führen.

3. DER LITHIUM-MAGNESIUM-PROZESS ▷S. 34 steht in gewisser Polarität zum Eisenprozess. Er gleicht einen zu hohen Eisengehalt aus bzw. führt zu größerer Klarheit und Farbigkeit der Kristalle.

Beziehen wir das auf die Seelenveredlung des Menschen so entsprechen Lithium und Magnesium mit ihren Wirkungen dem Seelenanteil in uns, der mit dem Geistigen mehr verbunden ist als mit der Körperlichkeit. Im

Sinne von Platon handelt es sich hier also um das »edle Pferd« am Gespann, während der Eisenprozess mehr dem unedlen, ungebärdigen Pferd entspricht ⪢S. 49.

4. DER ALUMINIUMPROZESS ⪢S. 34 sorgt bei der Bildung des Turmalins in der 3. Generation für eine beständige Grundstruktur allen äußeren und inneren Einflüssen gegenüber. Bezogen auf die Entwicklung unserer Wesensglieder entspricht das den Lebenskräften, die von den Stoffwechselprozessen unseres Leibes getragen werden.

Danach entsprechen die 4 Prozesse der Turmalin-Bildung den Bereichen der leiblich-seelisch-geistigen Entwicklung:

Physischer Leib	Ringsilikatbildung
Lebensleib	Aluminium-Prozess
Seelenleib	Eisen-Lithium-Magnesium-Silikate
Ich	Borprozesse

In der Entsprechung zu den 3 Kräften des Seelenleibes:

Denken	Lithium-Magnesium-Prozess
Fühlen	normaler Eisenprozess
Wille	Aluminiumprozess

Schauen wir zum Abschluss dieser Betrachtung noch einmal auf den Langen Weg der Einweihung und seinen Entsprechungen im Mineralreich zurück, so können wir Folgendes feststellen: So wie die Entwicklung des Turmalins bis zur Schörl-Dravit-Uvit-Stufe aus inneren Bedingungen und Gesetzmäßigkeiten heraus erfolgt, geschieht die Entwicklung des Ichs in den ersten 3 Jahrsiebten meist unbewusst. Erst nach der Pubertät werden wir mehr und mehr von unseren eigenen Vorstellungen bestimmt. Die Turmalin-Bildung wird im Vergleich dazu vom Übergang der pegmatitischen in die pneumatolytische Phase ⪢S. 30 vom Umgebungsgestein bestimmt. Dieser Einfluss steigert sich dann zur Wechselwirkung zwischen Turmalin-Substanz und Umgebungsgestein in der hydrothermalen Phase ⪢S. 31 und führt zu Kontaktmetamorphosen ⪢S. 33, die den Turmalin zum Edelstein werden lassen. Dieser Vorgang hat seine Entsprechung in den letzten Jahrsiebten der menschlichen Biographie, wo durch die bewusste Gestaltung von Beziehungen solche »Kontaktmetamorphosen« bei der Ausbildung unserer Persönlichkeit stattfinden können.

Eine geistig-seelische Entwicklung, die nach der Pubertät und der Geburt des Empfindungs-Ichs noch möglich ist, findet jedoch nicht notwendigerweise statt, sondern der Mensch muss den Impuls dafür spüren, seine geistig-seelische Entwicklung bewusst selbst zu gestalten. Das verlangt Disziplin und Vorsicht auf dem Gebiet der Triebbefriedigung und Begierde.

Die Stufen der beiden Einweihungswege sind noch einmal in Kurzform mit Hilfe unserer alchemistischen Symbole auf Tafel 15 grafisch dargestellt. Hier entspricht die Lemniskate dem Verlauf des Langen biographischen Weges. Der Kurze Weg entspricht in dieser Darstellung den 7 Planetenstufen vom Mond ausgehend über die Sonne bis zum Saturn. Der Kurze Weg steht mit allen Jahrsiebten des Langen biographischen Weges in Beziehung über die Tierkreiszeichen, die von den Planeten regiert werden ⊳Tafel 15 und Anhang C, Tabelle 2, S 167. Dadurch lassen sich auf diesem Weg der alchemistischen Einweihung Versäumnisse vergangener biographischer Lebensphasen aufarbeiten zu Gunsten der zukünftigen Entwicklung. In Tabelle 5 ⊳S. 169 sind diese Zusammenhänge in Bezug zu den 4 Elementen und den 3 Prinzipien (Tria prinzipia) dargestellt.

KAPITEL 5
DIE ALCHEMISTISCHE EINWEIHUNG

Im letzten Kapitel haben Sie den Kurzen Weg im Zusammenhang mit dem Turmalin-Bildeprozess kennen gelernt. Er gilt als der eigentliche alchemistische Einweihungsweg, der von den Alchemisten allgemein als der schwierigere Weg angesehen wird. Dabei wird bewusst und konzentriert mit den Seelenkräften gearbeitet, die normalerweise im Laufe eines Lebens langfristig auf den Menschen wirken.

Die Gefahren des Kurzen Weges bestehen darin, dass bei einer zu schnellen Umwandlung die Seelenkräfte außer Kontrolle geraten, so als würden bei einer Neutralisation konzentrierte Lauge und konzentrierte Säure sofort und ohne Rühren und Kühlen zusammengeschüttet. Das Ergebnis wäre ein explosionsartiges Verdampfen der Mischung mit den entsprechenden Folgen für den Laboranten. Zum anderen kann aber auch das »gute« Gelingen des Prozesses dem Adepten schaden, indem es ihn in einen Zustand illusionärer Glückseligkeit versetzt, so als würde ein Chemiker bei seinen Experimenten zufällig eine Droge finden, ihre halluzinogene Wirkung erfahren und meinen, damit die Eintrittskarte für das Paradies auf Erden in der Hand zu haben.

Wegen der Gefahren, die einem Adepten auf dem Weg begegnen können, werden vor der Einweihung bestimmte Anforderungen gestellt, mit denen ich Sie zunächst in Bildform, dem Rosarium philosophorum, vertraut mache.

DIE 7 STUFEN DER EINWEIHUNG IN BILDERN: DAS ROSARIUM PHILOSOPHORUM

Im Kapitel 4 haben Sie den Einweihungsweg in der Fachsprache der Alchemie kennen gelernt. Da sind die 7 Stufen des Weges, auf dem sich Sulfur, Merkur, Sal und das innere alchemistische Gold in harmonischer Weise miteinander verbinden. Sie sind im Vergleich zu den 4 Prozessen der Turmalin-Bildung im Mineralreich dargestellt. Dabei wurde auch schon auf die 4 Elemente des Empedokles hingewiesen, die als Lehre von den Temperamenten zu einem Vorläufer der abendländischen Psychologie wurde. Die dabei benutzte Darstellung der Phasen war notwendig, um Sie mit Begriffen der Alchemie vertraut zu machen, die wir später brauchen werden, wenn wir uns der Frage der Anwendung von Turmalin-Präparaten zur Unterstützung dieser Prozesse in unserem Organismus zuwenden. Anderseits aber ist sie sehr abstrakt. Deshalb wollen wir uns jetzt für die Praxis die Stufen der Einweihung noch einmal in anschaulicher Weise vergegenwärtigen. Dafür ist keine alchemistische Schrift besser geeignet als das Rosarium philosophorum aus dem 14. Jahrhundert.

Das *Rosarium philosophorum* (R.P.) wird auch als das *Sol- und Luna-Gedicht* überliefert, das die Vereinigung von Mann und Frau als das Anliegen des alchemistischen Vereinigungswerkes (Opus magnum ⊳S. 39) darstellt und die Vereinigung und Harmonisierung der geistig-seelischen Polaritäten im Menschen beschreibt. Damit gibt es gleichzeitig über die Art und Weise der Verwandlungen unserer Seelenkräfte Aufschluss, die entsprechend dem alchemistischen Prinzip Makrokosmos gleich Mikrokosmos mit der Stoffwelt in Beziehung stehen. Wir wenden uns deshalb dieser Bildserie zu, weil sie anschaulich einprägsam die verschiedenen Stufen des Einweihungsweges dargestellt und die Symbolsprache der Alchemie verständlich macht.

Wir beginnen mit dem Merkuriusbrunnen als dem »Reaktionsgefäß« und dem eigentlichen Ausgangsort für das Opus magnum. Die 4 Sterne in den 4 Ecken des Bildes stehen als Symbole für die *4 Elemente Feuer, Wasser, Luft* und *Erde,* die zugleich die Bedeutung der 4 grundlegenden Seelenqualitäten der 4 Temperamente haben. Zum Verständnis nötige Informationen ⊳Anhang A, S. 149.

Wyr findt der metall anfang vnd erste natur /
Die kunst macht durch vns die höchste tinctur.
Keyn brunn noch wasser ist meyn gleych/
Ich mach gesund arm vnd reych.
Vnd bin doch jtzund gyftig vnd dötlich.

Zwischen Sonne und Mond – Symbole für das männliche und das weibliche Prinzip – sehen wir einen 5. Stern als Ziel und Ergebnis der Vereinigungsprozesse der polaren Elemente. Der Brunnen selbst ist das Gefäß, in dem alle Prozesse des Großen Werkes stattfinden. Er ist mit 12 Sternen geschmückt, von denen im Bild nur die sechs des Halbkreises der Vorderseite sichtbar sind. Sie weisen symbolisch auf die 12 Sternzeichen des Tierkreises hin. Unter dem Einfluss der 12 kosmischen Urkräfte dieser Zeichen finden im Wasser des Brunnens die Verwandlungen statt. Dieses »Wasser« im »Reaktionsgefäß« ist Symbol für das schöpferische Chaos. Es wird auch *Aqua permanens* (ewiges Wasser) oder *Hydot theion* (göttliches Wasser) genannt. Es fließt aus 3 Quellen (Röhren) in das Becken, die bezeichnet sind als *Lac virgini* (Jungfrauenmilch), *Acetum fontis* (Quellessig) und *Aqua vitae* (Lebenswasser). Es handelt sich dabei um eine symbolische Darstellung der Trinität des schöpferischen Chaos. Seit der Hellenisierung der ägyptischen Kultur (etwa 300 v. Chr.) ist diese Trinität für die Alchemisten in der mythischen Gestalt des Hermes Trismegistos verkörpert. Sein Name erscheint zum ersten Mal auf dem Stein von Rosetta (196 v. Chr.) als Schöpfer der Lehre vom Pneuma, einem Gemisch aus Feuer und Luft. Es wirkt als aktives Prinzip, indem es sich mit den passiven Elementen der Erde vermischt. Dadurch erzeugt es alle Geschöpfe in der Natur: Mineralien, Pflanzen, Tiere und Menschen. Durch seine vollkommen harmonische Mischung garantiert es den Bestand und die Entwicklung der Welt.

Diese Lehre wurde später zur Lehre von den 3 Grundprinzipien Sulfur, Merkurius und Sal erweitert, die eine Dreigliederung der kosmischen Grundkräfte des Tierkreises >Tafel 14 entsprechend ihrer Wirkung darstellen.

In diesem Bild des Merkuriusbrunnens sind Sonne und Mond zusammen mit den 4 Elementen die polaren Ausgangsstoffe, die in dem von den 3 Prinzipien gespeisten Wassern des Brunnens unter dem Einfluss von Tierkreis- und Planetenkräften ihre alchemistische Verwandlung erfahren. Die sich um das Ganze windende Schlange mit den zwei Köpfen symbolisiert die Widersachermächte, die den Prozess stören und das Große Werk misslingen lassen können.

Die Einweihung beginnt mit der Zusammenführung der Polaritäten: Sonne (König) und Mond (Königin) begegnen sich. Über ihnen schwebt auf dem Rücken der Taube mit den zwei Lilienblüten schon das Ziel des gemeinsamen Weges, der 5. Stern. Jeder Partner

reicht dem anderen die vom Herzen kommende linke Hand, während er in der rechten Hand eine Lilie mit zwei Blüten trägt, mit der er auf das Haupt des anderen deutet. Hier wiederholt sich die Symbolik des Merkuriusbrunnens: 4 Blumenblüten zwischen den Partnern als symbolischer Ausdruck für die 4 Elemente und darüber die 3-fach gegliederte Kraft, die Taube mit den 2 Blumenblüten im Schnabel, das Symbol des göttlichen Geistes und der Weisheit.

Es handelt sich also eindeutig nicht nur um Metalle oder andere mineralische Stoffe, die in einem alchemistischen Prozess vereinigt und verwandelt werden sollen, sondern auch um die seelisch-geistigen Qualitäten von Mann und Frau. Träger dieser Qualitäten sind die vier Elemente in ihrer Polarität, die Sonne und Mond einander in der symbolischen Gestalt die Blumen reichen. Der 5. Stern, das Ziel der Vereinigung, ist demnach der Androgyn oder Hermaphrodit, der ursprüngliche Mensch der Urzeit und Endzeit, der weder Mann noch Frau ist, sondern der vollkommene Mensch, in dem alle Gegensätze vereinigt und harmonisiert sind.

Dieses Bild von der Königin und dem König als Allegorie (Polaritäten) und Symbol (Mann und Frau) weist darauf hin, dass der alchemistische Seelenprozess der Einweihung als Individuationsprozess zwei Aspekte hat: Zum einen handelt es sich um eine Entwicklung und Harmonisierung aller geistig-seelischen Kräfte im Individuum, zum anderen geht es dabei aber auch um objektive Beziehungsprobleme zwischen Mann und Frau. Ein Zusammenhang zwischen beiden Prozessen besteht insofern, als in jedem Menschen aufgrund seiner androgynen Herkunft die geistig-seelischen Qualitäten in ihrer männlich-weiblichen Polarität vorhanden sind. Deshalb sind auch die Einweihungswege für Mann und Frau nur schwerpunktmäßig sozusagen quantitativ, nicht aber prinzipiell qualitativ unterschiedlich, d.h., die Frau wird stärker auf der männlichen Seite ihrer seelisch-geistigen Veranlagung arbeiten müssen, um Einseitigkeit im »Weiblichen« auszugleichen als der Mann, der sich stärker um seine weiblichen Anlagen bemühen muss, um eine Einseitigkeit im »Männlichen« zu vermeiden.

Die Begegnung zwischen den Polaritäten nimmt verbindlichere Formen an. Die Partner haben ihre Kleider abgelegt und stehen einander unverhüllt gegenüber. Auf den Spruchbändern steht, was der eine sich vom anderen wünscht:

Sol: »O, Luna erlaube mir, dein Gemahl zu werden.«
Luna: »O, Sol, ich soll dir billig im Gehorsam sein.«
Und die Taube verkündet: »Es ist der Geist, der einig macht.«

Wie der Geist einig machen kann, darauf weisen die veränderten Stellungen der Hände hin. Diese ruhen nicht mehr wie am Anfang der Begegnung ineinander, sondern stehen jetzt nur noch über die Blumenblüten miteinander in Verbindung. Gleichzeitig hat sich die Zahl der Blüten verändert. Wo ursprünglich 4 Blüten zwischen den Partnern waren, sind jetzt nur noch zwei vorhanden. Die Blume der Taube, ursprünglich ein Ogodas, ist zu einem Hexas, also zu einer Art Sechsstern, dem Zeichen des Makrokosmos, geworden.

Die ursprüngliche doppelte Vierheit ist zu einer doppelten Dreiheit geworden, indem sich die polaren Elemente Feuer, Wasser, Luft und Erde schon teilweise vereinigt und harmonisiert haben. Die Grundpolarität Sonne Mond besteht aber noch.

Die Partner begeben sich jetzt in den Merkuriusbrunnen. Mit dem gemeinsamen Bad beginnt der eigentliche Prozess der Einweihung. Es ist die *Stufe der Reinigung*, der *Solutio*, der Auflösung im Wasser des Lebens, der Rückkehr in die Kraftsphäre der geistigen Welt. Hier herrscht die Schwerelosigkeit durch den Auftrieb des Wassers, erinnernd an die vorgeburtliche Zeit in der Fruchtblase.

Das Verbindende im Bild ist jedoch nicht allein das Wasser des Brunnens, sondern die sich von oben herab senkende Taube. Sie ist das Symbol für die gemeinsame hermaphroditische Seele, geboren aus dem Heiligen Geist der göttlichen Welt. Das ist auch das Wesentliche dieser Einweihungsstufe. Das Herstellen der Verbindung zur geistigen Welt durch das Eintauchen in ihren qualitativ dreifach gegliederten Kräftestrom, bevor die eigentliche Vereinigung, die Conjunctio, stattfindet.

Die *Vereinigung,* die *Coniunctio,* findet im Wasser, in der Sphäre des Geistigen statt. Dafür spricht auch das noch zur Phase der Coniunctio gehörige Bild der *Fermentatio.* Hier sind die beiden Partner mit Flügeln dargestellt und erheben sich während der Vereinigung über das Wasser in den Luftraum der geistigen Sphäre des Gefühles.

CONIVNCTIO SIVE
Coitus.

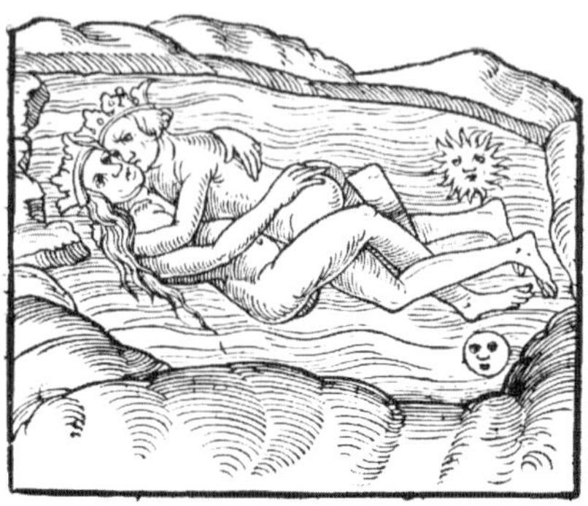

O Luna durch meyn vmbgeben/vnd susse mynne/
Wirstu schön/starck/vnd gewaltig als ich byn.
O Sol/du bist vber alle liecht zu erkennen/
So bedarfstu doch mein als der han der hennen.

Wir haben es bei diesen Bildern mit einer bildhaften Beschreibung der Vereinigung der

FERMENTATIO

Hye wird Sol aber verschlossen
Vnd mit Mercurio philosophorum vbergossen.

polaren geistig-seelischen Qualitäten von Mann und Frau als Vorbereitung für die Geburt einer »höheren Einheit« zu tun, eines neuen Menschen, in dem alle Gegensätze ausgeglichen und harmonisiert sind. Diese »höhere Einheit«, entstanden aus der Vereinigung männlich-weiblicher Polaritäten, wurde in der Gnosis als der »Lichtmensch« bezeichnet. Im Johannes-Evangelium wird sie der »Logos« genannt und im Lukasevangelium entspricht sie dem Kind der Maria. Für die Alchemisten war sie das Ergebnis des Opus magnum, für dessen Dauer der Durchführung sie sogar nicht selten die Zeit einer Schwangerschaft ansetzten.

Der Merkuriusbrunnen ist im Bild zu einem Grab geworden. Denn nach der Vereinigung der Gegensätze erfolgt nach alchemistischer Erfahrung zunächst der Tod, d.h., dass die Spannung zwischen den gegensätzlichen

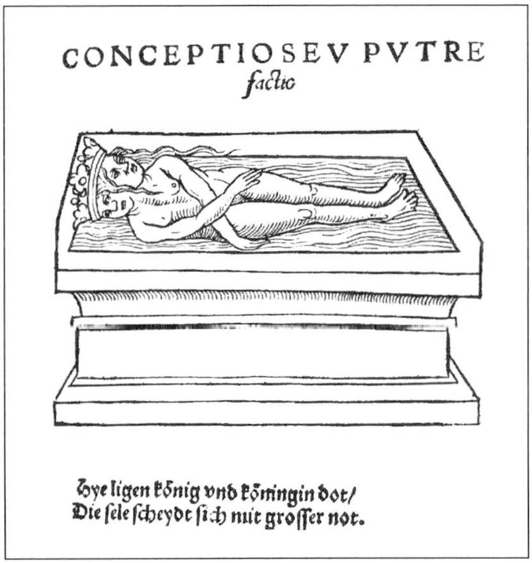

Substanzen zum Ausgleich gekommen ist. Im Bild: Sonne und Mond sind gestorben, aber zu einem Leib mit zwei Köpfen zusammengewachsen. Es ist wie bei der Neutralisation von Säure und Base. Durch die Salzbildung kommt die Reaktion zum Erliegen, weil kein Energiegefälle zwischen den Partnern mehr vorhanden ist. Im Text unter dem Bild der Conceptio heißt es: Die Zerstörung des einen ist die Neubildung des anderen.

Das deutet auf ein anderes alchemistisches Gleichnis für diesen Prozess hin: das Weizenkorn, das beim Säen in die Erde gebracht wird, muss erst absterben, damit sich der Keim des neuen Lebens entwickeln kann.

Deshalb wird diese Phase des Opus magnum auch mit allen alchemistischen Prozessen in Verbindung gebracht, bei denen es zu einer Zerstörung der vorhandenen Substanz kommt. Das sind z.B. die Prozesse der *Calcinatio* (Verbrennung), und der *Putrefactio* (Fäulnis).

Das Neue in dieser Phase des Prozesses ist der einheitliche Körper mit den zwei Köpfen. Es ist der Hermaphroditus, das Ergebnis der Vereinigung von Merkur und Aphrodite, die in der griechischen Götterwelt dem männlichen und dem weiblichen Prinzip entsprechen.

Dieser Hermaphroditus, auch Androgyn genannt, ist die Vorstufe des von den Alchemisten gesuchten Steines der Philosophen, mit dessen Hilfe es möglich sein sollte, *Homunculi,* künstliche Menschen, herzustellen.

Die Vorstellung, tote Materie zu beleben, ist auch in der Bilderserie des Rosariums enthalten. Im Bild steigt aus dem Leichnam des

Hermaphroditus die Seele in Gestalt eines Kindes zum Himmel empor.

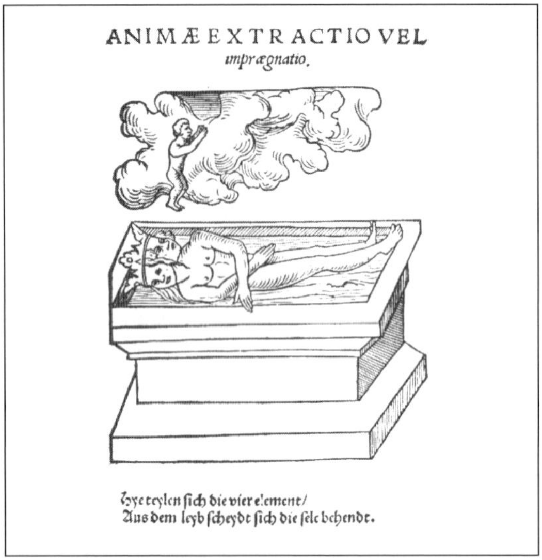

So wie die zwei Körper schon zu einer Einheit geworden sind, so haben sich auch die zwei Seelen der Partner inzwischen zu einer einzigen vereinigt. Aber dieser »einheitlichen Seele« des Hermaphroditus fehlt offensichtlich noch etwas zu ihrer Vollkommenheit, was sie nur im Himmel, in der geistigen Welt, im Überbewussten, finden kann.

Bemerkenswert an dieser Darstellung ist die Umkehrung der herkömmlichen Vorstellung von der Geburt, bei der die Seele vom Himmel heruntersteigt und sich während der Konzeption im physischen Keim inkarniert. Hier wird die neue Seele zunächst auf der Erde durch die Vereinigung der Polaritäten von Mann und Frau gebildet, steigt dann zur geistigen Welt auf und kommt, nachdem sie dort eine zusätzliche Fähigkeit erhalten hat, wieder in den toten Leib des Hermaphroditus zurück.

Während der Zeit, in der die Seele im Himmel ihre »Weihe« erhält, erfolgt eine Reinigung

des im Grabe zurückbleibenden toten hermaphroditischen Leibes, wie es die Inschrift ausdrückt:

> *Träufelt der Tau vom Himmel herab und wäscht den schwarzen Leib im Grabe ab.*

Dieser Reinigungsprozess durch das »Himmelswasser« wurde von den Alchemisten in der verschiedensten Weise gedeutet und bei ihren Experimenten mit Metallen und Salzen nachgeahmt. Aber das für uns Wesentliche an diesem Prozess sollten Sie im Bewusstsein behalten: Die Reinigung des Körpers und die Läuterung der zum Himmel aufsteigenden Seele gehen Hand in Hand. Es wird im Bild nicht erzählt, was mit der Seele im Himmel geschieht, aber dem alchemistischen Prinzip der Entsprechung gemäß dürfen wir annehmen, dass auch sie in dreifacher Weise gereinigt und veredelt wird, so wie der Körper im Wasser des Merkuriusbrunnens sich 3-fach verwandelt.

Hier schwingt sich die Seele hernieder
Und erquickt den gereinigten Leichnam wieder

Die Seele kehrt in den gereinigten Leichnam zurück, nachdem sie im Himmel ihre Wandlung erfahren hat. Sie ist jetzt die gereinigte Einheit der ursprünglichen Zweiheit von männlicher und weiblicher Seele.

Aber das Werk ist noch nicht vollendet. Darauf weisen die zwei Vögel vor dem Grab hin, die in der Darstellung nicht gleichwertig sind. Es besteht offenbar immer noch ein Gegensatz, eine selbst im Stadium der Wiederbelebung des Hermaphroditus noch nicht aufgehobene Polarität.

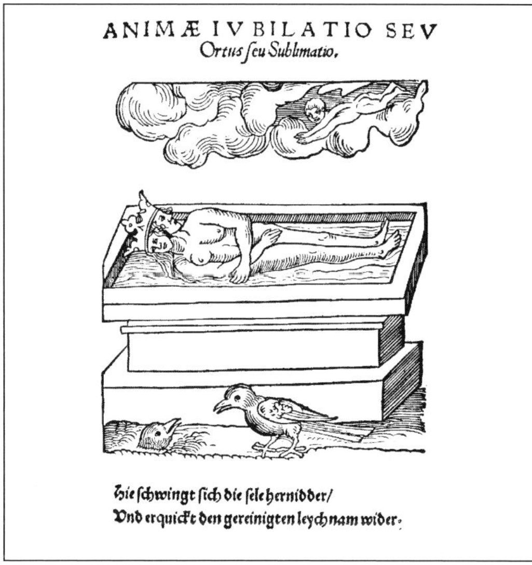

Der Vogel als Symbol des Geistigen und des Bösen im Menschen ist ein Hinweis darauf. Das wird bei Betrachtung des letzten Bildes deutlich.

Hier ist die Geburt des neuen Menschen dargestellt. Der Androgyn, mit einem Leib und zwei Köpfen, der eine Krone trägt, steht mit beiden Füßen in der Sichel des Mondes, die ursprünglich nur Luna, dem weiblichen Menschen, angehörte. In der Bildunterschrift heißt es:

Hier ist geboren die edle Kaiserin reich,
Die Meister nennen sie ihrer Tochter gleich.
Die vermehret sich, gebärt Kinder ohne Zahl,
Sind unsterblich rein und ohne alle Wahl.

In den zu einem Kreuz ausgebreiteten Armen mit den Engelsflügeln hält die »Kaiserin« in der rechten Hand einen Pokal mit einer dreiköpfigen Schlange, während sie in der linken Hand eine vierte Schlange festhält. Zu Füßen des Androgyn befindet sich links der Rabe und rechts der Planetenbaum.

In der alchemistischen Literatur wird dieses Bild sehr unterschiedlich gedeutet. Denn es spiegelt die spirituelle bzw. religiöse Ansicht der Autoren wieder. So wurde z.B. in der kirchlichen Tradition des Mittelalters das Bild als der androgyne Christus gedeutet, der aus der Vereinigung von Braut (Maria) und Bräutigam (Heiliger Geist) entsteht.

Als Basis für die Vorstellung von Christus als Androgyn diente dabei die Idee Platons vom zweigeschlechtlichen Urmenschen als Anfang und Ende der menschlichen Entwicklung: Christus als der neue Mensch und zugleich der *Anthropos universalis.*

Diese und andere Deutungen treffen jedoch nicht den eigentlichen, wahren Kern des hier dargestellten alchemistischen Prozesses. An diesen kommen wir erst heran, wenn es uns gelingt, den Zusammenhang zwischen dem Merkuriusbrunnen und dem Tierkreis zu erkennen.

In der Beschreibung des Brunnens wurde schon darauf hingewiesen, dass hier die 4 Elemente in Verbindung mit 12 Sternen, die den Rand des Brunnens schmücken, dargestellt sind. C. G. Jung schreibt, dass es sich dabei um die Symbole für 6 Planeten handle, *»welche zusammen mit Merkurius die 7 Planeten oder Metalle darstellen«*[19]

Ich halte es für wahrscheinlicher, dass es sich dabei um die Symbole für die 12 Tierkreiszeichen handelt, die den gesamten Rand des Brunnens, von dem in der ersten Abbildung nur die Vorderseite zu sehen ist, umgeben. Aber unabhängig davon, welcher Deutung man zustimmt, handelt es sich in jedem Fall um kosmische Symbole, die auf den Zusammenhang des alchemistischen Prozesses mit den Sternen und Planetenkräften hinweisen, der im Brunnen durch Vereinigung polarer Elemente stattfindet und zugleich die Seelen der Beteiligten verwandelt.

Wie diese Verwandlung unter dem Einfluss der im Rosarium symbolisch dargestellten Kräfte geschieht, wollen wir im folgenden Abschnitt untersuchen. Denn das Verständnis dieser Zusammenhänge ist die Grundlage für den alchemistischen Einweihungsweg unser Zeit.

DIE 4 ELEMENTE UND DER TIERKREIS IN IHREN VERHÄLTNISSEN ZU DEN WESENSGLIEDERN DES MENSCHEN

Im Kapitel 4 haben Sie schon die 4 Elementen Feuer, Wasser, Luft und Erde kennengelernt. Da war die Rede von den Entsprechungen der Elemente zu den physischen Organen und den Temperamenten. Das soll jetzt genauer betrachtet werden.

Nach alchemistischer Vorstellung – entsprechend der klassischen Lehre von der Entstehung der Welt (Empedokles; Platon; Aristoteles) – wurden die 4 Elemente Feuer, Wasser, Luft und Erde vom kosmischen Weltgeist als Erstes geschaffen. Aus ihnen entstanden die 4 Naturreiche der Erde mit all ihren Erscheinungen.

In der heutigen naturwissenschaftlichen Vorstellung entsprechen diese 4 Elemente den 4 physikalischen Urenergien, die unsere Welt zusammenhalten und infolge der von uns inzwischen erkannten Äquivalenz von Energie und Materie auch ihre materielle Struktur bestimmen. Die Beziehung zwischen den »alten« Elementen und den physikalischen Urkräften ist evident:

ELEMENT	URENERGIE
Feuer	Elektromagnetismus
Wasser	starke Kernkraft
Luft	schwache Kernkraft
Erde	Gravitation

Nach den modernen Weltentstehungstheorien der Physiker (Urknall, Schwarzes Loch; Stringtheorie) sind diese Kräfte am Anfang des Universums vor ungefähr 15 bis 20 Milliarden Jahren beim sogenannten Urknall entstanden. Während die heutige Physik die Entstehung der Welt durch Messungen zu erforschen versucht, gaben die griechischen Philosophen, wie z.B. Platon, Begründungen, die auf ihrer Intuition beruhten:

So wollen wir denn sagen, welcher Grund den, der dieses All, das Reich des Werdens zusammenfügte, zu dieser seiner Wirksamkeit bewogen hat. Er war gut, und in einem Guten entsteht niemals Neid, worauf sich derselbe auch immer beziehen könnte, und, weil frei von diesem, wollte er denn auch, dass alles ihm selbst so ähnlich als möglich werde. ... Körperlich, sichtbar und fühlbar muss nun

aber das Gewordene sein. Ohne das Feuer aber kann schwerlich je etwas sichtbar werden, noch fühlbar ohne etwas Festes und fest wiederum nicht ohne Erde; daher bildete Gott den Körper des Alls, als er ihn zusammenzusetzen begann, zunächst aus Feuer und Erde.
2 Dinge allein aber ohne ein Drittes wohl zusammenzufügen ist unmöglich, denn nur ein vermittelndes Band kann zwischen beiden die Vereinigung bilden. ...
Wenn nun der Leib des Alls eine bloße Fläche ohne alle Höhe hätte werden sollen, dann würde ein Mittelglied genügt haben, das andere unter sich und sich selber mit ihm zusammenzubinden; nun aber kam es ihm zu, ein Körper zu sein, und alle Körper werden nie durch ein, sondern stets durch zwei Mittelglieder zusammengehalten. Und so stellte denn Gott zwischen Feuer und Erde das Wasser und die Luft in die Mitte, indem er sie soviel wie möglich untereinander in dasselbe Verhältnis brachte, so dass sich das Feuer ebenso zur Luft wie die Luft zum Wasser, und wie die Luft zum Wasser so das Wasser zur Erde sich verhalten sollte und verband und fügte auf diese Weise das Weltall zusammen, so dass es sichtbar und fühlbar wurde. ...
Von diesen 4 Elementen nun hat das Weltgebäude ein jedes ganz erhalten. Denn aus allem Feuer und Wasser und aus aller Luft und Erde fügte es der Bildner zusammen und ließ von keinem derselben irgendeinen Teil oder eine Kraft außerhalb zurück, indem er dies dabei bezweckte, zunächst, dass es als ein organisches Wesen zu einem möglichst vollkommenen Ganzen durch sein Bestehen aus möglichst vollkommenen Teilen werde, sodann, dass es einzig sei, sofern nichts übriggeblieben, woraus ein andres von derselben Art entstehen könnte.[20]

In diesem naturphilosophischen Dialog Platons ist die Entstehung der Welt aus 4 Elementen bis hin zu allen Naturwesen und den Menschen überzeugend und einsichtig dargestellt. Auch die Entstehung und Struktur der Seele werden im *Timaios* auf der Grundlage der 4 Elemente beschrieben:

Während wir aber von der Seele erst an zweiter Stelle zu sprechen versuchen, hat Gott sie nicht etwa erst nach dem Körper gebildet. ...
Er schuf die Seele so, dass sie ihrer Entstehung sowie ihrer Vortrefflichkeit nach dem Körper voranging, gegenüber dem höheren Alter zustehende Würde empfing. Er machte sie zu seiner künftigen Herrin und Gebieterin und setzte sie aus folgenden Bestandteilen und auf folgende Weise zusammen: Aus beiden, nämlich aus der unteilbaren und immer sich gleichbleibenden Wesenheit und sodann derjenigen, welche an den Körpern teilbar wird, mischte er sie als eine 3. Art von Wesenheit zusammen, welche die Mitte hielt zwischen der Natur des Selbigen und der des anderen, und stellte sie alle 3 demgemäß in einer Reihe vor sich hin, so dass unter ihnen jene die Mitte einnahm zwischen dem Unteilbaren und den

an den Körpern haftenden Geteilten. Darauf nahm er alle 3 und mischte sie zu einer einzigen Gestaltung zusammen, indem er die der Mischung widerstrebende Natur des Anderen gewaltsam mit dem Selbigen verträglich machte. Und nachdem er so beide mit Seelensubstanz gemischt und so aus Dreien Eins gemacht hatte, teilte er wiederum dies Ganze in so viele Teile, als es sich gehörte. So aber, dass ein jeder aus dem Selbigen, dem anderen und der Seelensubstanz zusammengesetzt waren.[21]

Die Seele bestand demnach ursprünglich aus den 4 Elementen und 3 »Wesenheiten«, die zu einem Ganzen gemacht in die verschiedenen Teile der Welt mit den 4 Elementen aufgeteilt wurde. Die 3 Anteile der Seelensubstanz aber nannten die Alchemisten später Sulfur, Merkurius und Sal. Die ursprüngliche kosmische Einheit der 4 Elemente und der 3 Teile bezeichneten sie als das »philosophische Gold«, als Ziel des Großen Werkes. Sal ist dabei der Teil der Seele, der an den Körper gebunden ist, Merkurius an den Leib und Sulphur an den Geist.

In der alten Astronomie und Astrologie finden wir die Verhältnisse im Tierkreis der Gestirne so abgebildet, wie es Platon im Timaios beschrieben hat: in einer 4 Mal 3-fachen Ordnung, die der Ganzheit des Tierkreises und der harmonischen Wirkung seiner Kräfte entspricht >Tafel 14. und folgende Tabelle:

- Die 4 Elemente gesetzmäßig auf die einzelnen Zeichen verteilt, so dass im Tierkreis zwischen Sternzeichen des Feuers, der Luft, des Wassers und der Erde unterschieden wird.

- Zu jedem einzelnen Elemente gehören die Kräfte von 3 Sternbildern und jeweils einer der 7 Planetenprozesse.

Element	Sternzeichen
Feuer	Widder (Mars), Löwe (Sonne), Schütze (Jupiter)
Erde	Stier (Venus), Jungfrau (Merkur), Steinbock (Saturn)
Luft	Zwilling (Merkur), Waage (Venus), Wassermann (Saturn)
Wasser	Krebs (Mond); Fische (Jupiter); Skorpion (Mars)

- Innerhalb des Kreises der Sternbilder ergeben die Verbindungslinien zwischen den Triaden immer ein *gleichseitiges Dreieck*.

- Beachten Sie die Reihenfolge der Elemente im Tierkreis vom Widder ausgehend im Uhrzeigersinn bis zu den Fischen. Demnach folgt dem feurigen Widder der erdige Stier, nach diesem der luftige Zwilling, danach der wässrige Krebs und schließlich mit dem Löwen wieder ein feuriges Sternbild. Anschließend wiederholt sich dieser Rhythmus bis zu den Fischen. Es besteht also die Gesetzmäßigkeit, dass immer auf ein feuriges Sternbild ein erdiges, auf dieses ein luftiges, nach diesem ein wässriges folgt.

• Infolge dieser gesetzmäßig rhythmischen Abfolge der Elemente im Tierkreis ist dieser selbst in 3 Abschnitte gegliedert, von denen jeder einzelne alle 4 Elemente in Verbindung mit den entsprechenden 4 Sternzeichen enthält. Diese 3 Abschnitte entsprechen den 3 alchemistischen Prinzipien Sal, Sulfur und Merkurius, so dass sich folgender Zusammenhang ergibt:

	Feuer	Erde	Luft	Wasser
Sal	Widder	Stier	Zwillinge	Krebs
Merkurius	Löwe	Jungfrau	Waage	Skorpion
Sulphur	Schütze	Steinbock	Wassermann	Fische

Die 4 Elemente wirken demnach so wie in Platons *Timaios* dargestellt immer in 3-facher Weise gemischt im Kosmos und in den Naturreichen.

Wenden wir uns jetzt vom Makrokosmos wieder dem Mikrokosmos zu. Hier interessiert uns die Frage, in welchem Zusammenhang die 4 Elemente mit unseren Wesensgliedern, also mit Körper, Leib, Seele und Geist stehen. Da wir aus ihrer Mischung und ihrer 3-fachen Wesenheit aufgebaut sind, so wie es Platon im Timaios darstellt, sind sie für uns die Verbindung zu den kosmischen Kräften des Tierkreises und damit gleichsam die Brücke zur Weltvernunft.

Die Wirkung der 4 Elemente äußert sich in dem, was wir die 4 Temperamente nennen, Begriffe, die auch heute noch in der Psychologie zur Kennzeichnung des Charakters verwendet werden. C. G. Jung führt in seinem Buch *Typologie* folgendes aus:

> *... dass die ältesten und bekannten Kategorien von Ärzten stammen, wohl in erster Linie von Claudius Galenus, dem griechischen Arzt, der im zweiten Jahrhundert nach Christus lebte. Er unterschied 4 Grundtemperamente: das sanguinische, das phlegmatische, das cholerische und das melancholische. Die zugrunde liegende Idee ist die aus dem fünften vorchristlichen Jahrhundert stammende Lehre des Hippokrates, dass der menschliche Körper aus den 4 Elementen Luft, Wasser, Feuer und Erde zusammengesetzt ist. Im lebendigen Körper entsprechen den Elementen Blut, Schleim, gelbe und schwarze Galle. Des Galenus Idee ist nun, dass die Menschen nach ungleichartigen Mischungen dieser Elemente in 4 Klassen unterschieden werden können. Diejenigen, in denen das Blut überwiegt sind die Sanguiniker, jene, in denen der Schleim überwiegt, die Phlegmatiker, die mit gelber Galle sind die Choleriker, die mit schwarzer Galle aber die Schwarzgalligen – die Melancholiker. Diese*

Temperamentsunterschiede sind, wie unsere moderne Sprache beweist, unsterblich geworden, obschon sie als physiologische Theorie längst überholt sind.[22]

Heutzutage nehmen wir weniger die Körpersäfte (Schleim, Blut, Galle) und die Organe (Herz, Leber, Niere, Galle usw.) als physische Grundlage für die psychischen Temperamente, sondern machen eher Hormone und gehirnphysiologische Prozesse für unsere Gemütszustände verantwortlich. Trotzdem gilt noch immer:

Die körperliche Gesamtveranlagung, die sogenannte Konstitution im weiteren Sinne, hat mit den seelischen Temperamenten in der Tat sehr viel zu tun, soviel, dass man es den Ärzten nicht verdenken kann, wenn sie die seelische Erscheinung vorzugsweise als vom Körper abhängig betrachten. Irgendwo ist Seele ja lebendiger Körper, und lebendiger Körper ist beseelter Stoff; irgendwie und irgendwo gibt es eine unerkennbare Einheit von Seele und Körper, welche ebenso wohl körperlich wie seelisch erforscht werden müsste, d.h. diese Einheit müsste dem Forscher ebenso sehr vom Körper abhängigen wie vom Seelischen.[23]

Diese »unerkennbare Einheit von Seele und Körper« lässt sich begreifen, wenn man sie im Zusammenhang mit der Natur unter dem Aspekt der hermetischen Philosophie: Makrokosmos = Mikrokosmos betrachtet.

Dabei zeigt sich deutlich ihr Zusammenhang mit den Vorgängen in der Natur. Das können Sie mit einiger Aufmerksamkeit an sich selbst erfahren: Unser Leben schwingt beim Durchgang der Sonne durch den Tierkreis im leiblich-seelischen Bereich mit den rhythmischen Kräften des Jahreskreislaufes. Der menschliche Organismus folgt den Prozessen der Erde in den Naturreichen in makro-mikrokosmischer Entsprechung – fühlbar an unseren seelischen Befindlichkeiten innerhalb der verschiedenen Jahreszeiten. Dann spüren wir, dass die Seele aufgrund ihrer Verwandtschaft zu den 4 Elementen genauso in den Lichtperioden des Tages in der Frische des Frühlings wie in der Fruchtfülle des Herbstes und vielen anderen Perioden unserer Erde mitschwingt.

In den 4 Qualitäten der Jahreszeiten haben wir einen deutlich überschaubaren, harmonisierenden Seelenkreislauf vor uns. Die Kräfteverhältnisse, die sich im Rhythmus wandeln, wirken als ganzheitlicher irdisch-kosmischer Organismus belebend, harmonisierend und gesundend auf unsere gesamte Organisation.
» Anhang A, S. 150

Die Beziehung der 4 Elemente zum Turmalin ergibt sich daraus, dass die kosmischen Kräfte, die aus den einzelnen Tierkreiszeichen auf die Naturreiche und den Menschen einwirken, auch die Bildungs- und Entwicklungsprozesse im Mineralreich beeinflussen. Damit werden die in allen Farben des Regenbogens entstehenden Turmaline im Tierkreis zu realen Symbolen für die Kräfte, die auf dem Einweihungsweg unsere Seele verwandeln.

Durch die vorhergehenden Kapitel haben Sie eine Vorstellung von diesem Weg gewonnen. Sie überschauen seine Verbindung mit den Prozessen in der Natur und mit der kosmischen Weltvernunft – von der Turmalin-Bildung im Inneren der Gesteinswelt angefangen bis hin zum Jahreszeitkreislauf der Erde. Außerdem haben Sie den notwendigen alchemistischen »Proviant« für die Reise mitbekommen, auf die wir uns später begeben wollen.

ZUSAMMENFASSUNG UND GRUNDWISSEN FÜR DEN WEG

Das Ziel der alchemistischen Einweihung, die Vereinigung der Gegensätze im Androgyn, haben wir uns durch die Bilder des Rosariums ⊳Kapitel 5, S. 71–86 veranschaulicht und mit den Begriffen vom Ich als wahres Kind und innerer Beobachter beschrieben. Jetzt stehen wir vor der Frage nach dem Weg, der zum Ziel führt.

In der Entstehung des Turmalins haben Sie schon einen natürlichen alchemistischen Weg in Form der Edelsteinbildung aus unedlem Gestein kennen gelernt. Dieser ist vergleichbar mit den Prozessen der Substanz- und Seelenverwandlung, die von den Alchemisten in den Stufen des Opus magnum in Verbindung mit Sulfur, Merkurius und Sal zusammen mit den 4 Elementen in ihren Laboratorien praktiziert wurden.

Die Allegorien und Symbole der Alchemisten, die sie zur Beschreibung ihrer Versuche verwendet haben, sind heute für uns schwer verständlich und die Laboratoriumsbedingungen, unter denen die Adepten gearbeitet haben, können wir noch viel weniger verstehen, geschweige denn nachvollziehen.

Bei der Darstellung der praktischen Seite der alchemistischen Seeleneinweihung werde ich die bisher vorgestellten und in ihrer Bedeutung erklärten Allegorien und Symbole immer wieder verwenden. Sollte Ihnen der eine oder andere Zusammenhang nicht mehr gegenwärtig sein, so lesen Sie die entsprechenden Stellen noch einmal im Kontext durch. Die folgende Kurzbeschreibung einiger verwendeter Begriffe soll Ihnen dabei helfen.

Die *Substanzen,* die beim Einweihungsprozess miteinander reagieren und sich zum »philosophischen Gold« verwandeln, sind die 4 Elemente Feuer (Cholerik), Wasser (Phlegmatik), Luft (Sanguinik) und Erde (Melancholie) und ihre Grundprinzipien Sal (Denken), Sulfur (Wollen) und Merkurius (Fühlen) ⊳ S. 69.

Die *Kräfte,* unter deren Einfluss die Verwandlung geschieht, sind die 12 kosmischen Kräfte des Tierkreises, differenziert von den Einflüssen der Planeten.

Der *Merkuriusbrunnen* ist das Reaktionsgefäß, in dem die Verwandlung stattfindet. Er enthält das Aqua permanens, das »schöpferischen Wasser«, das die 3 Grundprinzipien Sulfur, Merkurius und Sal beinhaltet. ⋗S. 72

Das *Opus magnum* ist das Ergebnis der verwandelten Seelenkräfte im Merkuriusbrunnen. ⋗S. 72.

Der *Einweihungsweg* umfasst 7 Stufen oder Phasen. Diese entsprechen den 7 Planeten, die diese Wirksamkeit der 12 kosmischen Kräfte qualitativ in den 3 Bereichen des Tierkreises abwandeln und in energetischer Beziehung zu den 7 Chakren ⋗Anhang D, S. 170 unseres Körpers stehen. ⋗Anhang C, Tabelle 2, S. 167

Das *Ziel des Einweihungsweges* ist in der Bildersprache des Rosariums philosophorum der »Androgyn« ⋗ S. 79–80. In ihm stehen das Chaos und die Polaritäten der Elemente des Seelenlebens in einem harmonischen Verhältnis zueinander. Dieses wiederum entspricht mit seiner Kristallstruktur (das gleichseitige Dreieck des trigonalen Systems) dem Turmalin im Mineralreich sowie den 7 Farben des Regenbogens.

Wir wissen jetzt, dass die Verwandlungen im Merkuriusbrunnen unter dem Einfluss der kosmischen Kräfte der Tierkreiszeichen und der Planeten erfolgen. Mit diesen Kräften stehen wir über unsere Sinne in Verbindung. Sie sind die Einfallstore des Makrokosmos in unseren Mikrokosmos. Alles, was im *Aqua permanens* – den 12 kosmischen Kräfte des Tierkreises – an kosmischen Energieströmen und Kraftwirkungen tätig ist, wirkt über unsere Sinne auf unsere Wesensglieder Körper, Leib, Seele und Geist ein ⋗S. 48. Das ist möglich, weil jedes Wesensglied Sinnesorgane besitzt, die der Dreigliederung des Aqua permanens, der Grundkräfte Sal, Sulfur und Merkurius, entsprechen.

Zum Verständnis dieser Zusammenhänge sei daran erinnert, dass die klassische Humanmedizin zwischen 3 großen Organsystemen unterscheidet:

- *Nerven-Sinnes-System*
- *Herz-Kreislauf-System*
- *Stoffwechsel-Gliedmaßen-System*

Die und innere Struktur, die Funktionsweisen dieser biologischen Systeme und ihr zweckmäßiges Zusammenspiel im Organismus, lassen erkennen, dass sie den 3 alchemistischen Grundkräften Sal, Sulfur und Merkurius entsprechen. Das bedeutet, dass den 3 Bereichen des Tierkreises jeweils 4 Sinne zugeordnet werden können, die den Mikrokosmos unserer 3-gliedrigen Leibesorganisation mit dem Makrokosmos der Sternenwelt und des Planetensystems verbinden. Die Beziehungen zwischen menschlicher Leibesorganisation und kosmischen Kräften der Sternenwelt war den Astrologen und Alchemisten von jeher bekannt. Dieses Wissen geriet jedoch im Laufe der Entwicklung der rein naturwissenschaftlich orientierten Medizin in Vergessenheit. Vor allem die Lehre von den 5 Sinnen, die sich nur auf materielle Wahrnehmungen bezieht, hat die Einsicht erschwert, dass es darüber hinaus noch Sinne gibt, die spirituelle Wahrnehmungen ermöglichen, die unmittelbar mit der Nervenorganisation des Gehirns und unseres Bewegungsapparates möglich sind. Erst in den letzten Jahrzehnten des 20. Jahrhunderts ist durch die Arbeiten der Sinnesphysiologen auf dem Gebiet der Informationsvermittlung durch elektrische Erregung und synaptische Übertragung bekannt geworden, dass es noch mehr Sinne gibt.[24]

Neueste Erkenntnisse haben die Sinneslehre der ganzheitlichen Medizin Goethes bestätigt. Wir können heute von mindestens 12 Sinnen ausgehen, die sich den 3 Bereichen der 12 Tierkreiskräften zuordnen lassen.

Dabei ergeben sich für die einzelnen Tierkreiskräfte spezielle Beziehungen zu den inneren und äußeren Organen der 3 Organsysteme, die den Alchemisten bekannt waren. Ihre Kenntnisse dienten ihnen als Grundlage für die Herstellung von Naturheilmitteln. Sie wussten, dass die »Heilige 3« nicht nur die Brücke zwischen der Sternenwelt und den menschlichen Organsystemen ist, sondern auch die Verbindung zu den 3 Naturreichen: *Mineralreich, Pflanzenreich und Tierreich* herstellt. Das bedeutet, es besteht in folgender Weise eine Analogiebeziehung zwischen unseren Organsystemen und den Naturreichen über die »Heilige 3«:

Nerven-Sinnes-System	↔	SAL	↔	Mineralreich
Stoffwechsel-System	↔	SULFUR	↔	Pflanzenreich
Herz-Kreislaufsystem	↔	MERKURIUS	↔	Tierreich

Zusätzlich kann die moderne Alchemie noch um die 3 grundlegenden Seelenqualitäten des Denkens des Fühlens und des Wollens erweitert werden, die in ihrer Eigenart von den Grundstimmungen der 4 Elemente bestimmt werden ⊳S. 69.

Nun haben Sie alle notwendigen Informationen, um Ihre alchemistische Einweihung im folgenden Kapitel durchzuführen. Ich wünschen Ihnen viel Erfolg dabei und freue mich, wenn Sie am Ende der Reise mit Ihrem ureigensten Turmalin in Kontakt gekommen sind und diesen für sich und die Welt erstrahlen lassen.

TAFEL I

TURMALIN
DUNKELROT
RUBELLIT

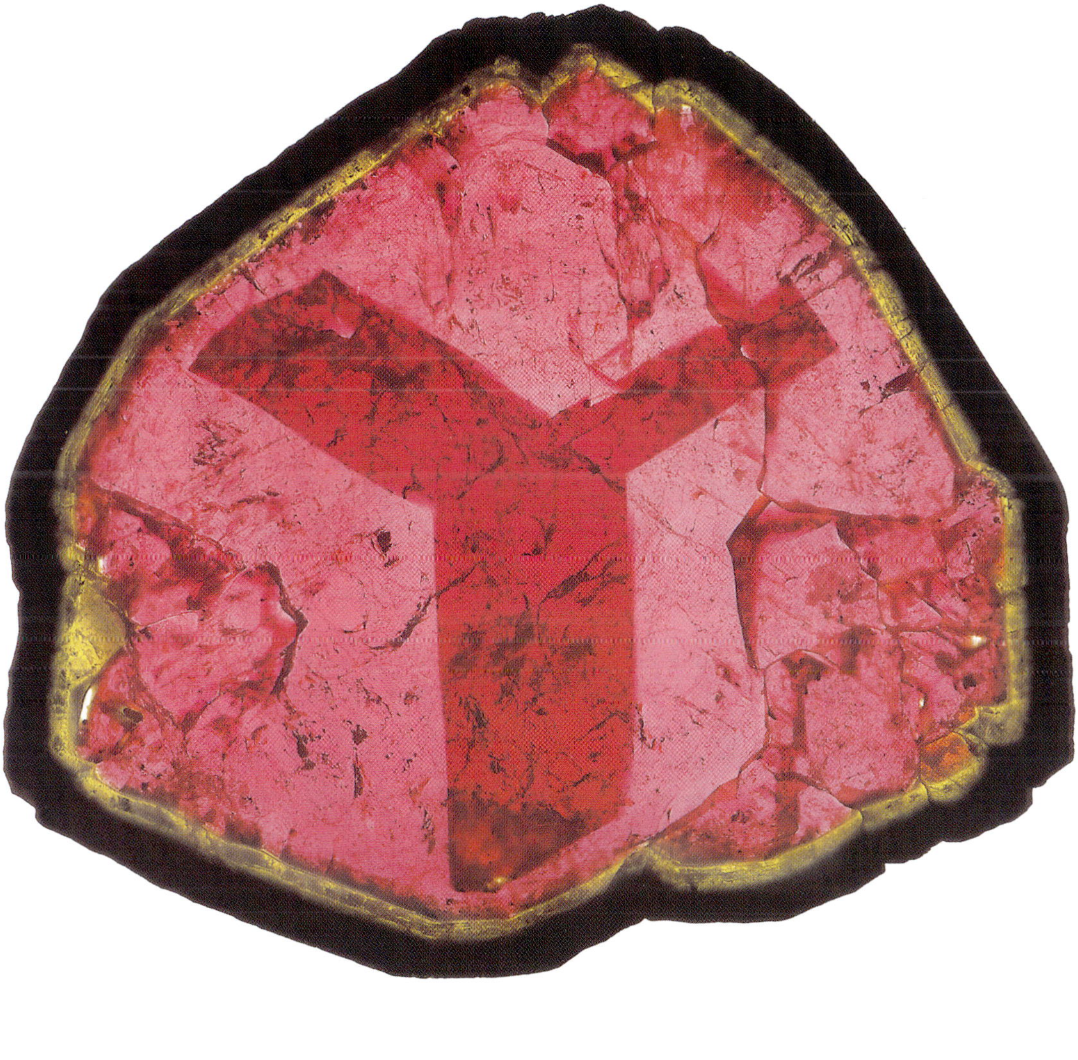

TURMALIN
ORANGEGELB

TAFEL 3

TURMALIN
GOLDGELB

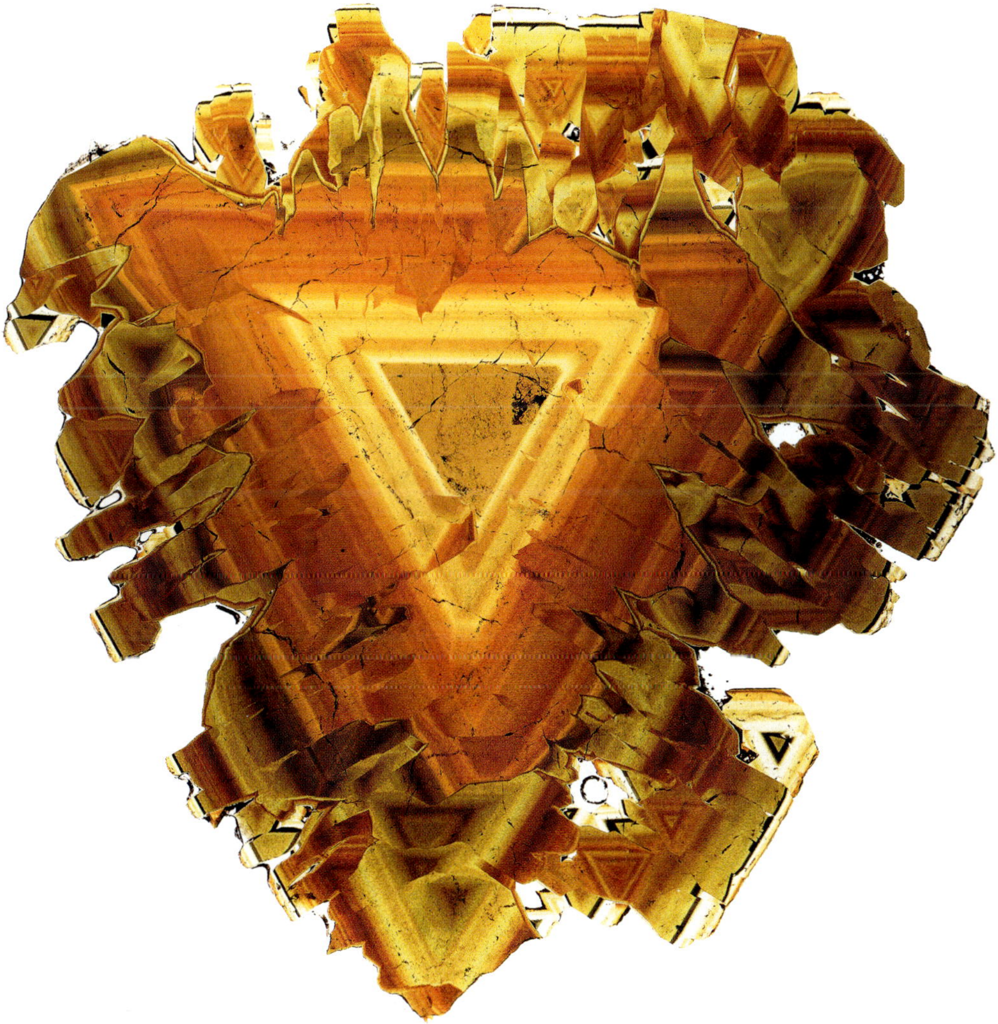

TAFEL 4

TURMALIN
GRÜN
VERDELITH

TAFEL 5

TURMALIN
HELLBLAU

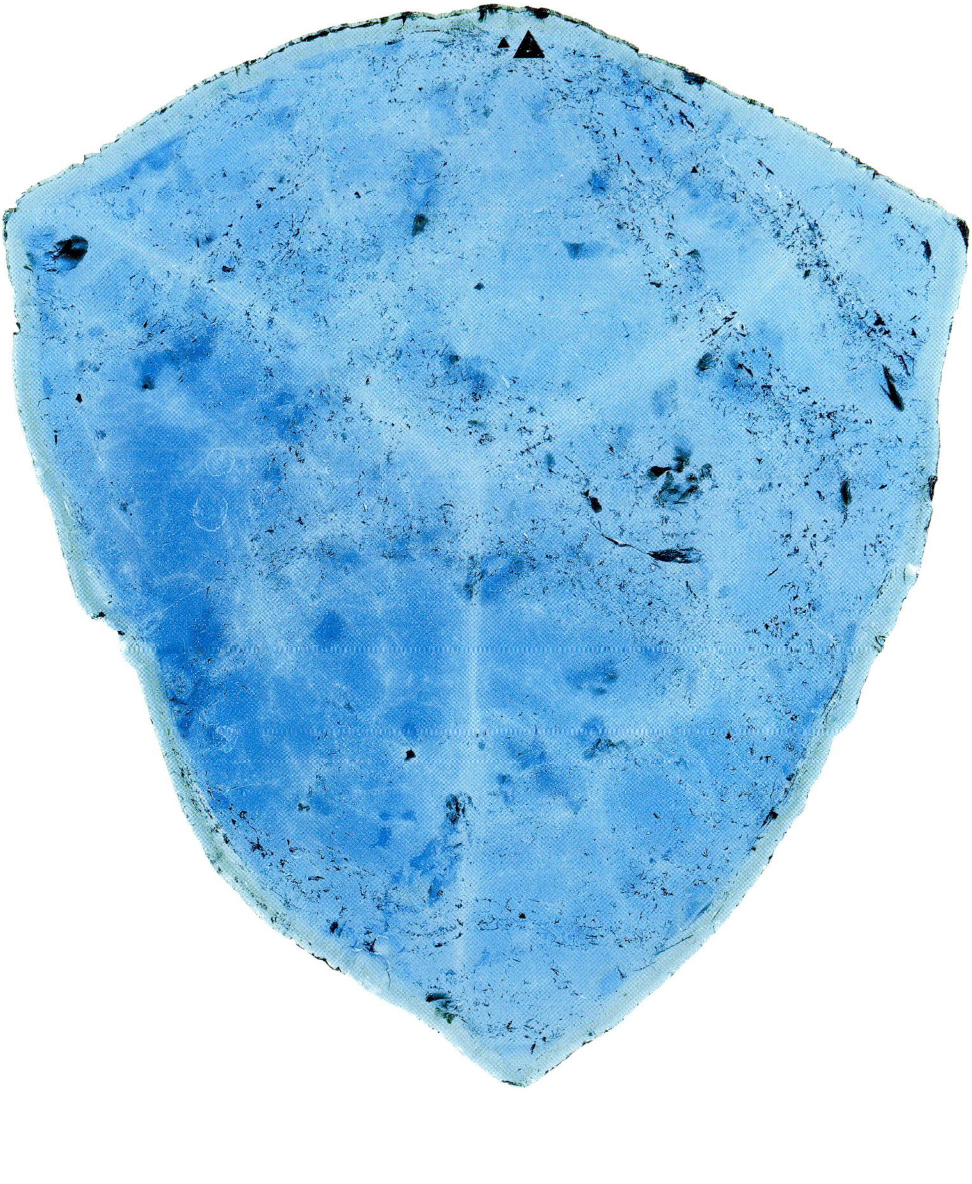

TAFEL 6

TURMALIN
DUNKELBLAU
INDIGOLITH

TAFEL 7

TURMALIN
VIOLETT

TURMALIN
LILA

Turmalin
Hell-lila

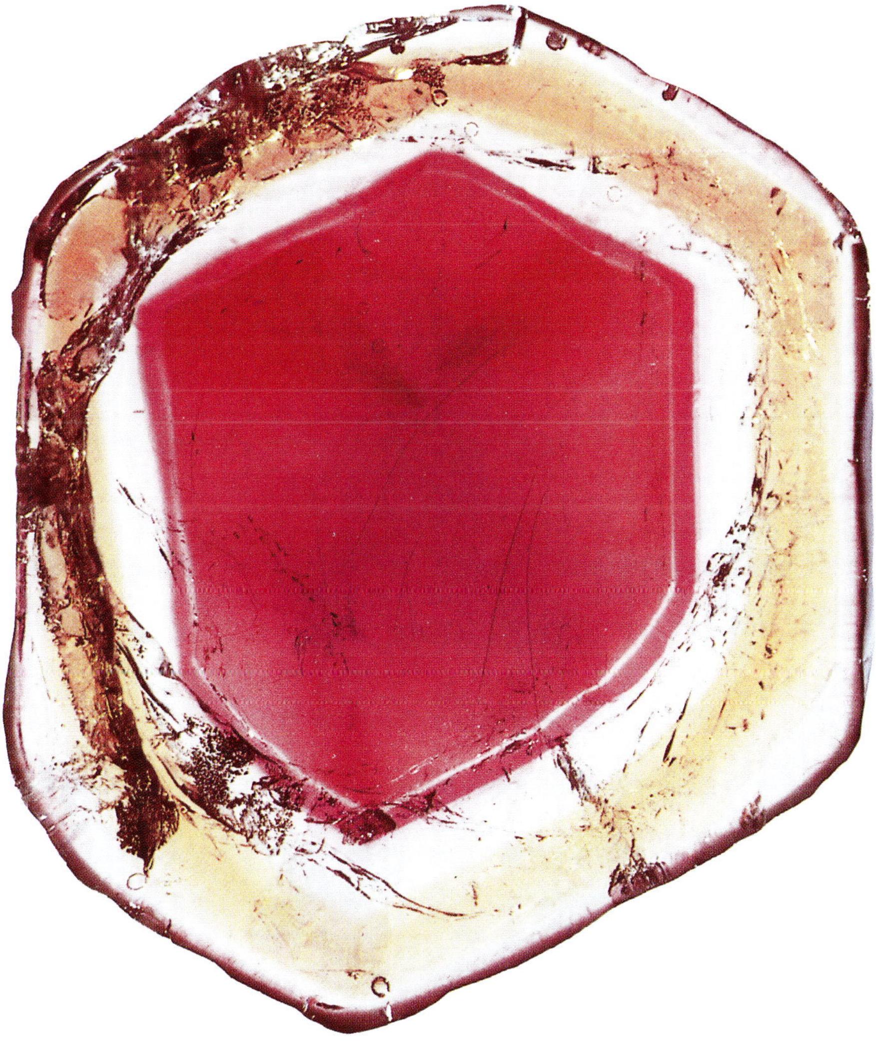

TURMALIN
HELLROSA
APYRIT

TAFEL 11

Turmalin
Weiß
Achroit

Turmalin
Dunkelrosa

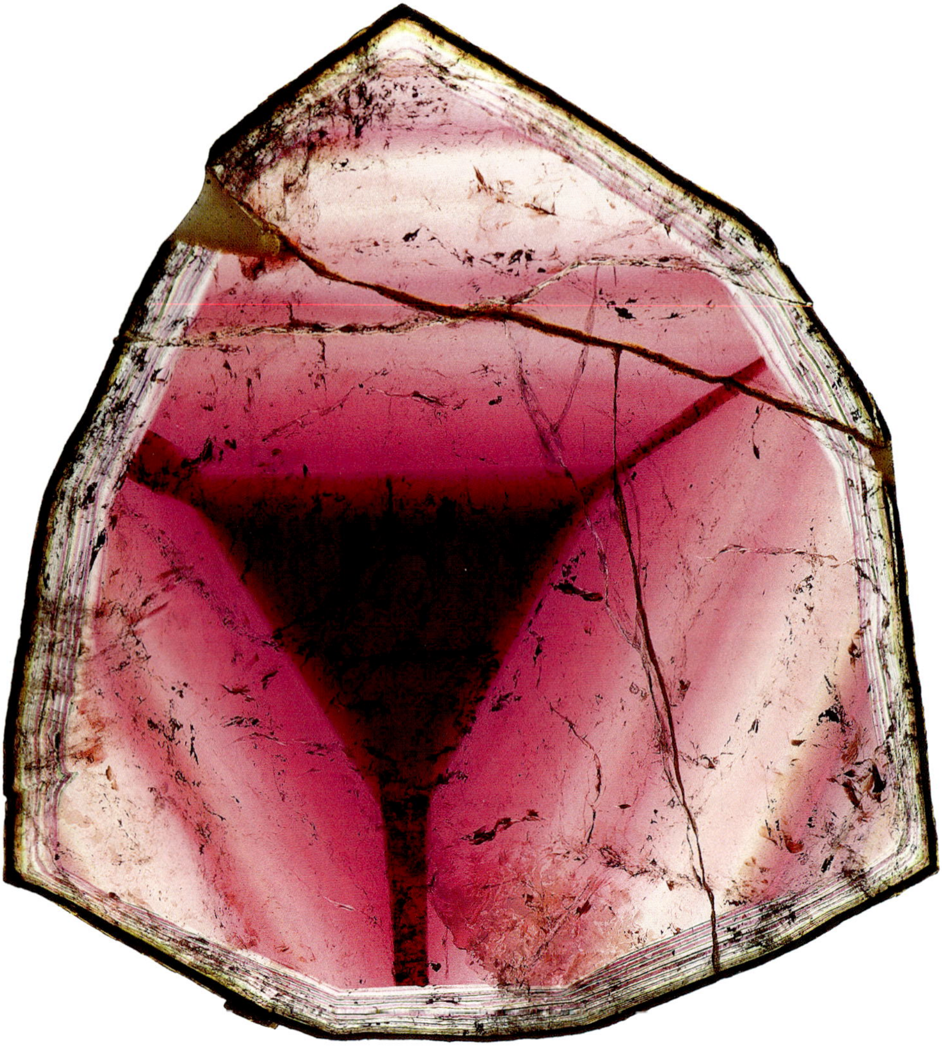

Phantasie
schön
Vernunft
edel
gut
Verstand
nützlich

Die 4 Elemente im Tierkreis

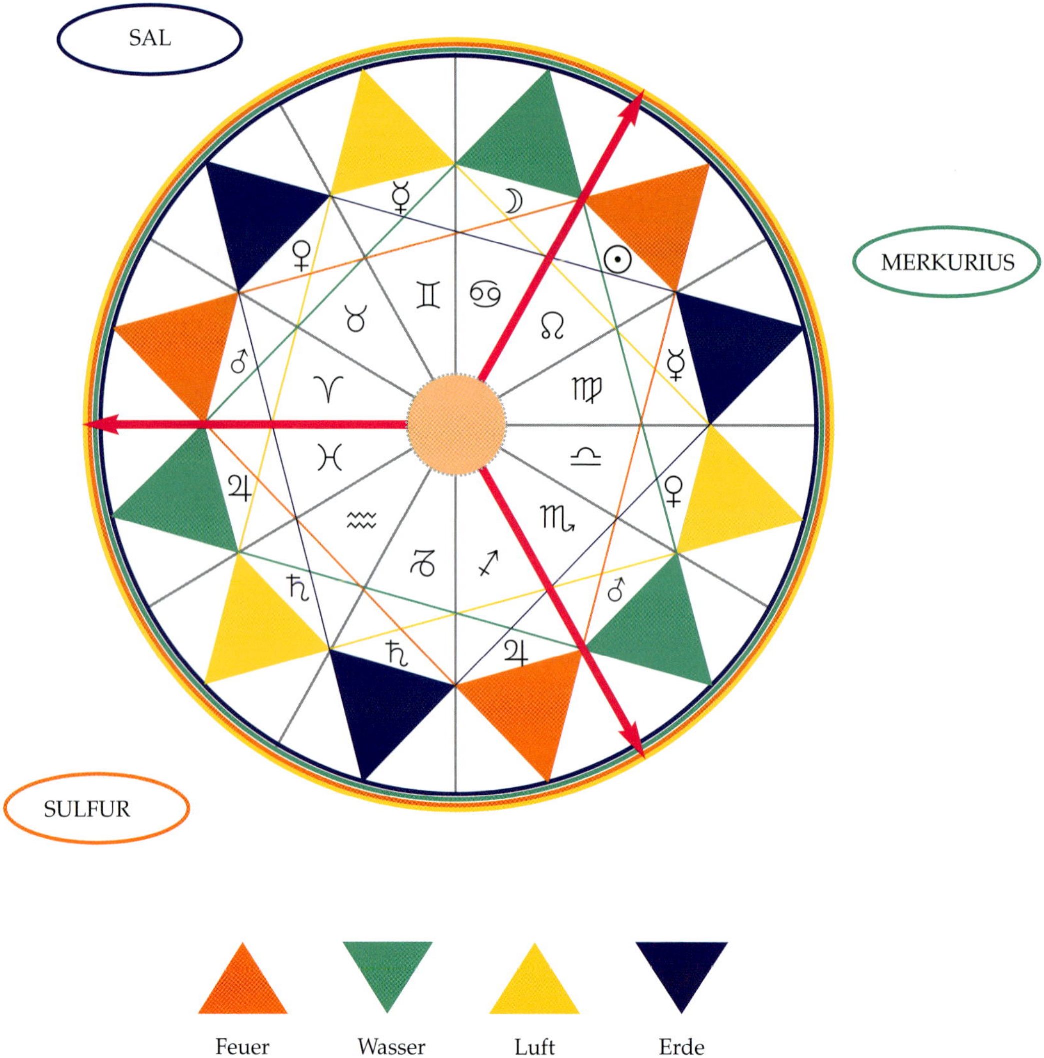

TAFEL 15

Lemniskate, Alchemie der Einweihung im Lebenslauf

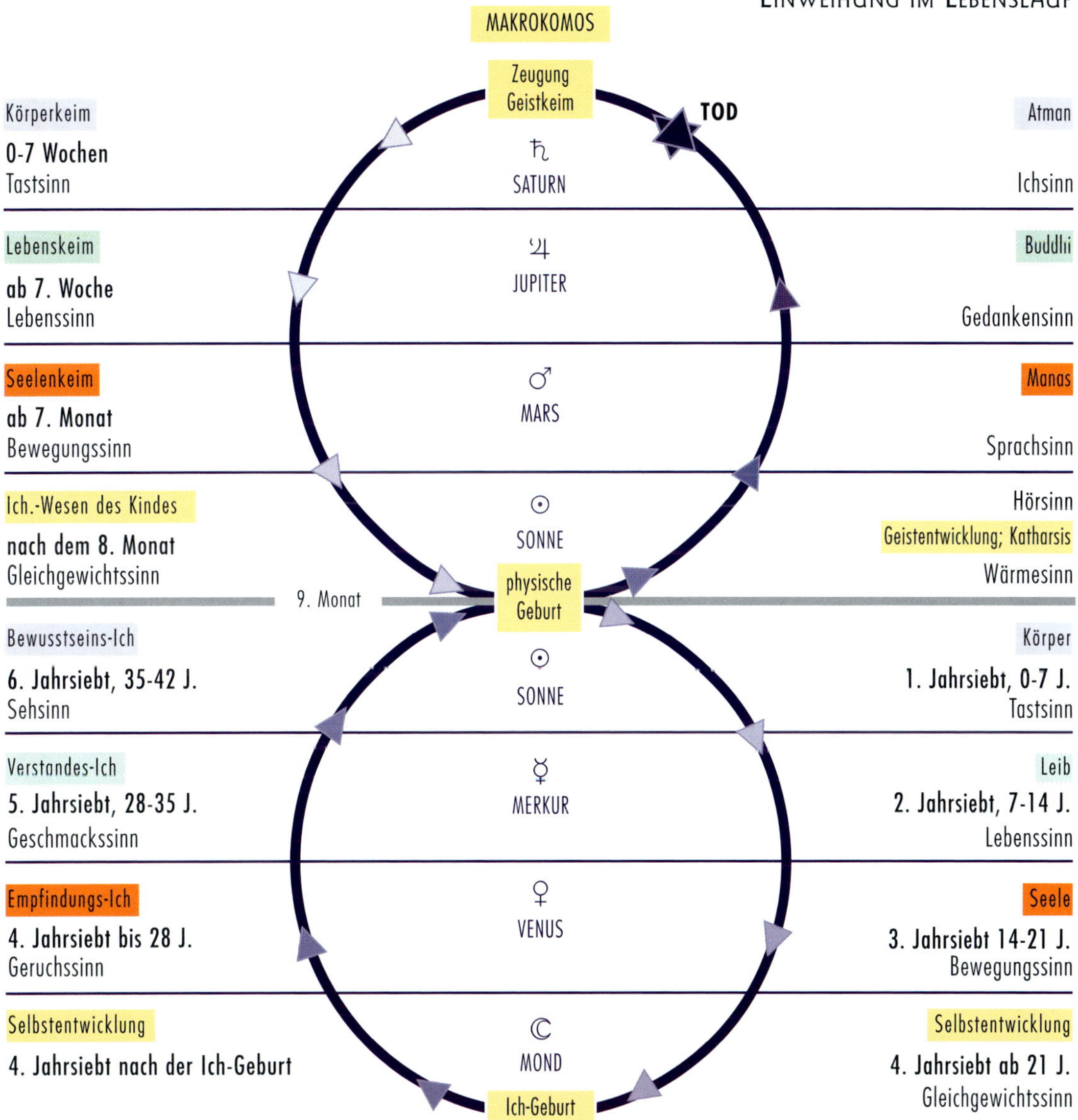

Phasen des menschlichen Lebenslaufs in ihren Beziehungen zueinander

FARBTAFEL 16

DIE 7 TURMALIN-STUFEN DER EINWEIHUNG

KAPITEL 6
DER ALCHEMISTISCHE EINWEIHUNGWEG IN DER PRAXIS

VORBEREITUNG

Für den alchemistischen Einweihungsweg, den wir in diesem Kapitel gemeinsam beschreiten werden, ist ein gewisses Maß an Selbstorganisation und Selbstdisziplin notwendig. Denn genauso wie der Turmalin während seiner Entwicklung durch unterschiedlichste Phasen geht und sich vor seiner Vervollkommnung wieder auflöst, so werden auch Sie dies tun und Läuterung und Neuwerdung erleben.

Und so wie es in den vorhergehenden Kapiteln gelesen haben, ist es nicht einfach, all diese Phasen zu durchlaufen. Deshalb ist es notwendig, dass Sie sich während dieses Prozesses in einer gewissen Verfassung befinden, die Sie durch vorherige Planung und Selbstorganisation gut herstellen können. Dann können Sie am Ende des Veredlungsprozesses wie der Turmalin als Edelstein der Welt entgegentreten.

Je ehrlicher und offener Sie sich selbst gegenüber sind, desto leichter wird Ihnen die Selbstorganisation fallen und dann werden Sie auch schneller herausfinden, wo genau die Selbstdisziplin am notwendigsten ist, um den Weg zügig zu begehen, ohne sich zu verlieren. Darum werden Ihnen im Folgenden noch einige Fragen gestellt, die Ihnen aufzeigen, welches »Reisegepäck« Sie nun im Positiven wie im Negativen neben dem alchemistischen Grundwissen >S. 86–88 mit auf den Weg nehmen. Darüber hinaus sollten Sie ungefähr die Reiseroute bzw. den Ausgangsort sowie das Ziel der Reise kennen. Dann haben Sie eine Art Kompass, der Ihnen immer wieder als Orientierungshilfe dient. Darum ist es ratsam, sich die folgenden Fragen ehrlich zu beantworten, um zu erkennen, wo Sie stehen. Beantworten Sie die Fragen und die Selbstdiagnose am besten schriftlich und datiert. Dann können Sie im Laufe der Zeit, wenn Sie sich auf Ihrem eigenen alchemistischen Einweihungsweg befinden, immer wieder zurückschauen. Je ehrlicher Sie also sind, nicht nur bei der Beantwortung der folgenden Fragen, sondern auch bei den Übungen dieses

Kapitels, desto schneller werden Sie die Höhen und Tiefen des Weges kraftvoll und ausdauernd durchleben und ihr Ziel erreichen.

Überprüfen Sie nun für sich selbst, wie es Ihnen mit folgenden Anforderungen geht:

Als Erste s sollte der angehende Adept sein *Verhältnis zum Tod* geklärt haben. Denn nur wer sich seiner eigenen Vergänglichkeit bewusst ist und diese akzeptiert, kann andere Menschen führen und lenken.

Die Veredlung unserer Seelenkräfte, die das Ziel des Einweihungsweges ist, kann einen Menschen zum Hochmut verführen, zu der Ansicht, besser als andere Menschen zu sein. Somit stellt die *Demut* eine weitere wichtige Voraussetzung für die Einweihung dar.

Ein Prüfstein für Demut ist die innere Haltung, die wir dem Tod und unseren Toten gegenüber entwickelt haben. Manche Menschen halten sich für unsterblich, gottgleich. Demut dem Leben und dem Tod gegenüber helfen dabei, das Leben als ein Geschenk, als einen Edelstein zu betrachten, der uns jederzeit wieder genommen werden kann.

Genauere Erklärungen und Übungen zur Demut ⊳S. 130.

Die zweite Anforderung an den Adepten betrifft sein *Verhältnis zu anderen Menschen*. Wie sehen Ihre zwischenmenschlichen Beziehungen aus? Was macht die Liebe? Wie sieht die Beziehung zwischen Ihnen und Ihrem Partner aus?

Eine ganz besondere Beziehung stellt die zu den eigenen Eltern dar. Hier können wir auch Ursachen für verschiedene Probleme in Liebesdingen finden. Von dieser Beziehung müssen wir uns im Laufe des Langen Weges lösen, wenn wir andere dauerhafte Beziehungen eingehen möchten.

Prüfen Sie, ob es zu einer vollständigen Abnabelung von den Eltern gekommen ist.

Wenn Sie ihnen mit Demut und Mitleid für das eigene Schicksal entgegentreten, dann sind Sie auf dem richtigen Weg, denn es sind die Anforderungen, die an einen zukünftigen Adepten gestellt werden. Prüfen Sie sich also, damit Ihr Opus magnum gelingen kann!

Genaue Ausführungen zum Thema Mitleid ⊳S. 138.

Neben diesen beiden Anforderungen gibt es noch einen weiteren Punkt, den Sie bedenken sollten. Er hängt mit den Veränderungen zusammen, die sie an sich während und nach der Einweihung feststellen werden.

Sie werden hinterher nicht mehr derselbe sein wie zuvor. Denn genauso wie der Adept einen symbolischen Tod stirbt und neugeboren daraus hervorgeht, genauso können Sie einen solchen Wandlungsprozess erleben.

Wenn Sie sich mit den oben genannten Anforderungen auseinander setzen, dann sollten Sie Taten und Handlungen, die Sie vor Ihrer Wandlung in einem Zustand der Unbewusstheit getan haben, nicht verurteilen. Wichtig ist, begangene Vergehen zu bereuen und genauso gut Dinge, die man uns angetan hat, zu vergeben. Die Vergangenheit ist vorbei. Dinge, die geschehen sind, können wir nicht rückgängig machen, sondern nur versuchen, es in Zukunft besser zu machen.

Über die Früchte der Handlungen hinaus, die Sie in diesem Leben vollzogen haben, stellt Ihr »Reisegepäck« auch das dar, was Sie bei der Geburt an geistig-seelischen Veranlagungen mitgebracht haben und was bis zum Tag Ihrer Abreise daraus geworden ist. Aber: Wer ist das, der dies alles bis zum heutigen Tag erlebt hat und jetzt hier vor diesem Buch sitzt und bereit ist, mehr über sich selbst und die Zusammenhänge zwischen dem Mikro- und Makrokosmos zu erfahren?

Das *Sternzeichen Ihrer Geburt im Tierkreis* und Ihr *innerer Beobachter* in der Gegenwart können Ihnen Aufschluss darüber geben. Über Ihr Sternzeichen stehen Sie mit den Kräften der Weltvernunft in Verbindung. Von ihr erfahren Sie, welche Mischung der 4 Elemente Ihrem »inneren Kind« mitgegeben wurde. Darüber können Sie sich durch die folgende Selbstdiagnose informieren. Und dann gibt es noch etwas in uns, das objektiv ist und alles beobachtet, der *innere Beobachter*! Er kennt Sie genau und ist das, was wir gemeinhin das »Gewissen« nennen und der uns sagt, was gut und schlecht für uns und andere ist.

Dabei besteht allerd ings die Gefahr, dass der innere Beobachter sich auch irren kann und sich irgendwann vielleicht sogar anmaßt, zu wissen, was für andere gut oder schlecht ist. Deshalb gilt es immer genau zu prüfen, ob das, was der innere Beobachter uns mitteilt, allgemeine Gültigkeit besitzt oder nur für uns persönlich gilt. Aber je ehrlicher wir uns und dem Rest der Welt gegenüber sind, desto eher erkennen wir die klare, reine Stimme des inneren Beobachters heraus.

SELBSTDIAGNOSE

Nun ist es sinnvoll, die Selbstdiagnose vorzunehmen, damit Sie noch genauer erkennen, wo Sie auf Ihrem Weg stehen, was Sie vielleicht versäumt haben und welchem Temperament Sie zugeordnet werden können. Das folgende Beispiel hilft Ihnen dabei:

Ein Beispiel zur Selbstdiagnose

Stellen Sie sich vor, Sie sind im Sternzeichen der Fische geboren und befinden sich im 5. Lebensjahrsiebt (35 Jahre) Ihres Langen Weges. Die Diagnose erfolgt in 3 Schritten:

1. Schritt: Ermittlung der Temperamentsveranlagung des Geburtszeichens und des Gegenzeichens:

Kreuzen Sie in der Tabelle 1, Anhang C Ihr Geburts-Tierkreiszeichen an (in unserem Beispiel »Fische«). Das »Gegenzeichen« liegt genau auf der anderen Seite des Tierkreiszeichens und ist in unserem Fall die Jungfrau. Die Seelenqualitäten der zu diesen Zeichen gehörigen Temperamente finden Sie im Anhang A. Das Gegenzeichen hat in der Astrologie allgemein die Bedeutung einer ausgleichenden Wirkung. Manche Astrologen sagen sogar, es gäbe eigentlich nur 6 Sternzeichen für das Geburtshoroskop, die aus den im Tierkreis genau gegenüberliegenden Gegensatzpaaren bestehen. Diese Ansicht stammt aus der Hermetik und wird mit dem Prinzip der Polarität der Wirkungen der Naturkräfte begründet. Für unsere Untersuchung der Seelenqualitäten ist sie besonders fruchtbar. Es lohnt sich, jedes Gegensatzpaar daraufhin zu untersuchen, was in seinen gegensätzlichen Temperamentsanlagen zum Ausdruck kommt und wodurch sich beide ergänzen. So gelten folgende Beziehungen zwischen den Zeichen und Gegenzeichen:

Fische: Neigung zu emotionaler Selbstaufgabe	*Jungfrau:* Neigung zu physischem Opfer
Widder: Orientierung an persönlichen Interessen	*Waage:* Orientierung an gemeinsamen Interessen
Stier: Es geht um materielle Sicherheit	*Skorpion:* Es geht um emotionale Sicherheit
Zwillinge: Wissenserwerb ist wichtig	*Schütze:* Anhäufung von Weisheit ist wichtig
Krebs: Ordnen der Gefühle hat Vorrang	*Steinbock:* Ordnen der äußeren Welt
Löwe: Glauben an individuelle Werte	*Wassermann:* Glaube an soziale Werte

2. Schritt: Untersuchung der eigenen gegenwärtigen Situation

Dabei geht es um zwei Fragen:
Die Frage in Bezug auf die Gegenwart und die Frage nach Ihrer biographischen Situation.

Gegenwart: Wie steht es zum jetzigen Zeitpunkt mit der Entwicklung der Seelenqualitäten der 4 Temperamente?

Benutzen Sie den Fragebogen »Anhang B als Hilfe für eine Selbstbeurteilung ihrer Temperamentslage. Bedenken Sie, dass Temperamente nie in reiner Form, sondern als Mischung vorkommen. In diesem »Mischtemperament«, das sich aus der Geburtsanlage und ihrer Veränderung durch Erziehung und anderen äußeren Einflüssen entwickelt hat, herrscht wenig Harmonie. Normalerweise gebrauchen wir die Anteile der verschiedenen Temperamente unbewusst und je nach Situation, d.h., wir sind einmal phlegmatisch, cholerisch, melancholisch oder sanguinisch. Trotzdem gibt es aber in dieser Mischung eine Struktur, die Sie sich bewusst machen können: Choleriker und Sanguiniker sind extrovertiert, während Phlegmatiker und Melancholiker eher introvertiert erscheinen.

Anhand Ihrer Antworten und der Auswertung sehen Sie, ob Sie eher ein extrovertierter oder ein vorwiegend introvertierter Typ sind. Das hilft Ihnen später in den 7 Stufen der Einweihung die Übungen zu finden, die zwischen diesen Extremen ausgleichen können.

Denn das dynamische Gleichgewicht, das harmonische Zusammenspiel aller Seelenkräfte der 4 Elemente, ist das Ziel der alchemistischen Einweihung.

Biographische Situation: Entspricht meine gegenwärtige geistig-seelische Entwicklung meinem Alter?

In Kapitel 5 ⪢S. 55–62 finden Sie die Entwicklungsstufen des Langen Weges. Suchen Sie sich die Informationen aus dem Lebensabschnitt heraus, der Ihrem Alter entspricht und schauen Sie, ob diese auf Sie zutreffen.

3. Schritt: Die Auswertung

Stellen Sie auch Ihre Ergebnisse wie in folgendem Beispiel ⪢Tabelle oben entsprechend zusammen (die Abkürzung TKZ-Gb bedeutet Tierkreiszeichen-Geborene; Gg=Gegenzeichen).

Zu Schritt 1: Bei unserem Beispiel vom Fische Menschen hat die Selbstdiagnose ergeben, dass er sein Geburtstemperament (Phlegmatik) unter dem Einfluss des Jupiters und Gegentemperament (Jungfrau) (Merkur) in unterschiedlicher Weise entwickelt hat. Im Geburtstemperament überwiegen die negativen Auswirkungen, während das Gegentemperament positiv wirkt. Damit ist noch kein Ausgleich vorhanden, aber die positiven Seiten des Gegentemperamentes können bei der Einweihung dazu benutzt werden, die negativen Wirkungen des Geburtstemperamentes zu verwandeln. Das

Temperament entwickelt?					
	Zeichen	Ja	Nein	+ Seite	– Seite
TKZ-Gb	Fische	*			*
TKZ-Gg	Jungfrau	*		*	
Temperamentslage		introvertiert: *		extrovertiert:	
Biographiestufe	erreicht	überschritten		nicht erreicht *	

gelingt in diesem Fall vor allem durch die Übungen zur *Destillatio* in der 3. Stufe ⪢ Kapitel 6, S. 113.

Zu Schritt 2: Der Fische-Geborene in unserem Beispiel ist introvertiert. Das lässt sich bei der Einweihung ausgleichen, indem er sich hier auf die Übungen für die extrovertierten Temperamente (Cholerik, Sanguinik) konzentriert.

Zu Schritt 3: In unserem Beispiel ist die Stufe der geistig-seelischen Entwicklung des Fische-Menschen, die seinem Lebensalter entspricht, nicht erreicht. Durch Pflege der Sinne und Meditationen kann dies nachgeholt werden, so dass Defizite ausgeglichen werden können. Da in den 7 Stufen der Einweihung alle Lebensabschnitte durchlaufen werden, brauchen wir hier nicht näher auf die Zusammenhänge im Einzelnen einzugehen und wenden uns jetzt der Praxis dieses Weges zu.

BESTANDSAUFNAHME

Mit Hilfe der am Beispiel auf S. 91 dargestellten Selbstdiagnose können Sie eine »Bestandsaufnahme« Ihrer »Seelen-Substanzen« und ihrer Bewertung im Hinblick auf das Ziel vornehmen.

1. Ermitteln Sie anhand Ihres Geburtsdatums das Tierkreiszeichen (TKZ) der Geburt und das ihm gegenüberliegende Zeichen (das »Gegenzeichen«) ⪢Anhang C, Tabelle 1, S. 166 und informieren Sie sich darüber , in welcher Lebensphase Sie sich befinden. Lesen Sie die dazu gehörigen Informationen über den Langen Weg der Einweihung ⪢ S. 55–63.

2. An dem Element, das zu Ihrem Geburtstierkreiszeichen gehört, bestimmen Sie die Seeelenqualitäten Ihres »inneren Kindes«, die Sie als Veranlagungen mitbekommen haben. ⪢Anhang C, Tabelle 4, S. 169

3. Die Veranlagungen des inneren Kindes werden mit den Veranlagungen Ihres Gegenzeichens verglichen. Dabei gilt infolge der gesetzmäßig rhythmischen Folge der Elemente im Tierkreis immer die Wechselbeziehung

Feuer ↔ Luft
Wasser ↔ Erde

4. Für den Vergleich, der sich auf ihre persönliche Konstellation bezieht, wird der innerer Beobachter aktiviert. Das geschieht, indem Sie in den Kraftstrom der Liebe eintauchen. Öffnen Sie ihr Herz und versuchen Sie einmal, die Liebe, die Sie normalerweise eher anderen Menschen entgegenbringen, einmal für sich selbst zu empfinden. Dazu ist es sinnvoll, einmal mehr die guten Eigenschaften an sich selbst zu erkennen und zu loben und ihre eigenen Qualitäten zu schätzen, statt immer nur auf das zu achten, was Ihnen nicht gelingen will. Das befähigt Sie, sich selbst so anzunehmen, wie Sie sind, statt sich wegen Schwächen zu verurteilen. Übungen, die Ihnen helfen, ein inneres Gleichgewicht und Harmonie herzustellen, finden Sie im Kapitel 6 ⪢S. 115–117.

5. Der innere Beobachter ist aktiviert, wenn Sie nichts mehr aufregt oder zu vorschnellen Urteilen hinreißen lässt, weder über sich selbst noch anderen gegenüber. Jetzt können Sie sich fragen:

- In welcher Beziehung stehen die »ursprünglichen« Temperamentsveranlagungen meines inneren Kindes zu meinen gegenwärtigen Seelenqualitäten? Lässt sich ein Ausgleich von Gegensätzen durch Aktivierung der Anlagen des Gegenzeichens feststellen?

- Welche Seelenqualitäten der 2 Elemente (Geburtszeichen und Gegenzeichen) sind bei mir zu schwach, zu stark oder überhaupt nicht entwickelt? Wie steht es bei mir mit den Temperamentsanlagen der andere übrigen 2 Elemente im Tierkreis? Beziehen Sie zur Beantwortung der Frage auch das Ergebnis des Fragebogens zur Selbsteinschätzung mit ein ⪢Anhang B, S. 161.

Die Reihenfolge der 7 Stufen folgt einem rhythmischen Wechsel zwischen »obersonnigen« und »untersonnigen« Planeten. Zu den untersonnnigen Planeten gehören Venus und Merkur, deren Abstand von der Sonne geringer ist als der von der Erde, so dass sie zwischen Sonne und Erde durchlaufen können wie der Mond, was die anderen Planeten (Mars, Jupiter, Neptun und Saturn) nicht können. Auf diese Weise gelangen die Polaritäten allmählich zum Ausgleich und die Gefahren der Kurzen Wege und werden geringer.

Nachdem Sie nun durch die Selbstdiagnose und Bestandsaufnahme Ihren Ausgangspunkt kennen und wissen, wie viel Reisegepäck Sie mitnehmen werden, gilt es, das Ziel des Weges herauszustellen. Was heißt das? Wie können wir uns eine Orientierungshilfe suchen, wenn wir in unbekanntes Gefilde reisen? Erinnern wir uns an die Anfänge der Schifffahrt. Da orientierten sich die Seeleute an einem Stern im Norden im Sternbild des Großen Bären in der Nähe des Polarsternes. Dort, wo die verlängerte Erdachse gleichsam das Himmelsgewölbe berührt. Das bedeutet, dass dieser Punkt sich von der Erde aus gesehen, sobald wir nach Norden schauen, immer an derselben Stelle befindet und damit einen Fixpunkt darstellt, von dem aus wir alle Orte auf der Erde durch Winkelmessungen bestimmen können.

Von diesem Nordstern in der Außenwelt des nächtlichen Himmels gibt es auch eine Entsprechung im Mikrokosmos der Innenwelt. Das ist unser Ich, der geistige Kern des menschlichen Wesens, der in allen ist und uns miteinander verbindet.

Dieses Ich ist der innere Beobachter und das aus dem Nichts ins Dasein inkarnierte »wahre Kind«. Wie aber finden Sie das? Durch die Kraft der Liebe, die Liebe zu uns selbst und zu anderen Menschen. Und diese Kraft erfahren Sie, indem Sie sich anderen Menschen und sich selbst urteilsfrei gegenüber öffnen. Versuchen Sie einmal, die Liebe, die Sie normalerweise anderen Menschen entgegenbringen, sich selbst zu zeigen. Eine Möglichkeit, mit dieser Kraft in Berührung zu kommen, werden Sie durch die Übungen finden ⪢S. 100–140. Wichtig ist, dass wir das Ziel auf dem Einweihungsweg immer vor Augen haben. Und das lautet, unser wahres Ich, unsern Kern, den wir durch einen Wandlungsprozess zur Entfaltung bringen. Aber: Wer ist dieses Ich? Und welchen Teil in uns müssen wir wandeln? Auf diese Frage lässt sich keine genaue, allgemeingültige Antwort finden, sie ist individuell.

Vielleicht haben Sie in Ihrem Leben viel erreicht und spüren aber bei aller Erfüllung immer noch eine Sehnsucht nach etwas anderem Unbekannten, Geheimnisvollen, das Sie nicht konkret benennen können. Sie wissen genau, das Sie zwar einen Teil von sich selbst verwirklicht haben, aber Sie noch nicht alles sind, was Sie werden können und das in Ihnen noch etwas schlummert, was dieses wirkliche, tiefste Ich ausmacht.

Ich selbst z.B. habe einen Beruf, bestimmte Fähigkeiten, einen äußeren Besitzstand mit allem, was so dazugehört: Haus, Auto usw. Ich bin verheiratet, habe Frau und Kinder, das alles ist nur mein äußeres Erscheinungsbild, aber nicht der Kern meines Wesens!

Aber wie finden wir zu diesem Kern? Ein wichtiger Schritt ist, sich von unwichtigen Meinungen und Verhaltensweisen frei zu machen. Aber wie kommen wir an den Punkt, an dem wir erkennen, was wichtig ist und was nicht? Wie können wir uns für unser tieferes Inneres zu öffnen? Lässt sich der Ballast, den wir an uns hängen haben, abwerfen wie die Sandsäcke eines Fesselballons, so dass wir zurückkehren können in unsere eigentliche Heimat? »Ballast abwerfen«, was heißt das? Stellen Sie sich vor, dass Sie alles, was Sie bisher geworden sind, hinter sich zurücklassen. Dann werden Sie wieder zu dem, der Sie vorher waren. Sie werden in Ihrer Vorstellung wieder der Junggeselle vor seiner Ehe, der Student vor seinem Beruf, der Schüler vor seinem Studium, das Kind vor der Schulzeit, das Kind vor dem Kindergarten, der Embryo vor der Geburt, die Zelle vor der Befruchtung und ... ja was bleibt dann schließlich am Anfang noch übrig? Nicht mehr und nicht weniger als das, was wir materiell nur noch als ein Nichts bezeichnen können und von dem wir bloß wissen, dass es sich inkarniert hat, d.h. »Fleisch geworden« ist, denn sonst wären wir nicht hier.

Dieses »Nichts«, das ganz am Anfang Ihres Lebens zu einem »Etwas« geworden ist, das ist Ihr Ich. Das Geheimnisvolle, das sich aus einem unbekannten geistigen Sein in das materielle Werden unserer Welt hineinbegibt. Dieses Wesen ist am Anfang des Lebens noch rein und unvoreingenommen.

Beobachten Sie einmal einen Säugling, dann verstehen Sie, worum es geht: An diesem neugeborenen Menschenwesen ist alles Neugierde und reine, auf Zukunft angelegte Willenstätigkeit. Mit allen Sinnen und Gliedmaßen sucht das Kind unvoreingenommen Kontakt mit der Welt. Da ist zuerst die Mutter, später alles, was in die Umgebung des Kindes gelangt und wahrgenommen und erkundet werden kann. Hier in der Welt findet das neugeborene Kind eine Ansammlung von Tatsachen vor, Bedingungen, mit denen es sich auseinander setzen muss, um sein »Projekt« Leben gestalten zu können. Dabei ist es auf Zuwendung, Aufmerksamkeit und

Liebe der anderen Menschen in seiner Umgebung angewiesen. Aber wozu das alles? Was ist die eigentliche Intention dieser auf Zukunft angelegten Willensaktivität des Kindes?

Von Anfang an wohnt im Grunde unseres Wesens das »innere Kind«, das auf der Suche nach Zukunft ist.

Jeder strebt bei dieser Suche nach Unabhängigkeit und gleichzeitig nach Bindung und Beziehung. Jeder will letztlich sein Leben unabhängig von äußeren Vorgaben und Zwängen selbst gestalten. Deshalb verlassen wir nach der Pubertät die Eltern, wollen unabhängig sein, aber zugleich sehnen wir uns in diesem Übergangsstadium der Befreiung nach neuer Bindung, nach Beziehungen zu anderen Menschen: Freiheit und Liebe sind der Schatz, nach dem alle auf der Suche sind.

Halten wir das Ergebnis und die Antwort auf die Frage nach unserer Zukunft in Kurzform fest:

> *Das wahre Kind im Menschen ist das aus dem Nichts ins Sein inkarnierte Ich, das mit einer mitgebrachten überwussten Willensaktivität den liebenden Kontakt zur Welt über das Du des anderen (mütterlichen) Menschen sucht. Dabei ist es erfüllt von der Sehnsucht, selbst ein liebefähiges und liebewürdiges Wesen zu werden, unter den Bedingungen der Freiheit und Anerkennung als einmalige und unverwechselbare Individualität.*[25]

Nun haben Sie alle Fragen beantwortet und kennen das Ziel. Jetzt werden wir Ihnen noch die richtigen »Schuhe« mit auf den Weg geben. Das sind Hinweise darauf, wie Sie die Meditationen und Übungen am sinnvollsten durchführen können, so dass am Ende all Ihrer Bemühungen das zum Vorschein kommt, was in Ihrem tiefsten Inneren bereits schlummert und darauf wartet, endlich entdeckt zu werden: ein einzigartiger Edelstein!

ZU DEN ÜBUNGEN UND MEDITATIONEN

Um die Übungen und Meditationen erfolgreich durchzuführen, sollten Sie folgende Punkte beachten:

Geduld und Ausdauer

Dieser Punkt ist das A und O der Übungen! Bringen Sie Geduld und Ausdauer mit. Der Geist ist träge und Gewohnheiten lassen sich ungern ändern. Das Problem, das sich vielen Menschen stellt, die mit Meditationen und Übungen beginnen, die zur Veränderung des Bewusstseins führen sollen, ist die Ungeduld. Meistens erhoffen wir innerhalb kürzester Zeit bahnbrechende Veränderungen und Erfolge. Diese stellen sich aber manchmal nur schleichend ein. Auch wenn sie nicht sofort offensichtlich sind, so wird sich Ihr Bewusstsein bei regelmäßiger Praxis der Übungen verändern. Darum geben Sie nicht auf, wenn sich nicht innerhalb von zwei Wochen sichtbare Veränderungen einstellen. Der Erfolg wird kommen und Sie werden dann irgendwann feststellen, dass Sie schon weiter auf dem alchemistischem Weg der Einweihung sind, als Sie gedacht haben. In Krisenzeiten, wenn Sie das Gefühl haben, dass sich nichts verändert und vorangeht, denken Sie an den Turmalin: Auch ein Edelstein durchläuft all die Phasen seiner Entwicklung nicht innerhalb weniger Wochen, genauso wenig wie ein Baum innerhalb des ersten Lebensjahres schon Früchte trägt.

Regelmäßigkeit

Eine regelmäßige Durchführung der Übungen hilft Ihnen, den Weg bis zu Ende zu gehen. Irgendwann müssen Sie sich dann nicht mehr – vielleicht früh morgens – zu der Meditation überwinden, sondern durch die Regelmäßigkeit hat sich ein bestimmter Automatismus eingestellt und die Durchführung hat dann etwas Selbstverständliches bekommen.

Ort

Suchen Sie sich für die Durchführung der Meditationen und Übungen einen ruhigen Ort. Ihr Körper und Geist können sich schneller auf eine meditative Haltung einstellen, wenn Sie immer am gleichen Ort praktizieren. Dieser muss nicht aufwendig eingerichtet sein. Die Hauptsache ist, dass Sie sich dort wohlfühlen.

Zeitpunkt

Auch hier empfiehlt es sich, die Übungen – wenn möglich – immer zum gleichen Zeitpunkt durchzuführen. Dann fällt es Ihnen leichter, die Übungen regelmäßig zu machen. Suchen Sie sich einen Zeitpunkt, der Ihrem persönlichen Rhythmus am meisten liegt.

Motivation

Motivation ist genauso wichtig wie Geduld und Ausdauer. Motivation ist die Entschlossenheit, ein bestimmtes Ziel zu erreichen. Wenn Sie sich immer das Ziel des alchemistischen Einweihungsweges vor Augen halten, dann wird Ihre Motivation bestimmt hoch sein, denn es ist ein sehr, sehr lohnenswertes Ziel, die Wandlung der Seele zu erfahren!

Konzentration auf die Übungen

Wenn Sie die Übungen und Meditationen durchführen, tun Sie dies voll und ganz. Wenn Sie sie regelmäßig durchführen, dann kann sich natürlich eine gewisse Fahrlässigkeit einschleichen. Machen Sie jede Übung so, als würden Sie sie zum aller ersten Mal machen und als wäre es die letzte Tätigkeit, die Sie in diesem Leben noch ausführen könnten.

Beherzigen Sie die vorhergehenden Punkte, denn dann können Sie sich auf das Ziel Ihres alchimistischen Weges freuen, denn dort erwartet Sie ein wahrer Edelstein in ihrem Inneren: ein farbenprächtiger, strahlender Turmalin.

Meditation mit den Turmalinen

Zu den Meditationen mit den Turmalinen gehören zum einen die auf den Farbtafeln 1 bis 12 abgebildeten Turmalin- Mandalas und zum anderen Gedichte über den jeweiligen Edelstein. Im Folgenden ist die Grundanleitung für die Meditation beschrieben. Sie gilt für alle Turmalin-Mandalas und Gedichte. Die speziellen Aspekte für die einzelnen Steine lesen Sie bitte beim jeweiligen Turmalin.

Meditation mit dem Turmalin-Mandala

Setzen Sie sich entspannt und in aufrechter Haltung auf einen Stuhl in einem Abstand von etwa 50 cm vor das Mandala, in dem sie den Turmalin sehen. Das Bild sollte in Augenhöhe sein. Die Füße stehen parallel hüftbreit auseinander. Stellen Sie sich dabei vor, wie Sie durch die Füße in Kontakt mit der Urkraft der Erde und darüber hinaus mit der Kraft des Magmas, dem Urgestein der Turmaline, in Verbindung kommen. Atmen Sie diese Urkraft durch Ihre Füße ein und stellen Sie sich dabei vor, wie die Erde Sie dabei unterstützt, die gleiche Verwandlung zu vollziehen wie bei der Edelsteinbildung der Edelstein. Atmen Sie dabei immer wieder erneut die Kraft des jeweiligen Turmalins ein, dessen Bild Sie gerade vor sich sehen. Atmen Sie Ihre Schwächen, Ängste und Sorgen durch die Füße aus und geben Sie alles an die Erde ab. (Lesen Sie dann noch die jeweils spezifischen Hinweise zu den einzelnen Turmalinen).

Meditation mit den Turmalin-Gedichten

Lesen Sie den Text nach Möglichkeit laut und versuchen Sie, den Gehalt jedes Wortes mit all Ihren Sinnen aufzunehmen und zu verinnerlichen.

DIE 7 STUFEN DER EINWEIHUNG

DIE 1. STUFE DER EINWEIHUNG APYRIT UND ACHROIT

1. TURMALIN-MEDITATION

Die Einweihung beginnt mit den Turmalinen *Apyrit* und *Achroit* und verläuft gemäß ihrer kosmischen Beziehung zum Planeten *Saturn* nach dem alchemistischen Prozess der *Putrefactio* (Auflösung abgestorbener Stoffe) >S. 23. Entsprechend dem Verhältnis des Planeten zu den zwei Tierkreiszeichen *Steinbock* und *Wassermann* betreffen die Übungen die zu diesen Zeichen gehörigen Elemente *Luft* (Sanguinik) und *Erde* (Melancholie). Des Weiteren den *Lebenssinn* und den *Bewegungssinn*, die Tugenden *Diskretion* und *Mut* sowie die Weltbetrachtungen des *Pneumatismus* und des *Spiritualismus*. Gemäß dem männlichen und weiblichen Charakter der Zeichen (Wassermann: männlich/Steinbock: weiblich) sind auch die Schwerpunkte für Frau und Mann zu setzen.

Der Apyrit **>Tafel 10**

Der Apyrit gehört als Turmalin-Varietät zum Rubellit. Sein rosa Farbton erinnert an japanische Kirschblüten und die Farbe der zarten Liebe. Somit ist dieser Turmalin Bild und Gleichnis für das Erwachen des Geistes, der seine Kräfte auf die objektive Wirklichkeit richtet, um Kräfte und Harmonie im Innern der Seele zu erreichen. Dieser uneigennützige Wirklichkeitssinn des Geistes entspricht der weiblichen Veranlagung unserer Seele und ihre Entwicklung ist ein wesentliches Ziel der Einweihung. Um dies erreichen zu können, ist die Auflösung und die Verwandlung alter traditioneller Denkweisen und egoistischer Gefühlsreaktionen nötig.

Meditation

Atmen Sie nun entspannt die Kraft und Stärke des Apyrits in jede Zelle Ihres Körpers ein. Mit jedem Atemzug erwacht Ihr Geist ein wenig mehr. Dabei nehmen Sie die Eigen schaft des Apyrits auf, der Welt urteilslos und wertfrei zu begegnen. Machen Sie diese Übung 20 Minuten täglich.

Apyrit, du Stein der Farben
Meines Fleisches und der Haut
Spende Kraft mir wie die Garben
Des Kornes, das der Himmel baut.
Sei das Brot für meine Seele,

Dass sie nicht verschmachten muss
Und im Strom der Zeit sich quäle
Mit Eitelkeit und Überdruss.

Schenke Mut zu neuem Leben,
Wo das alte stirbt und irrt.
Lass mich wachsen, hilf dem Streben
Des Geistes, der geboren wird.

Der Achroit >Tafel 11

Der farblose reine Achroit kommt äußerst selten vor. In diesem Bild umschließt er als wasserklarer Rand ein Indigolith-Dreieck. Mit seiner Klarheit, die nur einen schwachen Abglanz des blauen Dreiecks ahnen lässt, steht er für die Weisheit, sich nicht mehr von dem verwirrenden Farbenspiel der Seele, von ihren Gefühlen, Sehnsüchten, Illusionen und Leidenschaften, umhüllen zu lassen.

Wenn Weiß mit Durchsichtigkeit und Klarheit verbunden ist, entspricht es dem klaren Denken des integralen Bewusstseins. Es ist die männliche Qualität des Geistes, der erkennt, »was die Welt im innersten zusammenhält«.

Meditation

Atmen Sie nun die Klarheit des Achroit ein. Stellen Sie sich dabei vor, wie auch Ihr Geist immer klarer wird. Mit jedem Einatmen nehmen Sie diese Klarheit auf. Und mit jedem Ausatmen geben Sie dunkle, negative Gedanken an die Erde ab. Dabei stellen Sie sich vor, wie diese Gedanken vom Magma angezogen werden, um sich dort mit dem Gesteinsbrei zu vermischen, um als reiner Edelstein aus der Erde hervorzugehen. Machen Sie diese Übung 20 Minuten täglich.

Achroit, du Stein der Klarheit,
Bewusstsein, das im Kosmos lebt,
Verleihe mir die Sicht der Wahrheit
Des Geistes, der zum Geiste strebt.

Lass mich das Gesetz erkennen,
Das die Welt schafft und bewegt.
Behüte mich, dem nachzurennen,
Was nur Leidenschaft erregt.

Schütze mich vor den Propheten
Der Falschheit und der Infamie,
Lehre mich zum Weltgeist streben
Frei und ohne Blasphemie.

2. Der Wachstumsprozess der Seele – Putrefactio

Der Wandlungsprozess der Seele beginnt mit der Putrefactio, der unter dem Zeichen des Saturns steht. Seine Kräfte sind die des Todes und der Auferstehung. Das rote Knochenmark (Blutbildung) und die Milz (Auflösen alter Blutkörperchen) sind die Organe, die den Saturnkräften entsprechen.

In der Alchemie ist Putrefactio der natürliche Zersetzungsvorgang organischer Stoffe. Ihm entspricht die Verdauung im menschlichen Körper. Unter dem Einfluss der Saturnkräfte wird Leben zerstört und zersetzt (z.B. Nahrungsmittel im Magen/Darm), um diese anschließend selbst verwerten zu können (Umsetzung in Eiweiß).

Der analoge alchemistische Laborprozess ist die Fäulnis organischer Stoffe im erwärmten Fass (im »schwarzen Raben«) und ihre langsame Umwandlung in tote Materie. Dabei trennen sich allmählich die Lebenskräfte von der Materie, was sich an Hand von bestimmten Verfärbungen zeigt. Dabei haben die Alchemisten beobachtet, dass immer erst das Erscheinen der nächsten Farbe abgewartet werden muss, bevor ein höherer Hitzegrad erzeugt werden darf. Das äußere Feuer darf nicht stärker sein als das Innere.

So ist es auch bei dem Menschen, der an sich selbst arbeitet. Er darf Meditationen und Übungen nicht schneller vorantreiben, als seine Seelenentwicklung verkraftet. Häufig glauben wir, dass ein hohes Maß an spiritueller Praxis den Entwicklungsprozess beschleunigen kann. Das ist ein Fehler. Wenn die äußere Hitze (Wissen) zu schnell erhöht wird, entsteht das Rot (Begeisterung, gemischt mit Hochmut) vor dem Weiß (Demut) und damit zu viel Mars (aggressive Kraft) im Verhältnis zur Venus (liebende Bewahrung). Dann aber tötet ein Übermaß an Leidenschaft und Begierde die Liebe. Der kostbare Keim der All-Liebe im Menschen wird schnell durch eitle Selbstdarstellung verbrannt. Gelingt es, diesen Fehler zu vermeiden, wird die Putrefactio zur Wiedergeburt. Als Analogie zum spirituellen Wachstum kann uns der Wachstumsprozess der Pflanze in der Natur dienen. Jeder kann den langsamen Prozess des Keimens im Pflanzenreich beobachten und daraus anschaulich die Lehre für seine eigene Seelen- und Ich-Entwicklung ziehen.

Übung

Besorgen sie sich einige mit Blumenerde gefüllte Töpfe, dazu die Samen von Bohnen, Zimmerpflanzen oder Blumen, die Ihnen gefallen, und beobachten Sie daran den Wachstumsprozess. An den Bohnensamen können Sie die verschiedenen zeitlichen Stadien der Auflösung und Verwandlung besonders gut sehen. Machen Sie sich bewusst, dass hier aus dem Absterben, dem Tod, neues Leben entsteht.

3. Der Planet Saturn

Der Saturn ist von den 7 »klassischen« Planeten des ptolemäischen Weltbildes der äußerste unseres Sonnensystems und umschließt mit seiner Bahn die Wirkungssphären aller anderen Planeten. Seine Kräfte stammen aus den Weiten des Makrokosmos, die an den Urgrund aller Dinge erinnern. Es sind die Kräfte des Todes und der Auferstehung. Durch den Saturnprozess stirbt der Mensch als geistiges Prinzip und manifestiert sich im menschlichen Körper. Durch den Saturnprozess hat unser Ich die Möglichkeit, sein Karma zu erfüllen.

Übung
Wie denken Sie über Ihren Tod, eine mögliche Auferstehung Ihr Karma? Fragen Sie sich:
- Gibt es für mich eine Unsterblichkeit der Seele und die Auferstehung nach dem Tode?
- Kenne ich mein Karma (meine Aufgabe), das ich in diesem Leben erfüllen will?

Meditieren Sie mit diesen Fragen und schreiben Sie alles auf, was Ihnen dazu einfällt. Hoffnungen, Wünsche und Ängste. Lassen Sie sich für diese Übung einige Tage, vielleicht sogar Wochen Zeit. Es geht nicht um eine schnelle Durchführung, sondern um einen gründlichen Reinigungsprozess und um eine bewusste Auseinandersetzung mit Ängsten und Vorstellungen, die für Ihr Dasein wesentlich sind.

4. Die Elemente

Die Elemente der ersten Stufe sind Luft und Erde unter dem Einfluss des Saturns in den Tierkreiszeichen Wassermann und Steinbock. Informieren Sie sich in Anhang A, S. 149–150 über diese Elemente und die dazugehörigen Temperamente. Und fragen Sie sich:
- Besitze ich die Seelenqualitäten in ihren positiven und negativen Ausprägungen?
- Woran muss ich arbeiten, um sie im positiven Sinne für die Entwicklung meines »Zentraltemperamentes« nutzen zu können?

Für den Ausgleich der negativen Auswirkungen dieser Temperamente können Sie sich an folgende Übungen halten:

Übungen bei zu viel Melancholie
- Wenn Sie zur Melancholie neigen, sollten Sie sich mit Dingen beschäftigen, die Sie aufheitern. Gehen Sie dazu zurück zu Kapitel 1 S. 22 und betrachten Sie die Wirkung der Farben in der Tabelle. Vielleicht sollten Sie an einem Tag, an dem Sie besonders melancholisch sind, einmal einen gelben Pullover tragen. Er wird Sie erfrischen und aufheitern und Ihnen das Gefühl des Weltschmerzes nehmen.
- Eine andere und aktive Möglichkeit, der Melancholie entgegenzuwirken, ist die Musik. Hören Sie einmal nicht die traurig stimmenden Lieder, sondern tanzen Sie zu beschwingenden Rhythmen aus sonnigen Ländern, die Ihnen helfen, die Lebensfreude wieder zu finden.

Denken Sie aber auch an die positive Seite der Melancholie: Die Aufforderung und Chance zum Nachdenken in den Krisenzeiten Ihrer Entwicklung.

Übungen bei zu viel Sanguinik
Der Sanguiniker hat die Tendenz, hundert Sachen auf einmal machen zu wollen und diese nicht zu Ende zu bringen. Dies ist ein Zeichen innerer Unruhe. Bringen Sie mehr Grün in Ihr Leben! Grüne Vorhänge oder eine grüne Tapete im Arbeitszimmer wird Sie ruhig stimmen. Wenn Ihr Geist von einer Aktivität zur anderen springt, machen Sie lieber einmal eine kurze Pause, bevor Sie die Aktivität wechseln. Vielleicht ist ein Park oder eine Wiese in Ihrer Nähe. Nutzen Sie die Pause, um das satte Grün der Wiese einzuatmen und sich die Frische zu holen, die Sie benötigen, um die gleiche Arbeit, mit der Sie vor Ihrer Pause beschäftigt waren, fortzusetzen und wenn möglich fertig zu stellen. Belohnen Sie sich für jedes fertig gestellte Werk!

5. Die Sinne

Unsere Sinne sind die Tore zur Welt. Durch sie nehmen wir unsere Umwelt wahr. Je sensibler sie sind, desto feiner werden wir auch in unseren Empfindungen. Deshalb sind ihre Ausbildung und Pflege auf dem Einweihungsweg von besonderer Bedeutung.

Auf der ersten Stufe der Einweihung geht es darum, den Lebenssinn und den Bewegungssinn zu aktivieren. Sie entsprechen den Tierkreiszeichen Wassermann und Steinbock, die beide vom Planeten Saturn regiert werden.

Der Lebenssinn

Mit Hilfe des Lebenssinnes nehmen wir unseren Körper wahr und durch ihn spüren wir unsere körperliche Verfassung. Durch ihn stellen wir fest, ob wir uns wohl oder unwohl, gesund oder krank fühlen.

Übung mit dem Lebenssinn
Legen Sie sich entspannt auf den Rücken. Atmen Sie einige Male tief ein und aus und versuchen Sie den Körper zu entspannen. Nun gehen Sie mit Hilfe des Atems und des Lebenssinns achtsam durch Ihren Körper. Beginnen Sie bei den Füßen. Atmen Sie durch die Füße ein und versuchen Sie dabei, jedes Körperglied und jedes Organ bewusst wahrzunehmen. Fühlt es sich entspannt oder angespannt an? Ist ihr Körper warm oder kalt? Haben Sie Schmerzen oder das Gefühl, dass es Ihrem Körper gut geht? Der Lebenssinn wird Ihnen helfen, jede Zelle zu erspüren und mit frischem Sauerstoff durch regelmäßige Atemübungen zu verwöhnen.

Wenn Sie die Atemübung regelmäßig durchführen, werden Sie merken, dass der Lebenssinn Sie dabei unterstützt, die 3 Organsysteme Herzkreislauf-System/Nerven-Sinnes-Organisation/Stoffwechsel ins Gleichgewicht zu bringen.

Der Bewegungssinn

Mit diesem Sinn erfühlen wir unsere Bewegungen. Er wird in der Sinnesphysiologie auch Muskelsinn oder Tiefensinn genannt. Mit diesem Sinn nehmen wir die Lageveränderung einzelner Glieder wahr. Für die seelisch-geistige Gesundheit ist der Bewegungssinn von großer Bedeutung, da seine Entwicklung mit unseren Zielvorstellungen zusammenhängt. Das lässt sich z.B. beim Bogenschießen unmittelbar erfahren: In dem Augenblick, wo wir den Pfeil von der Sehne in Richtung des roten Feldes auf der Scheibe schnellen lassen, wissen wir bereits, ob wir treffen oder nicht. Es ist so, als würde eine richtungsbestimmende Kraft aus der Mitte der Scheibe den Pfeil anziehen, oder – wenn die Koordination unserer Muskeln mit dieser Kraft misslungen ist – ihn ablenken.

Die Ausbildung des Bewegungssinns durch Ausrichtung der anfangs chaotischen Bewegungen auf bestimmte, deutlich erkennbare Ziele ist für die Fähigkeit, als Erwachsener seinen Lebenslauf gestalten zu können, von großer Bedeutung. Denn in der Biographie fließen gleichsam alle unsere kleinen alltäglichen äußeren und inneren Bewegungen zusammen und bilden am Ende »unser Leben«. Da jeder Mensch mit einer bestimmten Aufgabe lebt, gleichgültig ob er sich dessen bewusst ist oder nicht, so geht von diesem Ende ein Kraftstrom aus – wie vom roten Punkt der Zielscheibe – und bestimmt seine Biographie.

Übung mit dem Bewegungssinn

Bogenschießen sowie Yoga- und Tai-Chi-Übungen oder andere Techniken, bei denen es um den bewussten, ganzheitlichen Umgang mit dem Körper und dem Atem geht, sind hier besonders geeignet.

6. Die Tugenden

Die Tugenden sind die möglichen Früchte einer Einweihungsstufe. Sie entstehen durch die Ausbildung der Sinne in einer harmonischen Verbindung mit den Temperamenten. Für die erste Einweihungsstufe spielen die Tugenden Diskretion und Mut die zentrale Rolle.

Mut

Mut ist eine der wichtigsten Tugenden. Mut zeichnet sich dadurch aus, dass Sie bereit sind, immer wieder über das nachzudenken, was in der Vergangenheit geschehen ist. Und wenn nötig, sich eigene Fehler einzugestehen und zu versuchen, es zukünftig besser zu machen.

Mut impliziert sehr viel Vertrauen darin, dass Dinge sich zum Guten hinwenden werden. So, dass wenn etwas beim ersten Mal vielleicht nicht direkt gelungen ist, wir uns nicht ent-mutigen lassen, sondern Vertrauen haben, dass ein zweiter Versuch den gewünschten Erfolg mit sich bringen wird.

Übung

Betrachten Sie Ihr bisheriges Leben als Folge von Ereignissen, für die Sie selbst und nur Sie selbst verantwortlich sind. Stellen Sie sich Ihre

Ziele für die Zukunft vor und versuchen Sie, die Erfahrungen der Vergangenheit dahingehend zu nutzen, dass Sie Ihnen dabei helfen, Ihre Ziele in der Zukunft zu erreichen. Manchmal helfen uns bestimmte Erfahrungen, indem sie uns zeigen, was wir besser nicht tun sollten! Seien Sie mutig und schauen Sie sich ihre Vergangenheit an, ohne sich für bestimmte Handlungen zu verurteilen. Und fassen Sie dann ebenso den Mut, Ziele – und scheinen sie im ersten Moment noch so unrealistisch zu sein – zu verfolgen.

Diskretion

Der Mensch, der um die Unsterblichkeit des eigenen wahren Wesens weiß, wird ruhig und schweigsam. Er beginnt, bewusster zu sprechen, und kann Geheimnisse, die ihm anvertraut worden sind, bei sich halten. Diskretion kann zu größerer Toleranz führen, denn dann beginnt der Mensch, einem anderen zuzuhören, bevor er urteilt oder kommentiert. Wer zu viel über sich und andere spricht, hat meistens Angst vor der Auseinandersetzung mit sich und seinen Schattenseiten. Sein Gerede kann Flucht vor der inneren Umkehr sein. Erst durch die Umkehr, durch die Innenschau kommt der Mensch zu sich selbst.

Übung

Diskretion können Sie erlernen, indem Sie ruhiger werden und mehr bei sich selbst bleiben. Meditieren Sie als Übung über das letztgeführte Gespräch mit einer Freundin oder einem Freund. Haben Sie über sich selbst gesprochen oder über die Schwächen oder Geheimnisse anderer? Lassen Sie das Gespräch noch einmal genau vor Ihrem geistigen Auge ablaufen und beobachten Sie, in welchem Moment Sie vielleicht indiskret geworden sind. Machen Sie diese Übung mindestens einmal täglich und später nach jedem Gespräch.

Eine weitere Übung ist der Versuch, im Gespräch immer wieder auf das Wesentliche zurückzukommen. Achten Sie deswegen bewusst auf das, was und wie Sie etwas sagen. Machen Sie einmal im Gespräch eine Pause und atmen Sie dabei tief ein. So kommen Sie zur Ruhe und sind wieder bewusster bei Ihrem Gesprächspartner.

7. Weltanschauung

Wörtlich genommen verstehen wir hier unter Weltanschauung die Art und Weise, wie wir die Welt anschauen und wahrnehmen. Das ist abhängig von dem Gebrauch unserer Sinne. Da wir in der Sinneslehre heute 12 Sinne, also »12 Tore zur Welt«, unterscheiden können, so gibt es auch 12 verschiedene Arten der Weltbetrachtung. Da aber bei jeder Sinnestätigkeit, auch wenn wir uns noch so sehr nur auf einen Sinn konzentrieren, alle Sinne mehr oder weniger unbewusst immer mit beteiligt sind, sollten wir alle darauf beruhenden Weltanschauungen nicht nur kennen, sondern auch anwenden können. Erst die Kombination aller Weltanschauungen ermöglicht eine Anschauung der Welt, die ihrer materiellen, psychischen und geistigen Qualität gerecht werden kann und die Gefahr der Entstehung von Ideologien vermindert. Innerhalb der 7 Einweihungsstufen werden wir alle 12 Weltanschauungen kennenlernen.

Zur ersten Einweihungsstufe gehören die Weltanschauungen *Pneumatismus* und *Spiritualismus*. Auch wenn Ihnen diese Weltanschauung auf den ersten Blick fremd erscheint, versuchen Sie doch einmal, ihr offen und vorurteilsfrei gegenüberzutreten. Dann können Sie sich auch gleichzeitig für die Menschen öffnen, die sich zu dieser Anschauung hingezogen fühlen. Und je mehr wir uns für andere öffnen, desto mehr öffnen wir uns auch uns selbst gegenüber.

Pneumatismus

Die »Pneumatiker« betrachteten das Pneuma (gr. = Hauch, Atem) in der Atemluft als Träger des Lebens und sein Fehlen als Ursache für alle Krankheiten.

Im 1. Jahrhundert n. Chr. bildeten sie eine Ärzteschule. Sie vertraten die Ansicht, der Ursprung der Welt (Makrokosmos) sei das göttliche Feuer (pneuma pyrodes = Feuerhauch). Aus ihm entstehen zunächst die anderen 3 Elemente Wasser, Luft und Erde, daraus schließlich die Naturreiche und der Mensch. Im Mikrokosmos Mensch, der aus Leib und Seele bestehend angesehen wurde, gehört der »Feuerhauch« der Seele an, die den ganzen Leib durchdringt. Die Seele wurde damit als identisch mit dem göttlichen Feuergeist des Makrokosmos betrachtet.

Eine Differenzierung des pneuma erfolgte nicht. Es blieb bei der Anschauung vom einheitlichen göttlichen Atem, der alle Glieder des Universums durchdringt. Parallelen dazu finden sich in den östlichen Religionen in den Begriffen Chi, Prana und Atman.

Spiritualismus

(lat. spiritus = Hauch, Geist) Der Spiritualist betrachtet alles Physische seinem Wesen nach als geistig.

Seit dem 17. Jahrhundert werden alle Philosophen als Spiritualisten bezeichnet, die im Gegensatz zu den Materialisten >S. 112 die Wirklichkeit insgesamt auf ein geistiges, »metaphysisches« Prinzip zurückführen. Im Gegensatz zum Pneumatismus wird das Geistige im Spiritualismus nicht nur als eine Einheit betrachtet, die alles durchdringt, sondern als ein Zusammenspiel von Kräften, die sich in ihrer Qualität unterscheiden.

Trotzdem bleibt für den Spiritualisten jede materielle Erscheinung in der Welt und vor allem auch der Mensch Ausdruck eines geistigen Wesens.

Übung

Betrachten Sie den Tierkreis >Anhang C, Tabelle 1 und stellen Sie sich dabei vor, dass durch jedes der 12 Zeichenfelder eine Kraft wirkt, die ein Teil des Energiefeldes des gesamten Universums ist. Der Weltgeist, eingeteilt in 12 unterschiedlich wirkende Kräfte oder Hierarchien, durch die unsere irdische Welt gestaltet wird, ist eine Form der Weltanschauung des Spiritualismus.

In der Physik hat diese Anschauung durch den englischen Physiker Rupert Sheldrake und seine Theorie eine Bereicherung erfahren. Er geht von sogenannten morphogenetischen Feldern aus, welche die gesamte belebte und unbelebte Schöpfung formen und lenken und dabei unabhängig von Materie und Energie über Zeit und Raum hinweg wirken und sich selbst verändern können.

8. Selbstkontrolle

Zum Abschluss der 1. Einweihungsstufe sollten Sie folgende Fragen beantworten:

1. Zu welchem der beiden Turmaline dieser Stufe fühle ich mich stärker hingezogen? Achroit oder Apyrit?
2. Wie reagiere ich, wenn alte, mir lieb gewordene Gewohnheiten und Ansichten von anderen in Frage gestellt werden? Gelassen, aggressiv oder neugierig?
3. Welches von den beiden Elementen ist bei mir als Temperament sowohl in positiver als auch in negativer Hinsicht stärker veranlagt?
4. Welches Verhältnis habe ich zum Tod und zur Reinkarnation?
5. Wie sind der Lebens- und der Bewegungssinn bei mir entwickelt? Welcher ist stärker ausgebildet?
6. Wie steht es bei mir mit Mut und Diskretion? Welche der beiden Tugenden sind bei mir stärker ausgeprägt?
7. Welche von den beiden Weltanschauungen ist für mich interessanter?

Auswertung

Die Auswertung der Fragen basiert für alle Stufen der Einweihung immer auf dem gleichen Prinzip:

Wenn Sie ihre Antworten mit Anhang C, Tabelle 1, S 166, vergleichen, wo die männliche und die weibliche Seite der Einweihung dargestellt ist, so geben Ihre Antworten auf die Fragen 1, 3, 5, 6, und 7 Auskunft über das Verhältnis ihrer weiblichen zur männlichen psychischen Veranlagung und damit einen Hinweis darauf, woran sie mehr arbeiten müssen, um die Polaritäten ins Gleichgewicht zu bringen. Denn das Ziel der alchemistischen Seelenverwandlung ist der Androgyn, so wie es im Rosarium >S. 71–81 dargestellt ist. Liegen Ihre Antworten z.B. alle oder überwiegend auf der linken, männlichen Seite, so sollten Sie mehr an ihren weiblichen Veranlagungen arbeiten und umgekehrt!

Die Antwort auf Frage 2 ist ein Hinweis darauf, inwieweit ihre alchemistische Umwandlung fortgeschritten ist. Frage 4 betrifft die Ausprägung ihrer »Planetenqualität«.

DIE 2. STUFE DER EINWEIHUNG VERDELITH

Diese Stufe der Einweihung beginnt mit einer Meditation des zu ihr gehörigen Turmalins *Verdelith* und verläuft nach dem alchemistischen Prozess der *Sublimatio* gemäß ihrer kosmischen Beziehung zum *Mond*.

Die Übungen betreffen das zum Tierkreiszeichen *Krebs* gehörige Element *Wasser* (Phlegmatik), den *Hörsinn*, die *Selbstlosigkeit* und die Weltanschauung des *Materialismus*. Da der *Mond* nur ein Tierkreiszeichen regiert, das weiblich ist, wirkt die Einweihungsstufe des Verdeliths besonders intensiv auf die weibliche Konstitution unseres Wesens.

1. TURMALIN-MEDITATION >TAFEL 4

In dem grünen Verdelith zeigt sich die ganze Farbenpracht der Turmaline vom hellen Grasgrün über Apfelgrün und Moosgrün bis zum Smaragdgrün. Olivgrün und Blaugrün bilden die Übergänge zu Gelb und Blau. In manchen Verdelithen erscheint mitten im Grün des Umkreises das Rot des Rubellits und erweckt den Anschein einer Verheißung.

Grün ist die Farbe der Photosynthese, des Wandels. Grün ist überhaupt eine der wichtigsten Farben des Pflanzenreichs. In ihm lebt die reine Gedankenkraft des Kosmos auf.

Meditation

Mit jedem Atemzug entspannen Sie durch das Grün des Verdeliths ein wenig mehr. Je ruhiger Sie werden, desto offener werden Sie für das schöpferische, lebendige Denken, was uns immer wieder die Möglichkeit gibt, uns aus alten Verhaltensmustern und Gewohnheiten zu befreien. Öffnen Sie sich mit jedem Atemzug für die Dynamik, die dem Leben innewohnt und damit der positiven Veränderung, die Ihnen zuteil werden kann.

Verdelith, Stein der Gedanken,
Keim des Weltenalls in mir,
Öffne die verschlossenen Schranken.
Lass mich selbstlos sein mit dir.

Lehr` mich lauschen auf die Klänge
Tief im Inneren der Welt.
Befreie mich vom Zwang der Zwänge
Des Bildes, das den Blick verstellt.

Pflanze mit dem Grün der Hoffnung
Zuversicht in mein Gemüt.
Belebe die Erinnerung,
Damit die Zukunft sprießt und blüht.

2. Die sorgfältige Reinigung – Sublimatio

Die Sublimatio ist der Prozess sorgfältiger Reinigung. Es gibt in der Natur Stoffe, die bei vorsichtigem Erwärmen verdampfen, ohne vorher zu schmelzen oder zu verbrennen. An den kühlen Wänden der Gefäße, in denen dieser Prozess stattfindet, schlägt sich der Stoff in gereinigter Form nieder. Dieser Reinigungsprozess geschieht beim Menschen nach der Calcinatio oder Putrefactio durch eine neue Lebensweise mit viel natürlicher und frischer Nahrung aus dem Pflanzenreich und zeitweisem Fasten. Dazu kommt Bewegung – und wenn möglich Arbeit – an frischer Luft. Das fördert die Wiederherstellung eines natürlichen Seelen- und Körperlebens. Man kann sich während des Reinigungsprozesses kurze Zeit schlecht fühlen, was aber ein Zeichen für die Entschlackung ist. Danach ist man viel widerstandsfähiger und leistungsfähiger.

Die Sublimatio wirkt auf alle dem Mond unterstehenden Organbereiche und Prozesse (Nahrung, Verdauung, Drüsensystem). Das erleben wir unmittelbar an der Stärke und Frische unserer Lebens- und Bewusstseinskräfte. Wir fühlen uns nach der Sublimation wie neugeboren, was sich auch in unserer äußeren Erscheinung widerspiegelt. Die Lebenskraft, das »innere Licht« oder die »Energie«, verleihen uns Form und »Ausstrahlung«. Damit entspricht die Sublimation einem Auferstehungsprozess.

Übung
Die Sublimatio wird am besten durch Fasten und anschließender Umstellung auf gesunde Ernährung gewährleistet. Literatur dazu finden Sie im Buchhandel.

3. Der Planet Mond

Der Mond ist der schönste und faszinierendste Teil des Nachthimmels. Er stellt die weibliche Polarität zur männlichen Sonne dar. Seit Urzeiten wurde er wegen des Einflusses auf die Lebensprozesse als weibliche Gottheit verehrt, wie z.B. in der griechischen Mythologie als Mondgöttin Diana: Sie steuert die Natur und die Fruchtbarkeit. Deshalb brachten ihr schwangere Frauen – in der Hoffnung auf einen guten Geburtsverlauf und ein gesundes Kind – Opfer dar.

Da der Mond der erdnächste Planet ist, können wir seine Zu- und Abnahmephasen genau verfolgen und sehen deutlich, wie er im Verlauf des Monats größer und kleiner wird.

Astrologisch gedeutet ist der Mond der Planet der gemütvollen, leicht beweglichen, launischen Menschen. In der Alchemie gilt er als Symbol für die Denkkräfte, die als Rückstrahlung des göttlichen Geistes angesehen werden.

4. Die Elemente

Das Element der zweiten Stufe ist das Wasser unter dem Einfluss des Mondes im Tierkreiszeichen des Krebses. Informieren Sie sich über dieses Element und das dazugehörige Temperament >Anhang A, S. 149–160 und fragen Sie sich, in welchem Verhältnis Ihre Seelenverfassung dazu steht. Woran müssen Sie arbeiten, damit Sie die positiven Qualitäten des phlegmatischen Temperaments nutzen und seine negativen Übertreibungen – falls Sie solche bei sich bemerken – vermeiden bzw. abbauen können?

Übung

Der Phlegmatiker leidet unter Antriebslosigkeit und Trägheit. Sollte es Ihnen auch so ergehen, können Sie sich vielleicht die Farbe Rot zu Gemüte führen. Sie ist aktivierend und vermittelt Lebendigkeit. Rot steht für die Liebe und ist gleichzeitig die Farbe, die dem unterstem Chakra >Anhang D, S. 170. Sie erdet und bringt Sie mit Ihrer Kraft in Verbindung. Essen Sie rote Früchte und Gemüse. Das wird Sie stärken und Ihnen Antriebslosigkeit nehmen.

5. Die Sinne

Der Hörsinn

Durch den Hörsinn sind wir in der Lage, mit anderen Menschen sehr intensiv in Kontakt zu treten. Wenn wir richtig zuhören, können wir viel über unsere Mitmenschen erfahren und von Ihnen lernen. Aber nicht nur von den Menschen, sondern auch von der Natur können wir lernen. Ein rauschender Fluss in der Natur hat schon dem einen oder anderen zur Erleuchtung verholfen.

Richtiges Zuhören ist eine Kunst. Häufig interpretieren wir zu viel in das Gehörte hinein oder hören nur einen Teil von dem, was ein anderer uns mitzuteilen hat.

Übung: Die Kunst des Zuhörens

Diese Übung heißt Dyade. Es ist eine Form des Zweiergesprächs, die sich über 40 Minuten erstreckt. Setzen Sie sich mit einem Menschen in einen gebührenden Abstand und gleicher Augenhöhe zusammen. Nun beginnt die Übung, indem eine Person die andere auffordert: »Sag mir etwas, von dem du denkst, dass ich es wissen sollte.« Ihr Gegenüber hat dann 5 Minuten Zeit, Ihnen seine Gedanken mitzuteilen. Sie hören einfach nur zu. Werten Sie nicht, unterbrechen Sie nicht und bestätigen Sie auch nicht durch Grinsen, Kopfnicken oder andere Gestiken und Mimik. Versuchen Sie einfach, ein guter Zuhörer zu sein und Ihr Gegenüber wirklich zu verstehen. Nach 5 Minuten findet ein Wechsel statt. Sie bedanken sich zuerst mit einem »Danke« bei Ihrem Gesprächspartner dafür, dass er Ihnen seine Wahrheit präsentiert hat. Dann gibt es einen Wechsel und Ihr Gegenüber stellt Ihnen die gleiche Frage. Dieser Zyklus dauert auch 5 Minuten. So geht es dann insgesamt 40 Minuten hin und her. Mit der Zeit werden Sie viel Neues über Ihre Mitmenschen erfahren und spüren, wie bereichernd es ist, wenn man zuhört und gehört wird.

6. Die Tugenden

Die Ausbildung des Hörsinns führt zur Selbstlosigkeit. Wahre Selbstlosigkeit verteidigt weder die Enge der subjektiven Persönlichkeit, noch verliert sie sich an andere Menschen und Dinge. Sie wird weder durch die Selbstsucht noch durch Gier getrübt. Läuterung ist der Weg, auf dem wir durch die Wahrheit, die uns mit allen Wesen verbindet, die Furcht überwinden und »Ja« zum Schicksal sagen.

7. Weltanschauung

Materialismus
ist die Weltanschauung unserer Zeit. Ihr verdanken wir den materiellen Fortschritt, der uns zugleich an die »Grenzen des Wachstums« geführt hat. Deshalb ist eine Läuterung, eine Katharsis, notwendig, die uns den Umgang mit der Materie verdeutlicht und zu einem anderen Umgang mit der Natur veranlasst.

Es gibt Menschen, denen es schwer fällt, den Weg zum Geiste zu finden, da sie eine sehr materialistische Weltanschauung haben. Diese ist zum Teil berechtigt, denn ohne Materialismus gäbe es weder Naturwissenschaften noch Technik. Und auch der Geist braucht Materie, um sich zu manifestieren. Seine Grenzen hat die materialistische Betrachtung der Welt dort, wo der Geist unabhängig von der Materie seine Wirkungen entfaltet, in den Bereichen der Geometrie, Mathematik, Philosophie, Kunst, Ethik, Moral und Religion.

8. Selbstkontrolle

Zum Abschluss der 2. Einweihungsstufe sollten Sie die folgenden Fragen beantworten.

1. Zu welchem der Turmaline fühle ich mich stärker hingezogen? Zum grünen Verdelith oder zum hellblauen Turmalin >Tafel 5?
2. Kann ich mit den Kräften der Sublimatio arbeiten? Wie steht es bei mir mit den Ernährungsgewohnheiten und den Fasttagen?
3. Wie steht es mit meinen Mondqualitäten? Wie wirken sie auf mein Temperament?
4. Wie ist bei mir das Element der 2. Stufe als Temperamentsanlage entwickelt, sowohl in positiver als auch in negativer Hinsicht?
5. Wie steht es um meinen Hörsinn? Kann ich urteilsfrei und offen zuhören?
6. Wie steht es bei mir mit meiner Fähigkeit zur Selbstlosigkeit?
7. Vergleichen Sie die Weltanschauung der 2. Stufe mit derjenigen der 7. Stufe. Welche Anschauung ist Ihnen sympathischer und entspricht mehr Ihren Vorstellungen?

Auswertung >S. 108

DIE 3. STUFE DER EINWEIHUNG ROSA UND HELL-LILA TURMALIN

Diese Stufe der Einweihung beginnt mit einer Meditation der zu ihr gehörigen Farben Hell-Lila und Rosa. Sie verläuft nach dem alchemistischen Prozess der *Destillatio* gemäß ihrer kosmischen Beziehung zum Planeten Jupiter.

Die Übungen betreffen die zu den Tierkreiszeichen *Fische* und *Schütze* gehörigen Elemente *Wasse*r und *Feuer* (*Phlegmati*k und *Cholerik*), den *Tastsinn* und den *Gleichgewichtssinn*, die Tugenden *Großmut* und *Gedankenkontrolle* und die Weltanschauungen des *Psychismus* und *Monadismus*.

1. TURMALIN-MEDITATION

Rosa Turmalin >Tafel 12

Von der Blume der Liebe, von der Rose und ihren mannigfaltigen zarten Nuancen hat das Rosa seinen Namen erhalten. Kirsch- und Pfirsichblüten und viele Frühlingsblumen erscheinen im zartesten Abglanz dieser charakteristischen Blumenfarbe. Rosa ist der Übergang zwischen Rot und Weiß und – auf unser Seelenleben bezogen –, der Ausgleich zwischen sinnlich-erotischer Leidenschaft und asketischer Geistigkeit.

Deshalb ist die Farbe Rosa in allen ihren Spielarten das Symbol für eine vom Geist durchdrungene und geläuterte, schenkende Liebe, die von den Griechen Agape genannt wurde, ein Begriff mit dem die Urchristen auch das gemeinsame Abendmahl bezeichneten, bei dem einer den anderen mit Brot und Wein bediente.

Meditation

Achten Sie darauf, welche Gefühle bei der Betrachtung des Turmalins in Ihnen aufsteigen. Lassen Sie alles zu. Auch die erotischen Phantasien. Schreiben Sie diese auf oder malen sie zu diesen Empfindungen, ohne sich dafür zu schämen. Je offener Sie Ihren eigenen Empfindungen gegenüber sind, desto eher wird sich sexuelles Verlangen in geläuterte, schenkende Liebe verwandeln.

Farbe der Rose
Im weißen Gewand,
Blume der Liebe, die ich suchte
Und fand.

Du schaust mich an
Mit zärtlichem Blick,
Treue Geliebte,
Auf der Suche nach Glück.

Manchmal berührst
Du sanft meine Haut,
Selbstlose Liebe
Die Welten erbaut.

Turmalin hell-lila >Tafel 9

Der lila gefärbte Turmalin, mit seinen Rot- und Blauanteilen will uns daran erinnern, dass die Liebe erst gelingt, wenn die Liebenden zu sich selbst kommen. Nach Innen geht der geheimnisvolle Weg, bevor er sich wieder nach außen wendet und zu den Höhen der Gemeinschaft der Liebenden führt.

Seltsamer Stein
Der Farbe zwischen
Blau und Rot,
Stein des Opfers
Stein der Liebe nach dem Tod
Des alten Selbstes,
Das nur sich begehrt.
Stein des Gleichgewichtes,
Das die Seele nährt.

2. Reines vom Unreinen trennen – Destillation

Der Prozess wird auch als Zirkulation bezeichnet. Es ist ein ständig wiederholtes Auf- und Absteigen, Verdampfen und Kondensieren der durch Erwärmen verflüssigten Substanz. Diese Phase des großen Werkes steht unter der Herrschaft Jupiters, des Erziehers und Heilers der Menschheit.

Die Kraft, die sich im aufsteigenden Dampf konzentriert, zeigt Farben des Regenbogens oder des Nordlichtes, manchmal auch Pfauenschwanz bzw. Cauda pavonis genannt. Immer wieder fällt die Kraft der Trinität Saturn, Merkur und Mars ab, um dann wieder ins Reich von Mond und Venus aufzusteigen. Nach Ablauf des Farbenspiels wird die Masse stärker erhitzt und trocknet dann in den Farben Schwarz und Grau ein, wonach sich ein weißer Streifen zeigt. Dann beginnt die Coagulatio, die Wiedervereinigung der getrennten und gereinigten Stoffe.

Übertragen auf den Menschen ist die Destillatio das Purgatorium der Seele, in dem Reines vom Unreinen getrennt wird. Sie bedeutet für die Menschenseele also das Fegefeuer, die unmittelbar auf den Körpertod folgende Periode. Genauso folgt sie nach dem mystischen Tod der Seele, als Prozess, bei dem Reines von Unreinem getrennt wird.

Dabei entzieht die Destillatio der Seele das wahre Ich den saturnischen Gesetzmäßigkeiten von Zeit, Karma und Kausalität. Das Karma, die aus früheren Inkarnationen stammende alte Schuld, muss ausgeglichen werden. Dies kann innerhalb von Tausenden Inkarnationen geschehen oder in einem Augenblick. Das hängt von der Willenskraft desjenigen, der sich öffnet, und von der Gnade des Weltgeistes ab. Wer sich ohne Vorbehalt von Jupiter erziehen lässt, kann diese Erfahrung relativ schnell machen. Dann verliert die Zeit ihren eindimensionalen quantitativen Erfahrungscharakter und gewinnt die Qualität des schöpferischen zeit- und raumlosen Seins.

Diese Destillatio ist also die große Änderung, die den Menschen befähigt, von einem anderen, höheren Ich oder Selbst aus zu leben, während das niedere Ich der gereinigte und willige Diener dieses wahren Ichs geworden ist. Der Mensch wird in diesem Stadium aus freier Entscheidung im Sinne des Weltgeistes an der Evolution des Universums mitarbeiten.

Nach der Destillatio erkennt der Mensch, dass er im Kern mit allen Geschöpfen gleich ist. Dann besteht kein Unterschied mehr darin, ob etwas dem eigenen Ich oder einem anderen Wesen zustößt.

Und so wie der Alchemist durch die Destillatio das ursprüngliche Metall aus seiner verunreinigten Form befreit und ihm dadurch neue Eigenschaften verleiht, so kann er gleichzeitig durch diesen Prozess seine ungeläuterte Seele reinigen und sie in das «alchemistische Gold« verwandeln.

Übungen

Die Übungen zur »Destillatio« der Seelenkräfte haben eine zentrale Bedeutung für den Verlauf der alchemistischen Einweihung. Deshalb werden sie hier ausführlich dargestellt. Sie umfassen insgesamt 7 Bereiche und sind eine Grundlage für alle 7 Stufen der Einweihung, auf die wir immer wieder Bezug nehmen werden.

Rhythmus

Rhythmus und Regelmäßigkeit sind das offenbare Geheimnis in allen Naturprozessen. Das zeigt sich im Rhythmus der Jahreszeiten genauso wie im Ablauf der organischen Prozesse unseres Stoffwechsels. Rhythmus ist Voraussetzung für unsere psychische Gesundheit. Bringen Sie Rhythmus in ihre physischen und psychischen Lebensabläufe, dann finden sie wieder Anschluss an die schöpferischen Kräfte der Natur!

Organisieren Sie ihren Tagesablauf so, dass Sie möglichst immer zu bestimmten Zeiten essen, schlafen, wachen, usw. Damit verschaffen Sie sich Freiräume für ihre seelisch-geistige Entwicklung.

Führen Sie alle Meditationen, Bewegungs- und Konzentrationsübungen zu bestimmten Zeiten des Tages aus.

Gedankenkontrolle

Die Buddhisten vergleichen unsere Gedanken und damit unseren Geist mit einem Affen, der von Ast zu Ast springt. Die meisten Menschen merken gar nicht, wie sehr sie von ihren Gedanken beherrscht werden. Darum ist das A und O in der Meditation zu lernen, alle Gedanken zuzulassen, anzuschauen, ohne sie zu bewerten.

Im Folgenden werden Ihnen darum einige Grundregeln aus dem Zazen, der japanischen Meditation, vorgestellt, die Ihnen ermöglicht, Ihre Gedanken zu erkennen.

Nehmen Sie eine Meditationshaltung ein. Wichtig dabei ist, das der Rücken gerade ist und dass Sie so still wie möglich sitzen. Das stille Sitzen hilft Ihnen zu erkennen, was in Ihnen geschieht, wenn Sie nicht von äußeren Geschehnissen abgelenkt werden.

Atmen Sie in das Hara (unser Lebenszentrum 3 Fingerbreit unter dem Bauchnabel) ein. Und dann wieder aus. Richten Sie Ihre gesamte Aufmerksamkeit auf den Atem. Wenn Sie gedanklich abschweifen, holen Sie sich liebevoll wieder zurück. Durch diese Übung können wir erkennen, wie unruhig unser Geist ist. Die Fähigkeit, den Geist immer wieder zurückzuholen und sich auf die Atmung zu konzentrieren, nimmt im Laufe der Übungszeit zu. Die eigene Bewusstheit wird dahingehend gesteigert zu erkennen, wie unsere Gedankenstrukturen verlaufen und wie es uns gelingen kann, den Geist immer mehr zur Ruhe zu bringen.

Eigeninitiative

Nicht nur in unseren Gedanken, sondern auch bei unseren Handlungen lassen wir uns oft vom Zufall treiben oder werden fremdbestimmt. Beides verhindert die Entwicklung der Willensfreiheit. Sind Sie aus freien Stücken an Ihrem jetzigen Arbeitsplatz oder hat es sich einfach so ergeben? Schreiben Sie ganz spontan die Dinge auf, die Sie am liebsten tun würden. Beruflich und privat. Wiederholen Sie die Übung und setzen Sie dann den Punkt um, der immer wieder an erster Stelle auftaucht. Werden Sie Ihr eigener Herr! Denn es gibt viel mehr Lebensmöglichkeiten, als wir annehmen.

Gelassenheit

Am effektivsten ist diese Übung auf einer Wiese. Stellen Sie sich (wenn möglich barfuß) gerade hin. Die Beine sind hüftbreit auseinander. Schließen Sie die Augen und stellen Sie sich vor, wie Sie das satte Grün der Wiese, das eine beruhigende Wirkung hat, durch Ihre Füße einatmen. Mit jedem Einatmen gelangen mehr Gelassenheit und Ruhe in Ihren Körper. Und mit jedem Ausatmen geben Sie Unruhe an die Erde ab.

Unbefangenheit

Normalerweise begegnen wir der Welt mit sehr vielen Vorurteilen und Bewertungen. Dadurch nehmen wir uns sehr viel von einem unbefangenen, gemeinschaftlichem Leben. Wie häufig verurteilen wir einen Menschen und sind dann im Nachhinein doch erstaunt, dass er ganz anders ist, als wir vermuteten.

Unbefangenheit ist erst möglich, wenn wir unserer Umgebung wertfrei und neugierig entgegentreten und das Positive in jeder Begegnung und Begebenheit sehen.

Machen Sie die Übung der Gedankenkontrolle immer wieder. Schreiben Sie einmal über einen längeren Zeitraum Tagebuch. Notieren Sie dabei, wie Sie neuen Menschen und unbekannten Situationen begegnen. Sind Sie offen oder vergleichen Sie die Situationen immer sofort mit vorherigen Ereignissen in Ihrem Leben? Wie gehen Sie mit fremden Menschen um? Werden Sie von Ihnen sofort in eine »Schublade« gesteckt oder warten Sie einige Wochen, bevor Sie Ihr Urteil über Sie fällen? Halten Sie diese Fragen immer wieder im Hinterkopf.

Glauben

Glauben im geistigen Sinne heißt, dass wir zunächst einmal alles prinzipiell für möglich halten, wenn nicht, berauben wir uns selbst der Möglichkeit, etwas dazu zu lernen. Das darf uns allerdings nicht daran hindern, selbst der Sache nachzugehen und sie auf ihren Wahrheitsgehalt hin zu überprüfen. In unserem Zusammenhnag bedeutet Glauben, dass Sie Ihr Ziel, die Einweihung, stets im Auge behalten, auch wenn Sie auf einigen Stufen des Weges vielleicht noch hart an sich arbeiten müssen.

Gleichgewicht

Die normale Seelenverfassung der meisten Menschen in unserer Zeit ist heute chaotisch: Gedanken, Gefühle und Willensimpulse, Ideen, Träume und Sehnsüchte wirbeln bunt durcheinander.

Der Grund dafür ist, dass wir alle mehr oder weniger aus dem psychischen Gleichgewicht geraten sind. Das innere Seelen-Gleichgewicht, bei dem die Seelenkräfte des Denkens, Fühlens und Wollens harmonisch aufeinander abgestimmt sind, ist die Voraussetzung für psychische und physische Gesundheit.

Wenn Sie die oben aufgeführten Übungen regelmäßig machen, dann wird sich ein größeres Gleichgewicht bei Ihnen herstellen. Des Weiteren empfehlen sich Yoga-Übungen. Es gibt Yogastellungen, wie z.B. den Baum, an denen Sie ganz deutlich erkennen, ob Sie sich in einem Zustand des Gleichgewichts befinden. Informieren Sie sich dazu über Kurse und Bücher..

3. Planet Jupiter

Jupiter ist der größte Planet unseres Sonnensystems. Sein Durchmesser ist 11 mal so groß wie der Erddurchmesser.

Jupiter in unserem Horoskop zeigt an, in welchen Abschnitten unseres Lebens wir am ehesten Optimismus und Zufriedenheit entwickeln können. Deshalb ist es uns auch möglich, Risiken einzugehen, die wir sonst ängstlich vermieden haben. Als Ergebnis unserer positiven Einstellung ist es in diesem Lebensabschnitt, wo Jupiter unser Geburtszeichen berührt, am wahrscheinlichsten, dass wir erfolgreich sind.

4. Die Elemente

Wasser und Feuer sind die Elemente der 3. Einweihungsstufe. Als »Temperamente« unter dem Einfluss des Jupiters und seiner

Tierkreiszeichen äußern sie sich in besonderer Weise. >Anhang A, S. 149–150

Informieren Sie sich im Anhang darüber und fragen Sie sich, inwieweit Sie die dort dargestellten Seelenqualitäten in ihren positiven und negativen Ausprägungen besitzen und woran Sie arbeiten müssen, um sie im positiven Sinne für die Entwicklung Ihres »Zentraltemperamentes« nutzen zu können.

Die Übung zum Ausgleich der negativen Auswirkungen des phlegmatischen Temperaments ist schon in der 3. Einweihungsstufe dargestellt. Für das cholerische Temperament ist folgende Übung hilfreich:

Übung für das cholerische Temperament

Auch hier können Sie durch Atemübungen zur Ruhe kommen. Setzen Sie sich auf einen Stuhl. Die Beine sind hüftbreit auseinander und berühren den Boden vollständig. Ihre Hände liegen auf Ihren Oberschenkeln. Atmen Sie die Kraft und Ruhe der Erde tief durch ihre Fußsohlen ein und füllen Sie den ganzen Bauchraum mit dieser Ruhe aus. Alle Unruhe, Wut und Aggression geben Sie im Ausatmen an die Erde ab. Halten Sie zwischen Ausatmen und Einatmen kurz die Luft an. Das erdet Sie und wird Sie nicht wegen jeder Kleinigkeit sofort in die Luft gehen lassen.

5. Die Sinne

Tastsinn

Mit dem Tastsinn nehmen wir die Grenzen unseres Körpers wahr. Durch den Tastsinn erfahren wir die Trennung zwischen uns und dem Rest der Welt. Wenn es den Tastsinn nicht gäbe, würden wir uns alle miteinander als reale große Einheit erleben und wie ein Tropfen im Ozean fühlen. Ein Ich-Bewusstsein wäre dann nicht möglich.

Mit Hilfe des Tastsinns erleben wir die Qualität der Gegenstände durch unsere eigene Empfindlichkeit und erfahren, dass wir von der Einheit mit dem Makrokosmos getrennt sind. Das hält zugleich die Sehnsucht nach dem verlorenen Paradies wach.

Der Tastsinn dient uns dazu, Dinge, die uns umgeben, zu erspüren. Zum andern können wir damit auch unsere Gefühle durch Streicheln zum Ausdruck bringen.

Übungen

Laufen Sie einmal in völliger Dunkelheit, möglichst noch mit einer schwarzen Binde vor den Augen, durch ein Zimmer, dessen Einrichtung Ihnen unbekannt ist. Da Sie nichts sehen, müssen Sie die Gegenstände ringsum mit ihrem Körper allein durch Tasten wahrnehmen. Beobachten Sie, welche Grenz-Erfahrung sie dabei machen.

Lieben Sie Ihren Partner/Ihre Partnerin einmal mit verbunden Augen. Erforschen Sie den

Körper einmal auf eine ganz neue Art und Weise durch Ihren Tastsinn.

Der Gleichgewichtssinn

Unser äußeres Gleichgewicht spiegelt die geistig-moralische Waage unseres Inneren und zeigt uns, wie wir in der Welt dastehen.

Übungen

Stellen Sie sich aufrecht hin, die Füße sind dabei parallel und hüftbreit auseinander. Nehmen Sie mit den Füßen bewusst Kontakt zum Boden auf. Halten Sie die Augen dabei nach Möglichkeit geschlossen. Strecken Sie die Arme seitlich aus. Nehmen Sie nun wahr, wie Sie stehen. Liegt Ihr Gewicht mehr auf dem rechten oder auf dem linken Fuß? Atmen Sie tief ein und aus, und stellen Sie sich dabei vor, wie Sie mit jedem Einatmen Kraft aus der Erde ziehen und mit dem Ausatmen Wurzeln von Ihren Füssen in den Boden wachsen.

Wiederholen Sie die Übung so lange, bis Sie das Gefühl haben, mit beiden Beinen fest auf dem Boden zu stehen. Diese Übung können Sie in den verschiedensten Situationen des Alltags machen – allerdings ohne ausgestreckte Arme, z.B. in der Warteschlange im Supermarkt, an der Kinokasse oder wenn Sie auf den Lift im Büro warten.

Für die Pflege des äußeren Gleichgewichtes sollten Sie sich wieder an ihre Kindheit und Jugend erinnern. Das Balancieren auf Baumstämmen und schmalen Mauern gehört zu den größten Vergnügen der Kinder. Beim Balancieren üben sie, wie sie in der Welt dastehen, ob sie sich aufrecht halten können usw. Wenn Sie täglich joggen, dann bietet sich die Gleichgewichtsübung hervorragend an, um zu prüfen, wie Sie heute als Erwachsener in der Welt stehen. Halten Sie doch einmal an einem Holzschlag, wo frisch geschlagenen Stämme herumliegen. Machen Sie dort eine Pause und balancieren Sie über die Stämme. Je schmaler sie sind, umso besser!

6. Die Tugenden

Gedankenkontrolle

Einsicht und Geduld beherrschen die Zunge. Wer vorschnell redet und urteilt, verhindert den eigenen Reifeprozess. Wer spricht, ohne dieses Reifen abzuwarten, äußert nur subjektive Meinungen über eine Welt, die ihm in ihrem Wesen fremd bleibt. Sie sind nicht die Wahrheit, die in Gelassenheit erduldet und erworben wird. Die Beherrschung der Zunge ist die Fruchtbarkeit der menschlichen Erkenntnis, sie ermöglicht eine Empfindung für die Wahrheit zu entwickeln.

Übung

Siehe Übung zur Gedankenkontrolle im Abschnitt Destillatio. >S. 115

Großmut

Durch Gedankenkontrolle und Schweigen lernen Sie, die Stimme ihres eigenen Wesens zu hören. Es ist die Stimme ihres Ichs, das als Mikrokosmos ein Teil des Weltgeistes im Makrokosmos ist. Das Hören dieser Stimme gibt Ihnen die Gewissheit ihrer Einmaligkeit und Individualität. Das ermöglicht die Tugend des Großmutes. Erst wenn Sie sich der eigenen Individualität bewusst sind, können Sie voller Interesse und Achtung jeder anderen Wesensäußerung begegnen.

Das führt auch zum Erlebnis geistiger Solidarität, der Grundlage wahren Großmutes. So ist Großmut als Tugend die Fähigkeit, sich mit jeder Individualität innerlich zu verbinden und ihr gegenüber tolerant zu sein. Damit wird Großmut zur Liebe, die alles verzeihen kann.

Übung

Selbstprüfung in Sachen Großmut

Stellen Sie sich vor, dass ihnen durch andere Menschen Unrecht widerfahren ist. Stellen Sie sich diese Person vor Ihrem inneren Auge vor und dann wie Sie dieser Person vergeben. Verbeugen Sie sich innerlich vor ihr. Wiederholen Sie die Übung mit all den Menschen, bei denen Sie das Gefühl haben, dass Ihnen durch sie Unrecht widerfahren ist.

7. Weltanschauung

Psychismus

Der »Psychismus« ist durch die philosophische Frage nach dem Ursprung der Ideen entstanden. Der Psychist fragt nach der Herkunft der Ideen in seinem Denken und glaubt, dass die Quelle aller Ideen sein Ich ist. Er nimmt zugleich an, dass es mit dem Geist des Makrokosmos, dem Weltgeist, in Beziehung steht, bzw. eine Miniaturausgabe desselben ist. Deshalb ist für den Psychisten Selbsterkenntnis zugleich Welterkenntnis.

Diese Weltanschauung ist für uns im Zusammenhang mit der Einweihung, bei der es hauptsächlich um Selbsterkenntnis geht, von großem Interesse. Deshalb soll hier etwas genauer auf den Psychismus als »psychologische Weltanschauung« eingegangen werden: Spinoza hatte in seiner »Ethik« festgestellt: »Der Geist leidet unter den Leidenschaften, die seine Erleidungen sind, um so mehr, je weniger er sie durchschaut.« Darum ist die Herrschaft über die Gedanken so wichtig. Denn nur wenn wir unsere Gedanken und somit auch unsere Triebe und Verlangen beherrschen, können wir den Weg der alchemistischen Einweihung bewusst gehen. Wenn wir von unseren Trieben und unseren Begierden beherrscht werden, entsteht Leiden. Dies hat auch Buddha in seinen 4 Edlen Wahrheiten zum Ausdruck gebracht: Geborenwerden ist Leiden, Altern ist Leiden, Krankheit ist Leiden, Sterben ist Leiden, mit Ungeliebten verbunden, von Geliebten getrennt sein ist Leiden usw. Ursache aller Leiden ist die sinnliche Begierde, der Durst nach Dasein. Deshalb wird das Leiden erst durch Leidenschaftslosigkeit überwunden.

Monadismus

Begründer der Weltanschauung des Monadismus war der deutsche Philosoph Leibniz. Er machte sich Gedanken über die Frage, wodurch die materiellen Dinge in der Welt sich charakterisieren lassen, wenn sie zugleich geistiger Natur sind, wovon er als Idealist überzeugt war. Im Gegensatz zu Descartes, dem französischen Philosophen, stellte er fest, dass nicht nur die äußeren physikalischen Eigenschaften wie Ausdehnung, Gewicht, Farbe etc. für ein Subjekt der materiellen Welt charakteristisch sind, sondern ein inneres unteilbares Kraftzentrum sein eigentliches geistiges Wesen charakterisiert. Dieses Zentrum nannte er eine Monade (monas, gr. = Einheit). Da zwischen toten und lebendigen Objekten ständige Wechselbeziehungen bestehen, betrachtet Leibniz ihre Monaden als Kraftzentren von gleicher Qualität. Für ihn ist die ganze Erde ein einziger geistiger Organismus bestehend aus den Monaden, den Kraftzentren der einzelnen Erscheinungen der Naturreiche, die untereinander vernetzt sind.

Für Leibniz hatten die Monaden unterschiedliche Eigenschaften, die er aber nicht genau differenzierte. Nach seiner Ansicht gibt es Monaden, die nicht einmal bis zum Schlafbewusstsein kommen. Monaden, die fast unbewusst sind, die aber doch dunkelste Vorstellungen in sich haben. Es gibt Monaden, die träumen, und solche, die Bewusstsein entwickeln. Kurz, Monaden der verschiedensten Grade.

Der Monadismus ist eine Art Gegensatz zum Psychismus. Dieser geht davon aus, dass es eine Weltseele gibt, in deren Zentrum ein Weltgeist wirkt und alle Erscheinungen der Welt durchdringt wie das Ich in der Menschenseele den ganzen Menschen. Der Monadismus dagegen betrachtet die Welt als eine Ansammlung von geistigen Wesenheiten, die alle in Bezug auf Bewusstseinsgrad, Reifegrad und Kräfte voneinander verschieden sind. Der Psychismus betont also in bezug auf den Menschen das allen gemeinsame innerlich aktive Ich als Wesenskern der Seele, während der Monadismus die individuellen Unterschiede hinsichtlich der Seelenkräfte betont.

8. Selbstkontrolle

Zum Abschluss der 3. Einweihungsstufe sollten Sie sich folgende Fragen beantworten:

1. Fühle ich mich stärker zum rosa Turmalin oder lila Turmalin hingezogen?
2. Wie reagiere ich auf die Erfahrung von Gegensätzen, die scheinbar nicht unter einen Hut zu bringen sind? Unruhig, wütend, abwartend und gelassen?
3. Wie steht es bei mir mit meinen Merkurqualitäten?
4. Welches von den beiden Elementen der 3. Stufe ist bei mir als Temperament stärker veranlagt, sowohl in positiver als auch in negativer Hinsicht?

5. Wie sind der Tastsinn und der Gleichgewichtssinn bei mir entwickelt? Welcher ist stärker ausgebildet?
6. Wie steht es bei mir mit Großmut und Gedankenkontrolle? Welche der beiden Tugenden sind bei mir stärker ausgeprägt?
7. Welche von den beiden Weltanschauungen ist für mich interessanter?

Auswertung ⪢ S. 108

DIE 4. STUFE DER EINWEIHUNG ORANGEGELBER UND VIOLETTER TURMALIN

Diese Stufe der Einweihung beginnt mit einer Meditation der zu ihr gehörigen Turmaline mit den Farben *Orange* und *Violett*. Sie verläuft nach dem alchemistischen Prozess der *Coagulatio* gemäß ihrer kosmischen Beziehung zum Planeten *Venus*. Die Übungen betreffen die zu den Tierkreiszeichen *Stier* und *Waage* gehörigen Elemente *Erde* und *Luft* (Temperamente *Melancholie* und *Sanguinik*), den *Geschmacks-* und *Gedankensinn*, die Tugenden *Zufriedenheit* und *Gleichgewicht* sowie die Weltanschauungen *Rationalismus* und *Realismus*.

1. TURMALIN-MEDITATION

Turmalin Orangegelb ⪢Tafel 2

Die Wirkungen der Farbe Orange finden Sie im Abschnitt »Übergangsfarben«, S. 20 beschrieben. Hier sei zusätzlich darauf hingewiesen, dass in vielen Werken der religiösen Malerei Orange als Farbe für die Seraphim verwendet wird, für die Engel also, die der göttlichen Liebe teilhaftig sind. Chagall lässt z.B. im Fraumünster von Zürich in einem Kirchenfenster den Propheten Elia auf einem gelborangenen Feuerwagen zum Himmel auffahren.

Meditation

Nehmen Sie die gleiche Meditationshaltung ein wie bei den vorhergehenden Turmalinen. Atmen Sie das Orange ein und stellen Sie sich dabei vor, wie Ihnen die göttliche Liebe zuteil wird. Lassen Sie sich dabei vollständig von dieser Liebe berühren und erfüllen. Es wird Ihr Herz weiten und das Gefühl der Einheit wird Ihnen mehr zuteil.

Wo das Rot vom Gelb durchdrungen
Wird das Gleichgewicht geschafft:
Leidenschaft vom Geist bezwungen,
Liebe warm und dauerhaft.

Nicht mehr willst du nun gewinnen
Immer Neues mit Begier.
Kannst im Alten neu beginnen
Und Erfüllung blüht im Hier.

Violetter Turmalin >Tafel 7

Die Beschreibung der Wirkung des Violetts als Übergangsfarbe zwischen Blau und Rot finden Sie in Kapitel 1, S. 21. Hier sei an das Erlebnis violetter Sonnenuntergänge erinnert, die Assoziationen an Tod und Apokalypse hervorrufen. Deshalb ist Violett in der christliche Kirche auch die Symbolfarbe für die Fastenzeit und des Leidens als Vorbereitung für die Auferstehung.

Stein der Nacht
In violetten Farben,
Die das Licht entzünden
Tief im Seelenraum.

Stein der Trauer
Die zur Schwermut
Aufwächst
Wie ein dunkler Baum.

Lass mich nicht zur Ruhe kommen
Die Trägheit, die den Geist verkennt.
Schenke mir die Kraft der Frommen
Die zum Höchsten sich bekennen.

Übung mit dem Turmalin

Nehmen Sie die Meditationshaltung ein und konzentrieren Sie sich auf Ihren Atem. Sollten dabei Gefühle der Traurigkeit und die Bewusstwerdung an die eigene Vergänglichkeit sowie der Sterblichkeit von Menschen bewusst werden, die Ihnen viel bedeuten, dann lassen Sie diese Gefühle hochkommen, ohne sie zu bewerten. Auch Tränen haben etwas sehr Reinigendes und helfen bei der Öffnung des Herzens.

2. Die Strukturbildung des Ichs – Coagulatio

Dieser Prozess bewirkt die Verfestigung oder den Niederschlag des durch die Destillatio gebildeten, gereinigten edleren Metalls.

Bezogen auf den Seelenprozess bedeutet diese Phase die Strukturbildung des höheren Ichs, so wie in der Natur Eisblumen, Schneekris-talle oder Hagelkörner aus feuchter Luft beim Abkühlen entstehen. Die Weltordnung, die kosmische prozesshafte Struktur der Tierkreiskräfte, wirkt dabei bis in die stärkste Verdichtung des Stoffes. Aber das ist kein Todesprozess wie die Saturnkräfte, die Erstarrung, Konservierung oder Abstraktion bewirken, sondern bei diesem »Venus-Prozess« werden Geist und Stoff vollkommen eins, zu einer neuen lebendigen Einheit verbunden. Es handelt sich um einen Auferstehungsprozess.

Nach der Coagulatio wird die gereinigte Seele oder das vom Alchemisten erzeugte

Produkt nochmals durch Hitze erprobt. Dieser Vorgang heißt die Feuerprobe. Dabei wird die letzte, möglicherweise übrig gebliebene Sünde, der Hochmut, ausgebrannt bzw. zur Demut verwandelt. Das ist der härteste Teil der Prozedur. Dabei gibt es keine Hilfe mehr von außen. Hier stehen wir hüllenlos unserem inneren Beobachter gegenüber, der uns sagt, was wir in Bezug auf unserer Verhältnis zu uns selbst und anderen verändern müssen.

Nach der Feuerprobe stimmt die »weiße Tinktur« mit den Mondkräften und dem gereinigten Seelenleib überein, der die Wasserprobe (Taufe) durchgemacht hat; so dass der entstehende Stein der Weisen (zuerst grau, dann gelb) auf dem Boden liegen bleibt.

Dieser »Stein der Weisen« ist das Symbol für das wahre Ich des Menschen, das ein Abbild und Teil des kosmischen Weltgeistes ist.

3. Der Planet Venus

Die Venus beeinflusst unsere Fähigkeit zu lieben und unser Verhältnis zu anderen Menschen. Sie ist verbunden mit dem Bedürfnis nach Harmonie und dem Drang, mit anderen zu teilen und zu kooperieren. Wenn wir in dem Tierkreiszeichen unserer Geburt die Venus als Regent haben, weist sie uns auf das Umfeld hin, in dem wir am ehesten bereit sind, Liebe zu geben und zu empfangen. Sie zeigt uns, welchen Weg wir als den einfachsten erachten, wie wir unsere Gefühle in einer Beziehung ausdrücken und welche Menschen uns als potenziellen Ehepartner besonders interessieren können.

4. Die Elemente

Informieren Sie sich über die 2 Elemente Erde und Luft ⊳Anhang A, S. 149–160 und die dazugehörigen Temperamente (Melancholie und Sanguinik) und fragen Sie sich, inwieweit Sie die dort dargestellten Seelenqualitäten in ihren positiven und negativen Ausprägungen besitzen und woran Sie arbeiten müssen, um sie im positiven Sinne nutzen zu können für die Entwicklung ihres »Zentraltemperamentes«.

5. Die Sinne

Gedankensinn

Der Gedankensinn führt uns über die bloße Wahrnehmung der Sprache und ihrer Elemente (Vokale, Konsonanten und Wörter) hinaus. Mit seiner Hilfe verstehen wir den Inhalt der Laute und Worte der Sprache. Es entstehen Begriffe und Ideen. Das ist ein Vorgang, der sich mit Worten kaum beschreiben lässt. Aber um Begriffe und Ideen jemandem mitzuteilen, brauchen wir trotzdem die Sprache, in der uns manchmal die Worte fehlen. Wir sehen zwar die Idee im Inneren deutlich vor uns, können sie aber nicht deutlich genug zum Ausdruck bringen. Zum Glück ist der Gedankensinn nicht nur auf die Sprache angewiesen, sondern wir nehmen die Gedanken anderer Menschen auch durch ihre Gesten, ihr Mienenspiel, ihre Körperhaltung und andere Zeichen wahr.

Übung
Versuchen Sie in einem Gespräch die Gedanken Ihres Partners zu verstehen, indem Sie im Augenblick des Zuhörens Ihre eigenen Gedanken zum Thema vergessen. Erst durch dieses »Opfer« kann es gelingen, Gedanken und Ideen anderer wirklich wahrzunehmen und zu verstehen.

Geschmackssinn

Durch den Geschmackssinn erfahren wir die Vielfältigkeit der Nahrungsmittel. Dabei sind die Wahrnehmungen jedoch recht unterschiedlich. Was dem einen gut schmeckt, ist dem anderen zu scharf oder zu süß. Der Geschmackssinn ist somit sehr von der persönlichen Disposition geprägt.

Dieser Sinn hat jedoch nicht nur mit Nahrungsaufnahme zu tun, sondern spiegelt sich in dem Ausspruch wider, dass jemand »guten Geschmack« hat. Somit hat Geschmack auch mit unserem ästhetischen Empfinden zu tun.

Übung
Versuchen Sie, über einen längeren Zeitraum einmal nicht nur mit den gewohnten Gewürzen zu kochen, sondern probieren Sie Gewürze und Tees aus, die Sie noch nicht kennen. Es wird sich nicht nur Ihre Palette an neuen Geschmackseindrücken erweitern, sondern meistens haben unterschiedlichste Tees und Gewürze auch eine sehr heilsame Wirkung.

6. Die Tugenden

Inneres Gleichgewicht

Die Tugend des inneren Gleichgewichtes ist die Fähigkeit der Seele, ihre Willens- und Denkkräfte in ein fruchtbares Gleichgewicht zu bringen. Dabei handelt es sich um eine dynamische Wechselwirkung von zwei Kräften, die miteinander verschmelzen wie Gelb und Rot im orangefarbenen Edelstein, ohne aber sich gegenseitig der Freiheit ihrer Wirkung zu berauben. Dieses freie Zusammenspiel von Denken und Tun, Erkenntnis und Wille, ermöglicht den seelisch-geistigen Fortschritt unserer Biographie. Die Übung dieses Gleichgewichtes, bei dem uns die Willenskräfte genauso wenig wie der Verstand einseitig aus dem Gleichgewicht bringen können, ist deshalb für unsere individuelle geistige Entwicklung von Bedeutung.

Übungen zum Gleichgewicht > **S. 118**

Zufriedenheit

Zufrieden und gelassen sind wir, wenn uns die Welt »schmeckt«. Nur wer in den Erscheinungen und Ereignissen der Welt selbst den verborgenen Plan ihrer Entfaltung erkennt und sich nicht von äußeren Maßnahmen

Wesensveränderungen erhofft, bleibt gelassen und kann die Entwicklung zufrieden mit sich und der Welt abwartend verfolgen und mitgestalten, wo es ihm möglich ist.

Übung in Gelassenheit ⊳ S. 116.

7. Weltanschauung

Rationalismus

Rationalismus ist die Bezeichnung für eine Vernunftshaltung, die sich auf den verschiedenen Gebieten der Philosophie und in der Theologie ausgeprägt hat. Als metaphysischer Rationalismus wird die Überzeugung bezeichnet, die Welt sei logisch und gesetzmäßig geordnet. Der erkenntnistheoretische Rationalismus glaubt, dass die Welt und die Dinge unabhängig von der menschlichen Erfahrung allein mit Hilfe der Vernunftbegriffe erkannt werden könnten und dass es Wahrheiten vor jeder Erfahrung gebe, die von höherem Rang seien als die Erfahrungswahrheiten. Der ethische Rationalismus betont die Bedeutung der Vernunfteinsichten für das sittliche Handeln. Die Vernunftprinzipien, die zur Erkenntnis und richtigen sittlichen Einsicht verhelfen, seien angeboren und schlössen sich zusammen im menschlichen Erkenntnisvermögen, das die Erfahrung und sinnliche Anschauung durchhelle, kläre und verdeutliche.

Realismus

Realisten sind der Ansicht, dass es eine reale Welt gibt, die allein durch Wahrnehmung und Denken erkannt wird. Für den naiven Realisten gibt es keinen Grund anzunehmen, dass es über die Wirklichkeit hinaus noch einen Geist oder eine Ideenwelt a priori gibt. Der philosophische Realismus hält zwar ein Reich des Geistes für möglich, ist aber der Ansicht, dass wir darüber nichts wissen können, weil es für den Menschen Grenzen der Erkenntnis gibt, die er nicht überschreiten kann.

8. Selbstkontrolle

Zum Abschluss der 6. Einweihungsstufe sollten Sie folgende Fragen beantworten:

1. Fühle ich mich stärker zum orangefarbenen oder zum violetten Turmalin hingezogen?
2. Wie erlebe ich die Coagulatio?
3. Wie steht es bei mir mit meinen Venusqualitäten?
4. Welches von den beiden Elementen ist bei mir als Temperament stärker veranlagt, sowohl in positiver als auch in negativer Hinsicht?
5. Wie sind der Gedankensinn und der Geschmackssinn bei mir entwickelt? Welcher ist stärker ausgebildet?
6. Wie steht es bei mir mit dem inneren Gleichgewicht und der Zufriedenheit? Welche der beiden Tugenden sind bei mir stärker ausgeprägt?

7. Welche von den beiden Weltanschauungen ist für mich interessanter?

Auswertung >S. 108

DIE 5. STUFE DER EINWEIHUNG RUBELLIT UND LILA TURMALIN

Diese Stufe der Einweihung beginnt mit einer Meditation der zu ihr gehörigen Turmaline *Rubellit* und *Lila Turmalin* und verläuft nach dem alchemistischen Prozess der *Calcinatio* gemäß ihrer kosmischen Beziehung zum Planeten *Mars*.

Die Übungen betreffen die zu den Tierkreiszeichen *Widder* (männlich) und *Skorpion* (weiblich) gehörigen Elemente *Feuer* und *Wasser* (Temperamente *Cholerik* und *Phlegmatik*) die Sinne *Ichsinn* und *Geruchssinn*, die Tugenden *Demut* und *Geduld* und die Weltbetrachtungen, *Idealismus* und *Dynamismus*.

I. TURMALIN-MEDITATION

Rubellit >Tafel 1

Die Farbe Rot steht für Liebe, Sexualität und für das Wurzelchakra, für Shakti-Energie und für Kraft. Zu viel Rot kann aber auch Aggression bedeuten.

Zur symbolischen Bedeutung sei darauf hingewiesen, dass dem Rot sowohl männliche als auch weibliche Qualitäten zugesprochen werden. Dabei gehören die extravierten Wirkungen des Roten der männliche Seite, die introvertierten Wirkungen der weiblichen Seite an. Das rote Blut ist in diesem Sinne die Farbe des Weiblichen, der Erde und der Mutter.

Beim Rubellit hat das Rot in seiner Wirkung mehr die Qualität des Weiblichen, der Liebe und der Bewahrung.

Meditation
Nehmen Sie die gleiche Meditationshaltung ein wie bei den vorhergehenden Turmalinen. Atmen Sie dabei die Kraft der roten Farbe ein. Besonders wenn Sie niedergeschlagen und traurig sind, dann sollten Sie mit diesem Stein meditieren. Das Rot hat eine aktivierende sowie stimulierende Wirkung. Rot wird auch dem Wurzelchakra zugeordnet und verbindet Sie mit der Kraft der Erde und mit Ihrem eigenen Feuer. Stellen Sie sich vor, wie Sie die Stärke des Rubellits einatmen und jede Zelle ihres Körpers davon erfasst wird.

Rubellit, du Stein der Liebe,
Schenke mir der Demut Kraft,
Die allein im Weltgetriebe
Sinn in der Begegnung schafft.

Lass die Menschen mich erkennen,
Wie sie sind und möchten sein,
Lass mich nicht im Feuer brennen,
Der Hoffart, lass mich nicht allein!

Führe mich den Weg zum Ziele,
Der Wahrheit und des Lebens.
Lass mich nicht im Weltgewühle
Suchen dich vergebens.

Lila Turmalin >Tafel 8

Seltsamer Stein
Der Farbe zwischen
Blau und Rot,
Stein des Opfers
Stein der Liebe nach dem Tod
Des alten Selbstes,
Das nur sich begehrt,
Stein des Gleichgewichtes,
Das die Seele nährt.

2. Das »Brennen« der Seele – Calcinatio

Die Calcinatio oder das »Brennen« findet im Ofen des Alchemisten, dem Athanor, statt. Hier brennt das Feuer, das den verunreinigten, unedlen Stoff ausglüht. Der Ofen entspricht unserem stofflichen Körper, in dem das Lebensfeuer brennt, das sich als unsere Eigenwärme äußert. Es ist das Feuer des lebendigen Geistes, das die Seele reinigt.

Die 7 wichtigsten Metalle (Eisen, Kupfer, Quecksilber, Zinn, Blei, Silber und Gold), die mit anderen vermischt und verunreinigt sind, lassen sich im Feuer des Athanors reinigen und veredeln. Dieser Prozess ist ein reales Symbol für die Reinigung und Veredlung der Seele im Feuer des Geistes, der sich an seine ursprüngliche Heimat erinnert.

Wenn die Calcination der Seele gelingt, so ergreift uns ein starker unbeugsamer Wille. Unser Höheres Ich glüht gleichsam die Seele aus und erlöst sie aus ihren Bindungen an den Körper mit seinen Leidenschaften, Trieben und Begierden. Der Prozess der Calcinatio lässt alles zu Asche werden, was die Veredlung verhindert. Es ist der Marsprozess des Eisens.

3. Der Planet Mars

Der Mars zeigt hinsichtlich seiner Bewegungen zeitlich und räumlich so starke Unregelmäßigkeiten wie kein anderer Planet. Infolge dieser Eigenwilligkeit trägt er auch den Namen des römischen Kriegsgottes. Im alten Indien wurde er wegen seines rötlichen Scheins »Glühende Kohle« genannt. In günstiger Stellung zur Erde erreicht seine Helligkeit die der Venus. Diese Phänomene waren seit alters den Astrologen bekannt. Deshalb wird der Mars von ihnen auch als der Planet der Energie, des Durchsetzungsvermögens und der Aggression betrachtet.

Seine Stellung im Tierkreis weist darauf hin, wo wir unsere Energien kanalisieren. Oft werden unsere Haus- und Sternzeichenenergien, durch die Richtung, die der Mars in unserem Tierkreiszeichen angibt, in ihrem Ausdruck gefördert. Wie gehen wir Tätigkeiten an? Wie drücken wir unseren Ärger aus? Was bewegt uns? Der Mars bezieht sich auch auf unsere Sexualität. Zusammen mit der Sonne verrät er uns viel über das Verständnis des männlichen Prinzips. Was ist unser inneres Verständnis des Männlichen? Diejenigen mit einem starken Mars-Einfluss in ihrem Zeichen können streiten, gut argumentieren und sich durchsetzen, ohne aggressiv zu sein. Sie sind fähig, effektiv zu handeln, sobald es erforderlich ist, und sie können ihre Gangart so einrichten, dass sie immer überschüssige Energie haben.

4. Die Elemente

Informieren Sie sich über die Elemente Feuer und Wasser und die dazugehörigen Temperamente ›Anhang A, S. 149. Fragen Sie sich, inwieweit Sie die dort dargestellten Seelenqualitäten in ihren positiven und negativen Ausprägungen besitzen und woran Sie arbeiten müssen, um sie im positiven Sinne für die Entwicklung ihres »Zentraltemperamentes« nutzen zu können.

5. Die Sinne

Ichsinn

Mit dem Ichsinn nehmen wir die Individualität des anderen Menschen in einer Begegnung wahr. Nehmen Sie andere Menschen wertfrei wahr? Erkennen Sie ihre Individualität oder stecken Sie sie nach kurzer Zeit in eine Schublade?

Grundlagen für das Arbeiten des Ichsinns sind vor allem die Tätigkeiten der »höheren« Sinne, (Hör-, Sprach- und Gedankensinn) und die Funktionen von Tast-, Wärme- und Sehsinn.

Übung

Versuchen Sie einmal jeden Menschen, der Ihnen begegnet, wie einen einzigartigen, individuellen Edelstein zu behandeln. Wie einen Turmalin, der alle Regenbogenfarben in sich trägt! Begegnen Sie ihm mit dem Respekt, als wäre er etwas ganz Besonderes. Achten Sie darauf, bei welchen Menschen es Ihnen besonders leicht und bei welchen es Ihnen besonders schwer fällt. Sind es immer die gleichen Eigenschaften, die Sie an anderen kritisieren? Schlummern diese Eigenschaften vielleicht noch in Ihrem Unbewussten? Dann sollten Sie sich in Unbefangenheit üben. ›Übung S. 116

Geruchssinn

Mit dem Geruchssinn nehmen wir die Gerüche unserer Umgebung war. Und über den Geruchssinn entscheiden wir, ob wir einen Menschen »gut riechen können« oder nicht und ob wir eine intime Beziehung mit einem Menschen eingehen oder nicht. Die Aufteilung von »gute« und »schlechte« Gerüche weist darauf hin, dass der Geruchssinn mit moralischem Urteil zusammenhängt.

Übung
Verbinden Sie sich in freier Natur die Augen und versuchen Sie einmal über einen längeren Zeitraum, die Welt über die Gerüche wahrzunehmen. Wonach riecht es nach einem warmen Sommerregen? Von welchen Blüten ist die Frühlingsluft erfüllt? Und was macht den Geruch des Herbstes und was den des Winters aus?

6. Die Tugenden

Demut (althochdeutsch diomuoti, »Dien-Gesinnung«) ist die Tugend des Einzelnen, sich selbst zurücknehmen und im Dienste einer Sache und für andere Menschen tätig sein zu können. Demut schließt Hochmut und Ruhmsucht aus. Sie beruht auf der wahren Selbsterkenntnis des Einzelnen, der mit seinem Denken begreift, dass er ein kleiner, aber bedeutsamer Teil des Weltgeistes ist, ein Mikrokosmos im Makrokosmos.

Übung
>Unbefangenheitsübung, S. 116. Verstärken Sie diese Übung, wenn Sie bei sich einen Mangel an Demut feststellen.

Geduld

Geduld basiert auf der Grundlage des Vertrauens, dass die Entwicklung der Welt von geistigen Kräften sinnvoll bestimmt und getragen wird. Ohne dieses Vertrauen aber verkümmert Geduld zur Resignation und Verzweiflung. Das Maß an Geduld eines Menschen bestimmt das Gewicht seiner Persönlichkeit. Er handelt aus Einsicht, richtig und wirkungsvoll, während der Ungeduldige mit nutzloser übereilter Aktivität Angst und Selbstzweifel überspielt.

Übung
>Gelassenheitsübung S. 116. Verstärken Sie diese Übung, wenn Sie einen Mangel an Geduld bei sich feststellen.

7. Weltanschauung

Idealismus

Eine im 18. Jahrhundert gebildete Bezeichnung für philosophische Systeme, die auf die Ideenlehre Platons zurückgehen, wonach die sinnliche Welt nur Erscheinung der wahrhaft seienden Ideen ist.

Vertreter des Idealismus sagen, die Welt der materiellen Erscheinungen hat keinen einsehbaren Sinn, wenn sie nicht etwas enthält, wonach wir uns richten können und was nicht materiell, sondern geistig ist. Denn erst wenn das reale Leben von Ideen erfüllt ist, bekommt es einen Sinn. Deshalb ist für den Idealisten die ganze Welt von weisheitsvollen Kräften der Ideen getragen und durchdrungen. Diese Idee betrachtet er als gesetzmäßig schaffende Urtypen, die in den verschiedenen Stufen der Entwicklung zu einem mehr oder minder vollkommenen Abbild des Geistes in der Materie geworden sind.

Dynamismus

Dynamismus führt alle Erscheinungen auf Kräfte und ihre Wirkungen zurück. Materie ist eine Erscheinungsform von Kräften (Energie), die unter- und miteinander in der Welt vernetzt sind.

Für Menschen mit der Weltanschauung des Dynamismus ist die äußere reale Welt überall von Kräften durchdrungen und beherrscht. Ein Stein, der zur Erde fällt, wird von der Schwerkraft bewegt, ein Magnet, der Eisenspäne anzieht, ist Quelle der magnetischen Kraft usw. Alle Kräfte aber haben für den Dynamisten ihren letzten Ursprung in einer außersinnlichen, geistigen Welt. Deshalb steht der Dynamismus dem Idealismus näher als dem Mathematismus.

8. Selbstkontrolle

Zum Abschluss der 5. Einweihungsstufe sollten Sie folgende Fragen beantworten:

1. Fühle ich mich eher zum Rubellit oder Lila - Turmalin hingezogen?
2. Wie erlebe ich das Feuer der Calcinatio?
3. Wie steht es bei mir mit meinen Marsqualitäten?
4. Welches von den beiden Elementen der 5. Stufe ist bei mir als Temperament stärker veranlagt?
5. Wie sind der Ichsinn und der Geruchssinn bei mir entwickelt? Welcher ist besser ausgebildet?
6. Wie steht es bei mir mit Demut und Geduld? Welche der beiden Tugenden ist bei mir stärker ausgeprägt?
7. Welche von den beiden Weltanschauungen ist für mich interessanter?

Auswertung >S. 108

DIE 6. STUFE DER EINWEIHUNG GOLDGELBER TURMALIN UND INDIGOLITH

Diese Stufe der Einweihung beginnt mit einer Meditation der zu ihr gehörigen Turmaline *Indigolith* und *goldgelber Turmalin.* Sie verläuft nach dem alchemistischen Prozess der *Solutio* gemäß ihrer kosmischen Beziehung zum Planeten *Merkur.* Die Übungen betreffen die zu den Tierkeiszeichen *Zwillinge* (männlich) und *Jungfrau* (weiblich) gehörigen Elemente *Luft* und *Erde* (Sanguinik und Phlegmatik), die Sinne Gedankensinn und Sehsinn, die Tugenden *Ausdauer* und *Höflichkeit* und die Weltbetrachtungen des *Phänomenalismus* und des *Mathematismus.*

1. Turmalin-Meditation

Goldgelber Turmalin >Tafel 3

Übung
Mit jedem Atemzug nehmen Sie die erheiternde und kräftigende Wirkung des goldgelben Edelsteins in sich auf. Stellen Sie sich dabei vor, wie das Goldgelb jede Zelle Ihres Körpers umspült und Dunkelheit aus Ihrem Körper weicht und alles, jeder Muskel, Faser, jedes Organ und jeder Nerv, von der goldgelben, kräftigenden Wirkung erfrischt wird.

Goldgelbes Licht
durch Abendwolken webt,
Das dunkle Nebelgrau
Mit Hoffnungsglanz belebt,
Das meiner Seele schenkt
Die Freude später Hamonie
Du Schatz, der Seele Weisheit,
Goldnes Licht, verlass mich nie!

Indigolith >Tafel 6

Übung
Nehmen Sie die gleiche Meditationshaltung ein wie beim Verdelith. Lassen Sie dann das Bild auf sich wirken und atmen Sie dabei entspannt die Kraft dieses Edelsteins ein. Lassen Sie die Gedanken, die dabei hochkommen, einfach zu, ohne sie zu bewerten. Machen Sie diese Übung ca. 5 – 10 Minuten.

Blauer Stein, mein Weg nach Innen,
Der zum Licht führt aus der Nacht,
Lass mich täglich neu gewinnen
Einsicht in des Geistes Macht.

Binde gut mich an die Erde,
Indem du mich von ihr befreist,
Wirf mich in den Strom des »Werde«,
Der mich aus der Starre reißt.

Lass` mich dulden und ertragen
Nicht nur, was das Leben bringt,
Gib statt Ängste mir und Klagen
Glauben, der den Tod bezwingt.

2. Die Befreiung des Gottesfunkens im Herzen – Solutio

Solutio ist der Prozess der »Lösung«, der Erlösung, der aus der Vereinigung der Gegensätze entspringt. Das ist auch die Qualität des Merkurs, des Geschlechtslosen, des einzig Vollkommenen. Das Symbol dafür ist die psychische und körperliche Vereinigung von Mann und Frau. Die Liebenden, die sich ihrer selbst wegen lieben. Im Altertum wurde die »heilige Ehe« zwischen dem Hohepriester und einer Frau als Vertreterin der weiblichen Gottheit geschlossen. Oder zwischen der Hohepriesterin und einem Mann, der als Vertreter des männlichen Gottes galt. Es wird erzählt, dass es dabei keinen Samenerguss gab, denn die Säfte der sexuellen Drüsen waren bei ihnen schon ätherisch verwandelt, d.h. zu Kraftströmen geworden, die zum Scheitelpunkt im menschlichen Körper aufsteigen.

Im Prozess der Solutio kommen alle Polaritäten in unserem Körper und in der Seele zum Ausgleich: die Kräfte aller gepaarten Organe und Drüsen und ihrer Bestandteile, sofern sie gegensätzlich sind, arbeiten in einem dynamischen Gleichgewicht zusammen. Im Rahmen der eigenen Läuterung wird dies durch Gebete, Meditationen und das Leben in der Stille angestrebt. Alle Begierden verfliegen und die Eigenliebe entschwindet. Dies befreit den Gottesfunken im Herzen und die universelle wahre Liebe, das Herzgold, wird im alchemistischen Seelenprozess freigesetzt.

Bei seinen Experimenten mit den Naturstoffen erlebt der Alchemist diesen Prozess der Verschmelzung von männlicher und weiblicher Substanz (Animus und Anima), wenn er den heißen Sulfur (Schwefel) mit dem kalten Merkurius (Quecksilber) zum Schwefelquecksilber vereinigt. Dabei entsteht die »rote Tinktur«, die andere Metalle in alchemistisches Gold verwandelt, das besondere Beziehungen zum Blut hat.

3. Der Planet Merkur

Der Merkur hat von allen Planeten den geringsten Abstand zur Sonne. Für uns ist Merkur derjenige Planet, der in Verbindung mit unseren geistigen Fähigkeiten, unserer Intelligenz und unseren kommunikativen Energien steht. Der mythische Merkur war der Bote der Götter. Er lenkte die Geschäfte, war auch der Gott des Diebstahls und der Lüge.

Die Stellung des Merkurs in unserem Geburtszeichen charakterisiert die Art und Weise unseres Denkens. Sie beeinflusst, wie wir Entscheidungen treffen und unsere Gedanken, Ideen und Konzepte an andere weitergeben. Das Zeichen, in dem der Merkur steht, wirkt auf unsere Erfahrungen, unsere Entwicklung und unsere Wertvorstellungen ein.

4. Die Elemente

Luft und Erde sind die Elemente der 4. Stufe. Als »Temperamente« unter dem Einfluss des Merkurs und seiner Tierkreiszeichen Zwillinge und Jungfrau äußern sie sich in besonderer Weise. Informieren Sie sich im Anhang D, S. 149–160 darüber und fragen Sie sich, inwieweit Sie die dort dargestellten Seelenqualitäten in ihren positiven und negativen Ausprägungen besitzen und woran sie arbeiten müssen, um sie im positiven Sinne für die Entwicklung ihres »Zentraltemperamentes« nutzen zu können.

Die Übungen zum Ausgleich der negativen Auswirkungen der beiden Temperamente sind schon in der 1. Einweihungsstufe dargestellt.

Achten Sie aber darauf, dass unter dem Einfluss des Merkurs die Wirkungen der Temperamente vorwiegend auf der Verstandesebene zu finden und hier zu bearbeiten sind.

5. Die Sinne – Sehsinn und Wortsinn

Sehsinn

Die Augen sind der Spiegel unserer Seele. Durch sie erkunden wir die Welt. Durch unsere Augen können andere Menschen uns auch erkennen, denn an den Augen sehen wir, ob ein Menschen offen, traurig, kühl oder unnahbar ist.

Übung

Schauen Sie sich selbst einmal täglich für ca. 3–5 Minuten in die Augen. Wie geht es Ihnen dabei? Wie empfinden Sie den Blick in die eigenen Augen? Was entdecken Sie darin? Schreiben Sie auch hier wieder alles auf, was Ihnen in den Sinn kommt.

Der Wortsinn oder Sprachsinn

Die Sprache ermöglicht uns, einen intensiven Kontakt mit anderen Menschen zu schaffen. Die Sprache verbindet uns mit anderen Menschen. Richtiges Sprechen ist genauso wichtig wie richtiges Zuhören. Manchmal sprechen wir die gleiche Sprache, aber verstehen einander doch nicht. Die Sprache ist eines der wichtigsten Kommunikationsmittel. Sie kann Brücken bauen und durch sie können wir gleichzeitig tiefe Verletzungen zufügen und zugefügt bekommen.

Übungen

• Sprechen Sie die Sachen aus, die Sie in Ihrem tiefsten Innern denken und empfinden? Überprüfen Sie, wie ehrlich Sie sich selbst und anderen Menschen gegenüber sind. Wenn Sie bestimmten Menschen gegenüber Angst haben, Dinge auszusprechen, dann schreiben Sie ihnen im Rahmen dieser Übung einen Brief und sprechen Sie das an, was Sie schon immer zum Ausdruck bringen wollten.

• Stimmen die Dinge, die Sie sagen, mit dem überein, was Sie tun? Kehren Sie einmal in sich und überprüfen Sie dabei, ob Sie Versprechungen einhalten. Wenn Sie noch einen Schritt weitergehen wollen, dann können Sie Menschen, die Ihnen nahe stehen, auch fragen, ob das, was Sie sagen, mit dem übereinstimmt, was Sie tun! Nur Mut! Es lohnt sich.

6. Die Tugenden

Höflichkeit

Echte Höflichkeit, die aus dem Herzen kommt, beruht darauf, dass sie das höhere menschliche Ich des anderen und seine Zugehörigkeit zu einer freien Gemeinschaft im Geist der Menschlichkeit anerkennt. Wahre

Höflichkeit beruht auf der Anerkennung des Höheren Wesens des Anderen.

Übung
Treten Sie allen Menschen, mit der gleichen Höflichkeit entgegen, mit der Sie selbst behandelt werden möchten. Ihre Beziehungen werden sich grundlegend ändern.

Ausdauer

Ausdauer verlangt die Gewissheit, das Richtige zu tun. Diese Gewissheit entsteht, wenn wir erfahren, dass alles, was wir tun, der Weiterentwicklung unseres höheren Selbst dient. Dann erst können wir Ausdauer entwickeln und einer Aufgabe oder einem Menschen wahrhaft treu sein

Übung
Stecken Sie Ihre Ziele nicht zu hoch. Gehen Sie den Weg lieber in kleinen Etappen. Gerade auf dem alchemistischem Einweihungsweg werden Sie manchmal das Gefühl haben, keinen Fortschritt zu machen. Rückfälle in alte Gewohnheiten geben Ihnen vielleicht das Gefühl, dass Sie Ihr Ziel nicht erreichen werden. Wenn Sie in solchen Momenten resignieren, schauen Sie nicht auf das Ziel, sondern auf Ihren Ausgangspunkt, dann werden Sie den Fortschritt erkennen und sehen, dass es sich lohnt weiterzugehen.

7. Weltanschauungen

Phänomenalismus

Phänomenalismus beruht auf der Ansicht, dass uns die Welt nur durch die Erscheinungen (Phänomene) zugänglich sei. Der *materialistische* Phänomenalist verneint eine den Erscheinungen zugrunde liegende geistige Wirklichkeit, der *idealistische* sieht in den Erscheinungen gesetzmäßig verknüpfte geistige Inhalte und ist davon überzeugt, dass sich das geistige Wesen der Erscheinungen, ihre »Substanz«, in seiner Seele offenbart.

Mathematismus

Mathesis universalis [griechisch], »Universalwissenschaft«, Idee einer allumfassenden Wissenschaft im Sinn einer idealen Mathematik von Descartes und Leibniz entwickelt.

Zwischen Materialismus und Idealismus ist der Mathematismus eine Art Übergang. Der naturwissenschaftliche Materialist behauptet, dass in den einzelnen Wissenschaften nur so viel Geistiges ist, als darin Mathematik ist.

8. Selbstkontrolle

Zum Abschluss der 4. Einweihungsstufe sollten Sie folgende Fragen beantworten:

1. Zu welchem der beiden Turmaline dieser Stufe fühle ich mich stärker hingezogen, zum Indigolith oder goldgelben Turmalin?
2. Wie reagiere ich auf die Erfahrung von Ge-

gensätzen, die scheinbar nicht unter einen Hut zu bringen sind? Unruhig, wütend, abwartend und gelassen?
3. Wie steht es mit meinem Geschäftssinn?
4. Welches von den beiden Elementen der 4. Stufe ist bei mir als Temperament stärker veranlagt?
5. Wie sind der Sehsinn und der Sprachsinn bei mir entwickelt? Welcher ist stärker ausgebildet?
6. Wie steht es bei mir mit Höflichkeit und Ausdauer? Welche der beiden Tugenden ist bei mir stärker ausgeprägt?
7. Welche von den beiden Weltanschauungen ist für mich interessanter?

Auswertung ⊳ S. 108

DIE 7. STUFE DER EINWEIHUNG HELLBLAUER TURMALIN

Die letzte Stufe der Einweihung beginnt mit einer Meditation des zu ihr gehörigen hellblauen Turmalins und verläuft nach dem alchemistischen Prozess der *Multiplikatio* gemäß ihrer kosmischen Beziehung zur Sonne.

Die Übungen betreffen das Tierkreiszeichen *Löwe* und das dazugehörige Element *Feuer* (Temperament *Cholerik*), den *Wärmesinn*, die Tugend des *Mitleides* und die Weltsicht des *Sensualismus*.

1. Turmalin-Meditation ⊳Tafel 5

Blau ist die Farbe des Himmels und vermittelt Weite, aber auch gleichzeitig Kälte. Ein klarer Blauton vermittelt auch das Gefühl von geistiger Kraft.

Meditation

Atmen Sie nun entspannt die geistige Kraft des hellblauen Turmalins ein. Machen Sie sich dabei bewusst, wie es mit Ihrer eigenen geistigen Kraft steht. Meditieren Sie über die Worte »geistige Kraft«? Sind Sie sich Ihrer eigenen geistigen Kraft bewusst? Lassen Sie alles, was dazu in Ihnen auftaucht, hochkommen, ohne es zu bewerten oder anders haben zu wollen.

Blau des Himmels, Licht der Sonne,
Öffnest Augen, Herz und Sinn,
Schenkest Freude mir und Wonne,
Trägst mich zur Erfüllung hin.

Nicht im Zweifel mehr befangen,
Bleibt mein Geist in kalter Nacht,
Seiner Sehnsucht Traumverlangen
Hat dein Licht bewusst gemacht.

Eines lebt seitdem in Allem
Erd` und Himmel sind vertraut,
Nichts kann mehr zu nichts zerfallen,
Wo das Mitleid Welten baut.

2. Die Energien vervielfachen – Multiplicatio

Der Stein der Weisen, der gefestigt worden ist, lässt sich universell verwenden. Er repräsentiert die stoffliche Analogie der Feuerkraft im Menschen, der wieder zum Weltgeist zurückgekehrt ist und die in allen moralisch-geistigen Tätigkeiten ihre Wirkung entfaltet. Die Ausschüttung dieser Energie, ihre Vervielfachung durch Willenseinsatz im Bereich der Beziehungen bezeichnet man als Multiplicatio. Diese ereignet sich, sofern sie nicht behindert wird, bei allen, die den alchemistischen Einweihungsweg gehen und dabei lernen, ihr niederes Selbst zu verwandeln.

3. Der Planet – Sonne

Die Sonne ist das Zentralgestirn unseres Planetensystems. Ohne das Licht und die Wärme, die uns von der Sonne gespendet wird, würde es kein Leben auf der Erde geben. Die Sonne ist der wichtigste »Planet« im Reigen der 7 klassischen Planeten. Sie läuft einmal im Jahr durch alle Tierkreiszeichen und überträgt ihre Energien auf alle Planeten, die sie entsprechend ihrem Charakter unserer Erde übermitteln.

Die Stellung der Sonne im Tierkreis zur Zeit der Geburt beeinflusst unsere seelisch-geistige Entwicklung das ganze Leben lang. Aber so wie die materiellen Gene erst aktiviert werden müssen, um ihre Wirkung zu entfalten, so ist es auch mit den »geistigen Genen«. Erst eine bewusste Erziehung und Selbsterziehung aktivieren die Anlagen des Geburtshoroskops. Das Leben ist ein fortschreitender Prozess der Selbstentwicklung, eine Reise, in der wir vielleicht alle unsere Potenziale entfalten. Die Sonne ist dabei das Symbol für unser Ich, für den Kern unseres Seins, der gegenwärtig ist, wenn wir geboren werden, und der mit der Sonne Jahr für Jahr immer wieder durch die Qualitäten des Tierkreises läuft. Unter dem Einfluss der kosmischen Kräfte können wir dabei an Selbsterkenntnis zunehmen.

4. Die Elemente

Informieren Sie sich über das Element Feuer und das dazugehörige Temperamente (Cholerik) und fragen Sie sich, inwieweit Sie die dort dargestellten Seelenqualitäten in ihren positiven und negativen Ausprägungen besitzen und woran Sie arbeiten müssen, um sie im positiven Sinne nutzen zu können für die Entwicklung ihres »Zentraltemperamentes«. ➢Anhang A S. 149–160

5. Die Sinne

Wärmesinn

Die Erfahrung der Wärme auf unserer Erde hängt mit der Sonne zusammen. Sie ist die Energiequelle, die alle Prozesse in Gang hält. Ohne Wärme kämen alle Lebensprozesse und jede Entwicklung zum Stillstand.

Das Wesen der Wärme ist Schwingung. Sie gibt den Anstoß für die innere Bewegung aller Stoffe. Im physisch-seelischen Bereich bedeutet das Enthusiasmus, Begeisterung, die sich zwischen Menschen ebenso ausbreitet wie Wärmeschwingungen.

Wie nehmen wir Wärme wahr? Beim Menschen hat sich im Laufe seiner Evolution die Fähigkeit, Wärme wahrzunehmen, über die ganze Oberfläche des Körpers in der Haut ausgebreitet. Hier finden wir sogenannte Thermorezeptoren, die je nach Temperatur verschieden starke Impulse an Nervenbahnen abgeben, mit deren Hilfe wir feststellen, ob Wärme durch die Haut aufgenommen oder abgegeben wird. Im ersten Fall empfinden wird das als warm, im zweiten als kalt. Das ist auch genau das, was wir psychisch erleben, wenn uns als Seelenwesen etwas entgegenkommt, für das wir uns erwärmen können, oder das uns kalt lässt, so dass wir uns davon abwenden.

Die Entwicklung der Wahrnehmungsfähigkeit für Wärme und Kälte, die Ausbildung des Wärmesinnes ist von grundlegender Bedeutung für die Funktion aller anderen Sinnesorgane.

6. Die Tugenden

Mitleid

Wärmesinn und Ichsinn, die beide in besonderer Weise miteinander in Verbindung stehen (ohne »Erwärmung« für einen anderen Menschen kann ich sein Ich nicht wahrnehmen), sind die Voraussetzungen für die Entwicklung des Mitleides.

Mitleid zu haben heißt so viel wie »mit einem anderen am gleichen Unheil teilhaben«.

Im Mitleid erleben wir das Leid eines anderen Wesens als das eigene, ohne uns selbst dabei zu verlieren. Wir bleiben trotz aller Anteilnahme bewusste und selbstständige Individuen. Nur das ermöglicht überhaupt erst die Fähigkeit echten Mitleidens, das die Qualität einer geistigen Vereinigung mit dem anderen hat.

Übung

Wie steht es mit Ihrer Fähigkeit zum Mitleid? Denken Sie an Schicksale verschiedener Menschen. Haben Sie Mitleid mit ihrem Schicksal oder verurteilen Sie diese Menschen eher dafür, was ihnen zugestoßen ist? Bei wahrem Mitleid werden wir urteilsfrei und nehmen am Schicksal anderer Menschen teil.

7. Weltanschauung

Sensualismus

Sensualismus ist eine besonders in England heimische philosophische Richtung, die alle Bewusstseinsinhalte aus Empfindungen der Sinneseindrücke oder Wahrnehmungen erklärt.

Der Sensualist ist der Ansicht, in der Welt ist nur das wirklich und richtig, was uns die Sinne sagen. Der Sensualist geht bei der Sinneswahrnehmung ganz im Erlebnis der Empfindungen auf und gibt sich damit zufrieden.

Nach Aristoteles gibt es ein gemeinschaftliches, alle Sinne begleitendes Vermögen, einen Allgemeinsinn, einen innerer Zentralsinn, der vor allem in der indischen Weisheitslehre bekannt ist. Die Sankhya-Philosphie nennt ihn manas. Nach ihr ist der zentrale Sinn differenziert in ein seelisches Kräftesystem, aus dem die einzelnen Sinnesorgane hervorgegangen sind. Der individuelle Geist des Menschen (puruscha) taucht in das Manas-Kräftesystem ein und hängt dadurch mit der Sinneswelt zusammen durch die Entwicklung von Begierden, Empfindungen und Verlangen nach Tätigkeit. Dieser den Sinnesbereichen zugewandte seelische Kräftekomplex wird in der Sankhya-Philosophie »Kama« genannt. Wir bezeichnen es in der abendländischen Tradition als »Seele« und nennen puruscha, den individuellen Geist, unser Ich oder das Selbst.

Aristoteles hat den »Zentralsinn« (Manas) im Herzen lokalisiert. Darin stimmt die indische Philosophie mit ihm überein, aber sie charakterisiert zusätzlich dieses gemeinschaftliche Prinzip aller Sinne auch als Zentrum unseres Bewusstseins. Nach der indischen Weisheitslehre ist der Mensch das »Manas-Wesen« oder *manuschya*.

Manas ist also einerseits die gemeinsame Kraftquelle aller Seelenaktivitäten, die sich nach den 12 Sinnen hin erstrecken (Kama) und anderseits auch das Zentrum des Bewusstseins, mit dem es in 12-facher Weise die Welt geistig erlebt. Dabei ist puruscha, das Ich, das Zentrum des Zentrums, gleichsam die Spinne im Netz der seelischen und geistigen Kräfte.

In der Astrologie und Alchemie kommen diese Zusammenhänge im Tierkreis mit den 12 Sternzeichen, die den 12 Sinnesbereichen des Kama und den 12 Weltanschauungen des Denkens entsprechen, bildhaft zum Ausdruck. Die Sonne, die von der Erde aus gesehen diesen Kreis in einem Jahr durchläuft, ist zugleich auch der geistige Mittelpunkt des Ganzen. Nach dem Gesetz der hermetischen Philosophie und Alchemie, Makrokosmos gleich Mikrokosmos, können wir auch sagen: die Sonne entspricht unserem Ich, das ständig durch die 12 Bereiche der Seele mit ihren Sinnesbereichen und durch die Regionen des Geistes mit seinen 12 Weltanschauungen wandert und dabei das Gleichgewicht zwischen den Kräften herstellt.

8. Selbstkontrolle

Zum Abschluss sollten Sie sich folgende Fragen beantworten:

- Fühle ich mich eher zum hellblauen Turmalin oder zum grünen Verdelith hingezogen?
- Kann ich mit den Kräften der Multiplicatio arbeiten? Wirken die in den 7 Stufen entwickelten geistigen Energien beim Umgang

mit anderen Menschen hilfreich in Richtung auf mehr Verständnis, Gemeinsamkeit und Liebe?

- Wie steht es bei mir mit meinen Sonnenqualitäten?
- Wie ist bei mir das Element der 7. Stufe als Temperamentsanlage entwickelt, sowohl in positiver als auch in negativer Hinsicht?
- Wie ist mein Wärmesinn entwickelt im Verhältnis zum Hörsinn?
- Wie steht es bei mir mit meiner Fähigkeit zum Mitleid im Vergleich zur Selbstlosigkeit?
- Vergleichen Sie die Weltanschauung der 2. Stufe mit dem Sensualismus der 7. Stufe.
- Welche Anschauung ist ihnen sympathischer?

Auswertung **⊳S. 108**

Stellen Sie zum Abschluss des Durchgangs noch einmal alle Ergebnisse der Auswertung der 7 Stufen zusammen und meditieren Sie darüber, wo in den Bereichen ihres »Manas« die Schwachstellen sind, an denen Sie arbeiten wollen. Stellen Sie danach erst Ihr persönliches Übungsprogramm zusammen. Vielleicht können Sie auf Grund meiner Anregung auch eigene Übungen und Meditationen zu den »Turmalin-Stufen« der alchemistischen Einweihung entwickeln, die ihrer persönlichen Situation entsprechen.

KAPITEL 7
DER HEILENDE WIRKUNG DES TURMALINS UND SEINER PRÄPARATE

Die Turmaline haben wie alle Edelsteine eine harmonisierende und allen Krankheitsprozessen vorbeugende Wirkung für den menschlichen Organismus. Für die meisten Edelsteine ist diese Wirkung durch praktische Erfahrungen gesichert und wird allgemein von Heilpraktikern und Therapeuten für Psychosomatik genutzt. Der Turmalin nimmt aber in dieser Beziehung eine Sonderstellung ein, insofern als seine Variationen in den 7 Regenbogenfarben die Wirkung aller Edelsteine umfassen. Das ergibt sich notwendig aus den Erkenntnissen der ganzheitlichen Anthropologie und Kosmologie auf der Grundlage der hermetischen Philosophie. Auf diese Zusammenhänge wird im Folgenden eingegangen, weil sie für den Gebrauch des Turmalins als »Wegbegleiter« durch die 7 Stufen hilfreich sind.

DER MENSCHLICHE ORGANISMUS UND DIE PLANETEN- UND TIERKREISKRÄFTE

Nach dem hermetischen Prinzip der Entsprechung hat jeder Planet in unserem Sonnensystem eine Grundfunktion für einen charakteristischen Prozess und jedes Tierkreiszeichen mit seinen Sternbildern repräsentiert die in diesen Prozessen wirksamen strukturbildenden Kräfte. Das bedeutet konkret: Alle Wachstums- und Entwicklungsprozesse in den Naturreichen, angefangen vom Menschen in seiner Körper-Leib-Seele-Organisation über Tier- und Pflanzenwelt bis hinab ins Mineralreich, stehen in Beziehung zu den Eigenschaften der Planeten und die entstehenden Formen und Strukturen sind Ergebnis der kosmischen Kraftfelder des Tierkreises ⊳Anhang C, Tabelle 1, S. 166.

In Kapitel 2 wurde dargestellt, wie der Turmalin zusammen mit anderen Edelsteinen und Mineralien im Erdinnern entsteht ⊳S. 30. Dabei wirken dieselben Kräfte, die auch in den anderen Naturreichen ihre Wirkungen entfalten, die Kräfte der Gravitation (Schwerkraft) und des Auftriebes (»Leichte«). Die Letzteren gehen vom Planeten und Fixsternenhimmel aus. Davon hatten die alten Hermetiker noch ein Wissen, das uns lange Zeit mystisch und geheimnisvoll erschien. So wurden seit ältesten Zeiten von den Alchemisten den 7 Himmelskörpern des chaldäisch-ptolemäischen Systems Mond, Merkur, Venus, Sonne, Mars, Jupiter und Saturn die 7 Metalle Gold, Silber, Kupfer, Eisen, Zinn und Blei zugeordnet und diese, mit den 7 Organen unseres Körpers in Zusammenhang gebracht ›Kapitel 3. Die Gestalt und das Wachstum der »7 Planetenbäume« Kirsche, Ulme, Birke, Esche, Eiche, Ahorn und Buche sah der Eingeweihte als Ergebnis und Ausdruck der Umlaufbahnen der Planeten und viele Heilpflanzen wurden hinsichtlich ihrer Wirkung mit dem Jahreskreislauf der Sonne durch den Tierkreis in Zusammenhang gebracht. Dieses Wissen der Eingeweihten wird heute wieder in der Homöopathie, in der Spagyrik und bei der Potenzierung von Naturstoffen genutzt. Die Wirkung des Turmalins ist dabei von besonderer Bedeutung infolge seiner im Mineralreich einzigartigen Integrationskraft, mit der er nicht nur bis zu über 50 chemische Elemente in einem »Kristallmolekül« vereinigt ›Kapitel 1, sondern auch die Wirkungen der Planetenprozesse und des Tierkreises in seinem trigonalen Kristallsystem gespeichert hat.

Wie aber ist überhaupt die Wirkung von Naturstoffen, vor allem wenn es sich dabei um Edelsteine handelt, die in Wasser unlöslich sind, zu verstehen? Davon handelt der nächste Abschnitt.

DIE WIRKUNG DES TURMALINS AUF DEN MENSCHEN

Die heute noch in der Pharmazie allgemein verbreitete Ansicht, dass ein Medikament nur durch seine chemische Aktivität wirkt, ist durch den Placeboeffekt hinreichend widerlegt. Inzwischen wissen wir, dass die Wirkung eines Stoffes auf ein Lebewesen, aber vor allem auf den menschlichen Organismus, sehr stark davon abhängig ist, wie er von diesem aufgenommen und verarbeitet wird. Die Verfassung des Immunsystems und die psychische Gleichgewichtslage sind dafür von gravierender Bedeutung. Das bedeutet:

Ein Stoff wirkt nicht allein aktiv als chemisches Mittel, sondern auch durch das, was mit ihm in der Gesamtheit (Ganzheit) des Organismus geschehen kann. Denn dieser ist nicht nur Stoff und Struktur. Vielmehr hat alles, was hier geschieht, Prozesscharakter. Und nur, wenn das Heilmittel von den Prozessen des Organismus angenommen und verarbeitet wird, kann es wirken. Wie sieht das beim Turmalin aus? Zunächst gilt, dass er wie jeder Stoff in 3-facher Weise auf unseren Organismus einwirkt:

1. im Bereich der Nerven-Sinnes-Organisation
2. im Herzkreislauf-Lungen-System
3. im Stoffwechsel-Gliedmaßen-Bereich

Dementsprechend sind auch die Anwendungsformen unterschiedlich:

Im Bereich der Nerven-Sinnes-Organisation

Gehirn, Nerven und Sinne sind die Instrumente unseres Bewusstseins. Hier wirkt der Turmalin als »Meditationsstein«. Wie können Sie den Turmalin zur Meditation verwenden? Die in den 7 Stufen der Einweihung ⪢Kapitel 6 zu jedem Turmalin gehörigen Meditationstexte wurden während des intensiven Vermessens und Abmessens der Turmaline in ihrem geistig-seelischen Verhältnis zu den Farben, Kristallsystemen, geologisch-mineralogischen Prozessen, Tierkreiskräften, Planeten usw. gefunden. Sie sind das Ergebnis einer Meditation im ursprünglichen Sinne und können ihnen eine Hilfe sein, ihre Gedanken auf das Wesentliche des Inhaltes der jeweiligen Einweihungsstufe Stufe einzustimmen und zu konzentrieren. Wenn Sie nach dem Erarbeiten jeder die Turmalin-Meditation erinnern können, haben Sie gleichsam in »verdichteter Form« das Ziel der Einweihung vor ihrem inneren Auge gegenwärtig.

Im Herzkreislauf-Lungen-System

Das durch die Adern strömende Blut, von dem das Herz bewegt wird, ist der Träger unserer Gefühle. Die Wahrnehmung von Farben, Tönen, Gerüchen, Wärme und Kälte, die »Sinnenreize« wirken über »Signalnerven« direkt (ohne Umleitung über das Gehirn) auf Blutdruck, Herzschlag und Atemrhythmus und diese verbreiten die entsprechenden Empfindungen in unseren Organen: Wir erleben das Rot bis in die Zellen hinein und schmecken das Bittere nicht bloß auf der Zunge usw.

Beim Turmalin sind die Farbe und der Seidenglanz seiner Oberfläche das dominierende Sinneserlebnis. Schon das intensive Betrachten einer einzigen Turmalin-Scheibe oder bei einer Ausstellung die Wahrnehmung einer ganzen Serie von Scheiben kann zu einem bewusstseinsverändernden Zustand führen, der aber im Gegensatz zur Drogenstimulation der Gefühlswelt durch die eigene Aktivität des Betrachters entsteht, der das »Turmalin-Licht« der Turmaline in sich einströmen lässt. Diese Wirkung kann noch verstärkt werden, wenn man eine Turmalin-Scheibe als Filter für eine Lampe verwendet (z.B. einen Halogenstrahler) und damit einen Raum erleuchtet. Einige Heilpraktiker und Therapeuten verwenden Turmalin-Scheiben in Verbindung mit Halogenlicht auch als Bestrahlungslampen mit Erfolg bei Hauterkrankungen.

Im Stoffwechsel-Gliedmaßen-Bereich

Die wichtigsten Stoffwechselvorgänge spielen sich in den inneren Organen ab. Eine Wirkung des Turmalins in diesen Bereichen kann deshalb nur erfolgen, wenn er in irgendeiner Weise in die hier stattfindenden Prozesse integriert werden kann. Das erscheint zunächst unmöglich. Turmalin ist, wie jedes Silikatmineral, wasserunlöslich. Deshalb kann er auch nicht als Substanz von den Verdauungssäften, von der Lymphe oder vom Blut vom in chemisch nachweisbaren Mengen aufgenommen werden. Aber darauf kommt es auch nicht an. Denn es wurde durch die Homöopathie und die Potenzierungsforschung inzwischen wieder entdeckt, dass Naturstoffe und vor allem Kristalle wie Mineralien und Edelsteine ihre Schwingungsenergien auf die Flüssigkeit übertragen, mit der sie längere Zeit in Berührung kommen.

Das wussten Heilkundige im Mittelalter noch genau. Hildegard von Bingen schreibt z.B. in ihrem Hausbuch der Steinkunde über die Verwendung des Bergkristalls als Heilstein: »Wer durch üble Säfte Herzweh, Magenbeschwerden oder Bauchschmerzen hat, erwärme den Kristall an der Sonne und gieße Wasser über den warmen Stein. Dann lege er diesen Stein für eine kurze Stunde in das Wasser, nehme ihn wieder heraus und trinke das Wasser regelmäßig, so wird es ihm im Herzen, Magen und Bauch besser gehen.«[27]

Wenn Sie einen Turmalin haben, so können Sie damit in entsprechender Weise verfahren. Am besten ist es, wenn Sie vorbeugend ein Ritual beim Umgang mit den Turmalinen einrichten.

Besonders bewährt hat sich folgendes Ritual, welches in Anlehnung an Hildegard von Bingen entstanden ist (bei chronischen, langanhaltenden Beschwerden wenden Sie sich bitte an Ihren Arzt):

Anwendungen bei Magen- und Darmbeschwerden:
Legen Sie sich einen kleinen wasserklaren Achroit mit einem rosafarbenen Kreuz abends in ein Glas mit Wasser. Nehmen Sie sich am nächsten Morgen ganz bewusst Zeit und Ruhe, in der Sie dieses Glas Wasser Schluck für Schluck trinken. Stellen Sie sich dabei vor, wie die heilende Kraft des Achroit als Erstes Ihren Mund von schädlichen Keimlingen befreit, dann die Speiseröhre hinunterfließt und auch diese mit heilender Energie reinigt. Weiter geht der Weg des Wassers bis in den Magen und Darm. Stellen Sie sich bewusst mit jedem Schluck, den Sie trinken, vor, dass die gesamte heilende Energie des Turmalins Ihnen nun schützend zur Verfügung steht und Ihren Magen- und Darmbereich vor Beschwerden bewahren wird.

Anwendungen bei Kopfschmerzen und Schlafstörungen:
Sollten Sie unter Kopfschmerzen und Schlafstörungen infolge von Überanstrengung lei-

den, dann kann können Sie diese mit der Verdelith-Turmalin-Scheibe behandeln.

Legen Sie dazu eine Verdelith-Scheibe auf Ihre Stirn bzw. Ihr Stirnchakra. Stellen Sie sich nun vor, wie der Stein langsam den ganzen Schmerz aus Ihrem Kopf herauszieht. Wie ein Schwamm absorbiert der Verdelith die Schmerzen, Stechen und Unwohlsein und verleiht Ihnen statt dessen ein Gefühl der inneren Harmonie.

Die Wirkungen des Turmalins übertrifft meiner Erfahrung nach die der anderen Edelsteine auf Kieselsäurebasis um ein Vielfaches. Allgemein ist bekannt, dass Quarz, oder Kieselsäure mit den Gestaltungsprozessen in unserem Organismus zusammenhängt. Wir finden z.B. Kieselsäure an der äußersten Grenze unseres Leibes in der Haut und in den Haaren. Hier schützt sie uns vor schädlichen Einflüssen der Außenwelt. Aber auch im Inneren, nämlich in den Hüllen, die alle Organe umschließen ist sie zu finden. Da ist es ihre Aufgabe, unkontrollierte organische Wachstumsprozesse (Wucherungen) im Inneren zu verhindern. Für die Wahrnehmung von Innenwelt und Außenwelt benötigen wir unsere Sinnesorgane. Ihre Funktion ist an die Anwesenheit von Kieselsäure gebunden. Damit ist Quarz geradezu die physische Grundlage unserer Ich-Organisation. Deshalb kann das Kieselsäuremineral Turmalin mit seiner Ringsilikatstruktur und der beispiellosen Integrationskraft, die sich mit den harmonischen Schwingungen seines Kristallgitters auf uns überträgt, als der Edelstein unseres Höheren Ichs gelten. Doch auch für seine Anwendung als Mittel zur Förderung unserer seelisch-leiblichen Gesundheit und der Entwicklung der Fähigkeiten unseres Höheren Selbst gilt, dass eine Substanz nur wirken kann, wenn sie von uns auch aufgenommen und angenommen wird, d.h., wenn ihrer Verarbeitung keine inneren Widerstände und Vorurteile entgegenstehen.

Hinweis: Wenn Sie mehr über Turmaline wissen möchten, dann setzten Sie sich bitte mit mir in Verbindung:
Dr. Gerhard Leukroth
Gartenstr. 2
66969 Lemberg
E-Mail: Gerhard.Leukroth@t-online.de

Edelsteine/Ausstellungen/Vorträge:
E-Mail: stefan.meiser@t-online.de >S. 184

ANHANG

ANHANG A
DIE 4 ELEMENTE IM TIERKREIS ALS SYMBOLE FÜR DIE SEELENQUALITÄTEN DER TEMPERAMENTE

- Aus dem Element des Tierkreiszeichens der Geburt ergibt sich die Zugehörigkeit zur Temperamentgruppe.
- Jedes Temperament differenziert sich in 3 Gruppen entsprechend der Zugehörigkeit der Elemente zu jeweils 3 Tierkreiszeichen.
- Die Seelenqualitäten (Beschreibung ab S. 152) für jedes Temperament und seine Varianten werden von den Planeten im jeweiligen Zeichen beeinflusst.

Element	Temperament	Zeichen	Planet
Feuer	Cholerik	Löwe	Sonne
		Schütze	Jupiter
		Widder	Mars
Wasser	Phlegmatik	Fische	Jupiter
		Krebs	Mond
		Skorpion	Mars
Luft	Sanguinik	Zwillinge	Merkur
		Waage	Venus
		Wassermann	Saturn
Erde	Melancholie	Stier	Venus
		Jungfrau	Merkur
		Steinbock	Saturn

DIE BEZIEHUNGEN ZWISCHEN TIERKREISZEICHEN, PLANETEN, ELEMENTEN UND TEMPERAMENTEN

Tierkreiszeichen

Die Tierkreiszeichen sind als Kraftfelder zu denken, als Symbole für 12 kosmischen Kräfte, die auf die Erde und alle Naturreiche einwirken und in Beziehung zu den Planeten stehen, die während ihres Umlaufs um die Sonne die Regionen der Zeichen durchlaufen. Für die Erstellung von Horoskopen ist das sehr wichtig. Will man nämlich z.B. wissen, wie der Planet Venus die kosmischen Kräfte des Widderzeichens verändert (sobald sie in jenem Bereich des Tierkreises steht, der dem Widder zugeordnet ist), muss man wissen, welche Qualität dieses Kraftfeld hat. In diesem Fall ist es der Herrschaftsbereich des Mars, des Spitzen, Feurigen, des Männlichen, Aggressiven und so weiter. Für unsere Selbstdiagnose und den alchemistischen Einweihungsweg sind die Tierkreiszeichen als Geburtszeichen deshalb von Bedeutung, weil sie unseren ersten Eindruck von der Welt prägen. Ein Mensch, der im Zeichen des Steinbocks im Januar geboren wird, verbindet zunächst das Licht mit der Kälte der Wintertage und erfährt Dunkelheit als Wärme und Geborgenheit, während ein Mensch, der in einem Sommerzeichen geboren wird, genau das Umgekehrte verinnerlicht. Licht wird er innerlich mit der Wärme eines Sommertages verbinden und die Dunkelheit mit der Kühle der Nacht.

Elemente und Temperamente

Die Seelenqualitäten der 4 Elemente offenbaren sich allgemein in ihrem Zusammenhang mit der äußeren Natur. Denn wir schwingen als »Mikrokosmos« mit Leib und Seele im Energiefeld des Makrokosmos der Naturerscheinungen mit. Vor allem in den Ereignissen der Jahreszeiten wird das direkt erfahrbar. Ihr Kreislauf zeigt deutlich 4 Qualitäten, die von dynamischen, sich ständig wandelnden Kräfteverhältnissen bestimmt werden, so dass der Eindruck eines rhythmisch pulsierenden Organismus entsteht.

Im *Frühling* wird alles neu belebt und gelöst, was in der Winterkälte abgestorben und erstarrt war. Das Wasser beginnt wieder zu fließen. Alle Stoffe »erwachen« im Frühling in den sprießenden Pflanzenkeimen und steigen im Strom des Wasserelementes als belebende Säfte aus dem dunklen, kalten Erdreich empor in die Wärme und Helligkeit des Luftraumes. Hier entfalten Sie ihre Kräfte bei der Bildung von Blättern und Blüten der Pflanzen. Der Bedeutung des Wassers im Frühjahr entspricht in unserem Seelenleben das *phlegmatische Temperament*. Es ist das am wenigsten erregbare flüssige Element in unserem Körper und fördert deshalb den Ausgleich und die Harmonisierung von Polaritäten sowohl in leiblicher als auch in seelischer Beziehung. Organische Verkrampfungen jeder Art, Verhärtungen und Entzündungen werden deshalb auch vorwiegend vom Lymphsystem, der organischen Grundlage des Phlegmatikers, geheilt.

Für den *Sommer* sind die Zeichen der Luft charakteristisch. Sie begünstigen die Befruchtung der Blüten in der Pflanzenwelt. Den Wirkungen von Luft und Wärme entsprechen in unserer Seele die Qualitäten des sanguinischen Temperaments. Es kann wie das arterielle Blut alle Organe alle übrigen Temperamente durchdringen und beleben. Seine organische Grundlage liegt in den Atmungsorganen (Lunge und Blut), im Nerven-Sinnes-Bereich und im Nierensystem. (Flüssigkeitshaushalt und Reinigung von Stoffwechselschlacken). Infolge seiner Sonderstellung kann sich das *sanguinische Temperament* mit allen anderen 3 Temperamenten zu günstigen Mischungen vereinigen. Es ist das Temperament der Lebensfreude. Wo es allerdings einseitig wirkt, kann es durch seine Beweglichkeit und Flüchtigkeit die Gedankenbildung und Tatkraft beeinträchtigen.

Im *Herbst* führt die abklingende, hochsommerliche Wärme zur Fruchtbildung im Pflanzenreich. Hier wirkt die besondere Kraft des Feuers, das die Qualitäten der anderen Elemente zu einer einzigen Kraft, der schöpferischen Lebenskraft, vereinigt. Das entspricht in seiner Wirkung dem *cholerischen Temperament*. Seine organische Grundlage ist das Venensystem mit seiner aufbauenden, ernährenden Wirkung in unserem Organismus und das Leber-Gallen-System. Dem entspricht die fruchtbare Qualität des cholerischen Temperamentes in unserem Seelenorganismus.

Im *Winter* ziehen sich die Lebensprozesse von der Außenwelt ins Innere der Erde zurück. Das Wasser, Element des Lebens, erstarrt in der Kälte zu Eiskristallen. Der Beziehung zum Winter und dem Element Erde entspricht die Seelenverfassung des *Melancholikers*. Melancholie kann lebensbedrohend werden und bis in tödliche Krankheitsprozesse hineinführen. Anderseits ist es die Grundlage für ein besonders tief entwickeltes Bewusstsein. Dementsprechend sind das Nervensystem und die Knochen die organische Stütze des melancholischen Temperamentes.

Zur Wirkung der Planeten

In der Astrologie und Alchemie sah man in den Planeten und ihren Konstellationen von Anfang an ein Gleichnis für die Kräfte, die in der Seele des Menschen wirken. Der Zusammenhang zwischen der Wirkung der Planeten und den Temperamenten ergibt sich daraus, dass jeder Planet der »Regent« (Herrscher) eines Tierkreiszeichens ist, zu dem auch jeweils ein Element gehört.

Im Folgenden sind die *Seelenqualitäten* der 4 Elemente (Temperamente) und ihre Variationen durch die Planeten in den Tierkreiszeichen im Einzelnen beschrieben. Dabei zeigt sich, dass in den dreifachen Abwandlungen des Grundtemperamentes die Seelenqualitäten von Denken, Fühlen und Wollen durchscheinen und die Wirkung der Planeten die Seelenqualitäten konkret gestaltet. Damit haben Sie ein Instrument in der Hand, mit dessen Hilfe Sie sich selbst beurteilen können und in der Lage sind zu entscheiden, was Sie in ihrer Psyche verändern sollten, um ins Gleichgewicht zu kommen.

Feuer

Grundcharakter

Menschen mit Element Feuer stecken andere mit ihrer Wärme und Energie an. Sie sind offen für neue Erfahrungen und ihre Zuversicht und ihr Optimismus inspiriert alle in ihrer Umgebung. Ein starker Einfluss des Elements Feuer verleiht Großzügigkeit und den Glauben daran, dass sich alles zum Guten wenden wird, was aufgrund der positiven Gedankenstruktur der Feuermenschen auch meistens geschieht. Feuer-Menschen sind immer voll Antrieb, müssen unabhängig sein und lieben die Spontaneität. Sie brauchen ein Ventil für ihre kreativen Fähigkeiten. Diejenigen, die einen Mangel im Element Feuer haben, leiden meistens unter einem schwach ausgeprägten Selbstbewusstsein. Sie haben es schwer, ihre Meinung gegenüber anderen zu vertreten, und fühlen sich oft vom wirklichen Leben abgeschnitten. Eine Überbetonung des Elementes Feuer kann dagegen zu einem sehr egoistischen Verhalten führen. Ein derart veranlagter Mensch muss immer im Mittelpunkt stehen und wird in neue Projekte einsteigen, um sich selbst zu bestätigen, ohne die Folgen für andere zu bedenken.

Choleriker

Das cholerische Temperament wird von den Willenskräften des Ichs bestimmt. Im Vergleich zu der ansonsten kräftigen Gestalt kann er klein erscheinen. Sein Gang ist aufrecht und sein Schritt fest und beherrscht. Der Choleriker möchte sich gegenüber äußeren Widerständen durchsetzen und etwas schaffen, was die Welt verändert. Der Umgang mit Cholerikern kann schwierig sein, weil sie oft ohne ersichtlichen Grund gereizt reagieren und mit dem Kopf durch die Wand wollen.

Element Feuer: Widder (Willenscholeriker)
Feuer im Widder bürgt für Aktivität und für den konzentrierten Einsatz von Energie, um neue Erfahrungen zu machen. Der Widder-Mensch kümmert sich nicht um Konventionen und soziale Regeln. Rücksicht ist ihm nicht wichtig, dafür ist er enthusiastisch schwungvoll, ehrlich und freiheitsbedürftig.

Mars in Widder
Sie sind energisch und tatkräftig. Da, wo Sie sich nicht gleich durchsetzen können, sind Sie gereizt und aufbrausend. Sexuell sind Sie dynamisch und dominierend, im Berufsleben als Konkurrent gefürchtet.

Element Feuer: Löwe (Gefühlscholeriker)
Feuer im Löwen steht für leidenschaftliches Engagement und Selbstdarstellung; für den Glauben an die eigene Größe, für große Gesten und mitreißende Begeisterung. Solche Menschen wollen Freude an der Arbeit haben und müssen an die eigene Größe glauben können. Als Freunde sind sie verlässlich, warmherzig und treu.

Sonne in Löwe
Sie sind selbstsicher und wollen im Mittelpunkt stehen. Sie sind stolz und großzügig, imponierend und gelegentlich herablassend. Dennoch aufrichtig und zuverlässig und ein wenig eitel. Ständig auf der Suche nach Anerkennung, sind Sie leicht durch Schmeicheleien zu beeinflussen.

Element Feuer: Schütze (Verstandescholeriker)
Als Mensch mit dem Element Feuer im Schützen streben sie ständig nach einem Ideal und bemühen sich um die Einbindung selbst alltäglicher Dinge in die höhere Ebene geistiger Entwicklung. Projekte werden mit viel Elan und Weitsicht angegangen, während die Einzelheiten dann gern übersehen werden. Wo der Glaube an eine geistige Grundlage der Welt fehlt, kann die Aktivität für Ideale in Rechthaberei und destruktiver Kritik degenerieren.

Jupiter in Schütze
Das Streben nach Freiheit bestimmt Ihr Leben. Sie reisen viel und suchen ständig neue Erfahrungen. Das kann dazu führen, dass Sie im Berufsleben Schwierigkeiten bekommen. Wenn Sie aber einen Partner und einen Job finden, die Ihrer Reiselust und Ihrem Drang nach Veränderung entgegenkommen, können Sie ein herrliches Leben führen.

Wasser

Grundcharakter
Wasser, das flüssige Element, nimmt die Gestalt seiner Umgebung an. Wasser-Menschen, brauchen den sozialen Kontakt. Sie leben vorwiegend in ihren Gefühlen und Phantasien und können sich in die Stimmungen und Gefühle anderer gut hineinversetzen. Ihre Vorstellungskraft und die Fähigkeiten des Mitgefühls und Mitleidens sind sehr stark. Dementsprechend ist auch ihre Sensibilität und Verwundbarkeit groß. Für Wasser-Menschen ist es schwierig, Distanz zu wahren, obwohl sie sich besser manchmal in sich zurückziehen sollten, um mögliche Verletzungen durch andere zu vermeiden. Eine Schwierigkeit beim Umgang mit Wasser-Menschen ist, dass sie stark durch andere

Menschen leben und ihnen auf der Gefühlsebene vieles abverlangen.

Phlegmatik

Das phlegmatische Temperament entsteht, wenn bei einem Menschen die Lebens- und Wachstumsvorgänge des Stoffwechsels überwiegen (Lymphsystem). Da diese mit dem Ernährungsprozess verbunden sind, der unser Wohl- oder Missbehagen bestimmt, so wird der Phlegmatiker dazu verführt, sich behaglich in seinem Körper und der Welt einzurichten, wenn in seinem Organismus alles in Ordnung ist. Er hat dann wenig Interesse daran, seinen Willen zu aktivieren und in der Außenwelt zu wirken. Wenn diese Haltung überwiegt, kommt das auch in seiner Gestalt zum Ausdruck und er muss auf sein Gewicht achten. Wird er dick, ist es ein äußerer Ausdruck dafür, dass er sich zu wenig zu beherrschen vermag. Die Stärken des Phlegmatikers liegen im Verharren, in seiner Unerschütterlichkeit und Treue.

Element Wasser: Fische (Willensphlegmatiker)
Fische stehen für Aufopferung und für Hilfsbereitschaft aus Mitleid: Dies ist ihr Weg, sich in einer Beziehung selbst zu erfahren. Das eigene Ich ist durchlässig und erfährt sich über die physischen Grenzen hinaus in kosmische Gesetzmäßigkeiten eingebunden oder es bleibt unentwickelt, so dass ein gesundes Durchsetzungsvermögen im Leben oftmals fehlt.

Jupiter in Fische
Ihre Anstrengungen, etwas zu verändern oder zu verbessern, führen oft ans Ziel. Doch in Ihrer grenzenlosen Bescheidenheit merkt meistens niemand, dass sie die treibende Kraft in der Angelegenheit waren. Und so freuen sie sich in ihrer Selbstlosigkeit sogar noch mit jemandem anderen, der ganz zu Unrecht Ihre Lorbeeren aufgesetzt bekommt.

Element Wasser: Krebs (Gefühlsphlegmatiker)
Krebs steht für unbewusste Weiblichkeit und instinktive Fürsorglichkeit sowie für Zugehörigkeit. Wichtig ist die Rolle der Mutter und der Familie, die Verbindung zu Vergangenheit und Kindheit. Eine Lösung alter Bindungen ist nur langsam möglich.

Mond in Krebs
Sie sind fürsorglich, aber auch besitzergreifend. Dafür haben Ihre Freunde und Ihr Partner in Ihnen ein loyales und zuverlässiges Gegenüber. Sie sind häuslich und sparsam, am liebsten sind Sie in einer kleinen Runde bei sich daheim. Sie sind sehr leicht gekränkt, auch wenn es Dinge sind, die nicht wirklich wichtig sind. Wenn Ihre Umgebung aber darauf eingestellt ist, ist es auch wieder recht einfach, Sie zu versöhnen, man muss nur ein wenig Ihrem Ego schmeicheln.

Element Wasser: Skorpion (Verstandesphlegmatiker)
Der Wasser-Mensch im Zeichen des Skorpions sucht das Wesentliche. Er will in die Tiefe der Dinge eindringen, verborgenen Motivationen auf den Grund gehen, falsche Autoritäten entlarven. Beziehungsprobleme werden von ihm feinfühlig und klarsichtig durchschaut und angegangen. Dabei kommt es mitunter zur vollständigen Identifikation mit dem Gegenüber oder er versucht über Sexualität Einfluss auszuüben. Dabei verfällt er aber nicht einfach seinem Triebleben, sondern strebt nach Kontrolle und Beherrschung seiner Leidenschaften.

Mars in Skorpion
Es dauert ein wenig, bis Sie sich für eine Sache begeistern, dann aber gilt der Grundsatz: Alles oder nichts, ob Liebe oder Beruf. Sie sind hundertprozentig bei der Sache und voll Energie und Leidenschaft. Wenn Probleme auftauchen, stellen Sie sich ihnen in den Weg und tun alles, um sie aus der Welt zu schaffen. Für Mitarbeiter und für den Lebenspartner sind Sie ein Fels in der Brandung, für die Konkurrenz ein unüberwindliches, hartnäckiges Hindernis.

Luft

Grundcharakter
Luft ist für uns allgegenwärtig und notwendig für die Atmung, ohne Sauerstoff kein Leben. Wer in einem Sternzeichen mit dem Element Luft geboren ist, versteht die Bedeutung intensiver Beziehungen. Kommunikation und der Austausch von Ideen sind für »Luft-Menschen« von großer Bedeutung. Sie sind intelligent, wissbegierig und für Ideen genauso aufgeschlossen wie für reale Erfahrungen oder konkrete Dinge. Diese Menschen sind sehr sozial und bleiben auch in schwierigen zwischenmenschlichen Situationen objektiv. Für Luftmenschen ist es nicht leicht alleine zu sein. Denn ihr Selbstwertgefühl ist stark von anderen Menschen abhängig.

Sanguinik
Im Gegensatz zum Melancholiker hat der Sanguiniker einen »lustigen, heiteren Blick«, der innere Freude und Fröhlichkeit verrät.

Sein Auge, meist von hellblauer Farbe, haftet schnell an einem Gegenstand seines Interesses, wendet sich aber ebenso schnell wieder davon ab. Dazu kommt eine außerordentliche Beweglichkeit seiner Gliedmaßen. Der Sanguiniker ist schlank, geschmeidig, überall springt die innere und äußere Beweglichkeit ins Auge. Bei Kindern ist ein springender, hüpfender Gang charakteristisch, beim Erwachsenen sind Neugierde und Interesse für alles, was Aufmerksamkeit erregt, aber ebenso die Unbeständigkeit und Flatterhaftigkeit. Für den Sanguiniker besteht die Gefahr der Zerstreuung, da er hundert Sachen auf einmal machen will.

Element Luft: Zwillinge (Verstandessanguiniker)
Zwillinge stehen für rascheste Informationsaufnahme und -verarbeitung, für Humor, für Neugier und Kontaktfreude. Neue Informationen werden rasch auf ihre Verwertbarkeit überprüft – ohne dass die Gefühle dabei stören. Zu genau will es der Zwilling nicht wissen. Anpassung fällt ihm leicht, Bindung dagegen schwer.

Merkur in Zwillinge
Sie sind logisch und geistreich; intellektuell und vielseitig. Denken schnell und scharfsinnig, sind aber oft auch unkonzentriert und oberflächlich. Ihre geistige Flexibilität lässt Sie von einem Thema zum anderen springen, dadurch sind Sie oft nicht in der Lage, etwas mehr in die Tiefe zu gehen.

Element Luft: Waage (Gefühlssanguiniker)
Waage steht für ausgewogene Beziehungen, für Gerechtigkeit und für die Entwicklung des eigenen Selbst durch Partnerschaft. Die Schwierigkeit, allein zu sein, führt zu scheinbarer Anpassung in Partnerschaften, die ohne leidenschaftliche Gefühle auskommen.

Venus in Waage
Sie sind attraktiv, betörend und begehrt. Sie bekommen, was Sie wollen und wen Sie wollen. Trotzdem haben Sie Probleme, eine dauerhafte Beziehung einzugehen. Das liegt daran, dass Sie sich schnell langweilen und nach etwas Neuem Ausschau halten – und dass Sie mehr in den Flirt und in die Liebe verliebt sind als in Ihren Partner.

Element Luft: Wassermann (Willenssanguiniker)
Wassermann steht für unkonventionelles Auftreten, für Erfindungsreichtum, für das Gefühl der Zugehörigkeit zu einer besseren, geistigen Gemeinschaft.

Saturn in Wassermann
Sie sind schöpferisch und kreativ, daher in jeder Organisation, die neue Ideen und innovative Maßnahmen braucht, gut aufgehoben. Probleme haben Sie damit, Ihr Leben und Ihre Arbeit effizient und überschaubar zu organisieren, außerdem fällt es Ihnen sehr schwer, sich jemandem zu unterwerfen. Wenn Sie nicht Chef sein können, fühlen Sie sich nicht wohl.

Erde

Grundcharakter
Menschen mit dem Element Erde im Zeichen stehen »mit beiden Beinen auf der Erde«. Sie sind ausgesprochen praktisch veranlagt und mit der Welt durch ihre Sinne intensiv verbunden. Erd-Menschen, wollen greifbare Ergebnisse. Sie sind zielstrebig, entschlossen, ausdauernd und geduldig, gründlich und zuverlässig. Erd-Menschen brauchen Sicherheit. Sie tragen gern Verantwortung. Viele von ihnen haben eine Begabung für Finanzgeschäfte. Reale Erfahrungen sind für einen

Menschen mit Erdbetonung wichtiger als theoretische Spekulationen. Es ist eine schwierige Sache, einen Erdtypen von einem Richtungswechsel zu überzeugen, deshalb verpassen diese Menschen manchmal recht gute Gelegenheiten. Darüber hinaus gehen sie nur mit Widerwillen Risiken ein. Wenn wir keine Erde in unserem Zeichen haben, werden wir wahrscheinlich unsere physischen Bedürfnisse leugnen, oder wir könnten völlig unpraktisch veranlagt sein. Es ist auch möglich, dass wir unseren Mangel an Bodenständigkeit erkennen und deshalb von genauer und unerbittlicher Routine besessen sind.

Melancholie

Das melancholische Temperament entsteht, wenn der Körper mit seinen materiellen Strukturen überwiegt. Der Melancholiker kann mit dem Ich seinen Körper nicht regieren, der ihm zu viel Widerstand entgegen setzt. Das lässt sich äußerlich oft schon an der Gestalt des Melancholikers ablesen. Er läuft meist mit hängendem Kopf herum, sein Blick ist gesenkt und die Augen sind getrübt.

Der Melancholiker besitzt wenig Tatkraft. Er ist ein empfindsamer, gefühlvoller Mensch, der zu Schwermut, Grübelei und Pessimismus neigt und sich gern dem Weltschmerz überlässt.

In diesem Zustand fühlt sich der Melancholiker zu allem Mystischen und esoterisch Unergründlichen hingezogen. Normalerweise aber zeichnet er sich auch durch Realitätssinn, Durchhaltevermögen, Konsequenz und eine flexible Beharrlichkeit aus, obwohl ihm das reale Leben immer eine Last ist und ihm mehr Kummer als Freude bereitet. Deshalb zieht er sich auch gern in die Stille zurück. Nachdenklichkeit und Besinnlichkeit sind seine Stärken. Er ist ausgesprochen vergangenheitsorientiert und lebt stark in seinen Erinnerungen. Deshalb es fällt ihm schwer, eingefahrene Wege und bewährte Verhältnisse zu verlassen.

Element Erde: Stier (Gefühlsmelancholiker)
Menschen mit Erde im Stier haben viel Ausdauer, eine starke Lebenskraft und pflegen warmherzige Beziehungen. Sie haben ihren eigenen Rhythmus und Stil, sie ruhen in sich und sind doch empfänglich für Anregungen von außen. Manchmal dauert es etwas länger, bis eine Information angekommen ist, dafür wird sie gründlich verarbeitet. Am besten wirkt der Wink mit dem Futter oder anderen Sinnesgenüssen.

Venus in Stier
Sie sind der ideale Partner für bodenständige Beziehungen: treu, beständig, innig – was fürs Leben. Natürlich kann diese vorbehaltlose Verbundenheit auch in besitzergreifendes Verhalten umschlagen, was dann auch wieder den Partner vertreibt. Doch sind Stiere im Allgemeinen gutmütige Liebhaber, die, wenn man sie auf Distanz hält, zuverlässig und loyal immer für den anderen da sind.

Element Erde: Jungfrau (Verstandesmelancholiker)
Jungfrau steht für Bescheidenheit, für Dienst an einer Sache, für spontane Hilfsbereitschaft und den Versuch, sich nützlich zu machen. Vor lauter Redlichkeit fast zu viel Selbstkritik, aber realistisch in der Einschätzung eigener Obergrenzen. In diesem Kraftfeld findet die Berührung mit den Grenzen statt, die durch Existenzbewältigung und Körperlichkeit gegeben sind.

Merkur in Jungfrau
Sie verfügen über einen scharfen und analytischen Verstand. Ihre mathematische Begabung und Ihr sicheres Sprachgefühl helfen Ihnen in Ihrem Job. In Ihren privaten Beziehungen hingegen ecken Sie mit Ihrer überkritischen Art und Ihrem distanzierten, unverbindlichen Auftreten oft an. Wer Sie nicht näher kennt, schätzt Sie als unpersönlich und kalt ein.

Element Erde: Steinbock (Willensmelancholiker)
Steinbock steht für Pflichtbewusstsein und Selbstdisziplin, für Taktgefühl und Normen, für Autoritäten und Bewahrung anerkannter Ziele. Neuerungen und Bewegungen, besonders im Bereich des Geistig-Abstrakten, werden gebremst, das Recht (und im Recht sein) wird als sichere Norm angesehen und verdrängt die Gefühlswelt in den Hintergrund.

Saturn in Steinbock
Sie sind hartnäckig und verkraften auch Rückschlage, bevor Sie Ihr Ziel erreichen. Sie sind sehr geduldig und schaffen es, Schwierigkeiten ohne Jammern zu ertragen. Dabei könnte die Fähigkeit, sich zu entspannen und dem Leben auch schöne und lustvolle Seiten abzugewinnen, auf der Strecke bleiben.

Zum Umgang mit den Temperamenten

In den vorherigen Abschnitten haben wir gesehen, dass die 4 Elemente als Ausdruck der 4 Temperamente ihre körperliche Grundlage in 4 Organsystemen haben, die im gesunden Menschen in harmonischer Weise zusammenwirken müssen. Es sind das:

- das Lymphsystem mit seiner belebenden Funktion: Wasser/Phlegma
- das Herzkreislaufsystem mit dem ernährenden venösen Blut: Feuer/Cholerik
- die Atmung mit den sauerstoffhaltigen Arterienblutgefäßen: Luft/Sanguinik
- das gestaltende Nerven-Knochen-System: Erde/Melancholie.

Da wir als gesunde Menschen mit einem harmonischen Wechselspiel unserer Organsysteme begabt sind, können wir davon ausgehen, dass uns auch in unserem Innenleben, im seelisch-geistigen Bereich, die Möglichkeit gegeben ist, alle 4 Temperamente in uns zu erwecken und zu leben. Das ist allerdings erst dem Erwachsenen möglich, da infolge der biologischen Entwicklung erst ab der Lebensmitte (im 35. Lebensjahr) alle Organsysteme gleichwertig ausgereift sind.

Ziel unseres Einweihungsweges ist deshalb nicht, das ursprünglich im »inneren Kind« veranlagte Temperament »voll« auszubilden oder das zurzeit vorherrschende zu entwickeln. Denn das wäre eine Einseitigkeit, die zur Krankheit im entsprechenden Organsystem führen würde. Das Ideal und Ziel ist vielmehr, dass wir in jedem Augenblick unseres Lebens das Temperament in uns aktivieren können, das der jeweiligen Situation gerecht wird. Dem entspricht auch, dass jedes Temperament im »Temperamentkreis« seine Bedeutung für das Seelenleben als dynamischer Prozess nur durch Mitwirkung der anderen Temperamente erhält.

Das wird deutlich, wenn man die Temperamente in einer Kurzcharakteristik ihrer positiven Anlagen miteinander vergleicht:

Sanguinik	der lebensfrohe Genießer
Melancholik	der nachdenklich Sehnsüchtige
Cholerik	der impulsiv Tatkräftige
Phlegmatiker	der gelassen Gleichmütige

Wenn Sie versuchen diese Seelenstimmungen mit Hilfe ihrer Vorstellungskraft nachzuempfinden, so werden Sie feststellen: *Genuss* ist die Erfüllung von *Sehnsucht* durch *Tatkraft*, die im *Gleichmut* ihre Wurzel hat. Alle 4 Seelenzustände müssen also erlebbar sein, um ein Ziel im Leben erreichen zu können, das den Genuß von Erfüllung und Identitätserlebnis möglich macht und sich so als sinnvoll erfahren lässt.

Eine gute Erziehung im Jugendalter sollte deshalb das Ziel haben, bis zur Pubertät alle 4 Temperamente im Menschen als frei verfügbare geistig-seelische Konstitution zu entwickeln. Wenn das gelingt, so kann das sich auf dem »langen Weg« entwickelnde Ich ab der Lebensmitte – nach der biologischen Reife aller Organsysteme – die Herrschaft über die 4 Temperamente übernehmen und sein individuelles »Zentraltemperament« ausbilden, in dem die 4 Elemente in einer besonderen, individuellen Mischung integriert sind. Dabei geht es jedoch nicht darum, eine einseitige Temperamentsveranlagung zu unterdrücken oder durch Überbetonung eines anderen Temperamentes auszugleichen, sondern es soll jedes Temperament in die richtige Form gebracht werden, damit es seine positiven Wirkungen in unserem Seelenleben entfalten kann. Eine solche Erziehung gelingt leider selten. Sie muss deshalb durch das Leben (Biographie) oder durch Selbsterziehung nachgeholt werden.

Bei der Beurteilung Ihrer Temperamentsanlagen sollten sie beachten, dass die Temperamente nie in reiner Ausprägung vorkommen. Der Mensch lässt sich als lebendige geistig-seelische Organisation nicht in ein starres Schema einordnen. Es kann sogar so sein, dass der eine oder andere von Ihnen sein Wesen durch eines der 4 Temperamente, wie sie hier dargestellt werden, überhaupt nicht gekennzeichnet findet, sondern sich mehr als eine Mischung der verschiedenen Anlagen begreift, von denen mal die eine und mal die andere je nach den Lebensumständen unbewusst in den Vordergrund tritt. Das ist in der Praxis sogar die Regel. Bei der Selbsterziehung muss sich allerdings jeder fragen, an welchem Temperament besonders gearbeitet werden muss, um die Seelenkräfte optimal nutzen zu können. Denn wir sollten alle 4 Temperamente bewusst handhaben können.

Im Verlauf unserer Biographie wirken sich die Seelenqualitäten der 4 Temperamente auch auf unseren Umgang mit der Zeit aus, zu der sie in bestimmten Beziehungen stehen:

Das Element *Erde* mit seinem Bezug zum melancholischen Temperament entspricht dabei der Vergangenheit. Diese betrifft die »gewordene Welt«, die Realität, so wie wir sie vorfinden, wenn wir geboren werden. Das Leben in den Erinnerungen (im Alter) ist deshalb meistens mit der Aktivierung unserer melancholischen Temperamentsanteile verbunden.

Das Element *Luft* mit seiner Beziehung zum sanguinischen Temperament dagegen gehört dem Übergangsbereich zwischen Himmel und Erde an. Als Sanguiniker leben wir auf die Zukunft hin. Deshalb ist das sanguinische Temperament dasjenige, das zwischen Vergangenheit, Gegenwart und Zukunft vermittelt.

Der Phlegmatiker hält sich ganz ans Vorhandene, er lebt in der Gegenwart und hält am Alten fest, als Phlegmatiker sind wir konservative Gegenwartsmenschen!

Der Choleriker mit seiner Willenskraft und seinem Drang in der Welt zu wirken, ist dagegen der »Zukunftsmensch« in uns.

Da wir alle als Wesen mit Bewusstsein, Phantasie, Erinnerungsvermögen und Willenskraft auf allen 4 »Zeitebenen« zu Hause sind, d.h. als Gegenwartsmenschen mit unseren Erinnerungen in der Vergangenheit leben, in Phasen des Aufbruchs aus der Gegenwart herausdrängen und mit unseren Taten ganz auf die Zukunft gerichtet sind, sind auch alle 4 Temperamente als Anlagen in uns vorhanden und je nach Lebensalter in unterschiedlicher Gewichtung entwickelt. So ist normalerweise bei Säuglingen und Kleinkindern das phlegmatische (ernährende) Temperament vorherrschend, während bei Jugendlichen in der pubertären Phase des Aufbruchs das sanguinische Temperament überwiegt. Im mittleren Alter des erfolgreichen Erwachsenen herrscht normalerweise das cholerische Temperament vor und erst im Alter nimmt die Melancholie überhand.

ANHANG B
FRAGEBOGEN ZUR SELBSTEINSCHÄTZUNG

TEIL I

Vergeben Sie zu jedem Teil auf die entsprechende Frage 0 bis 3 Punkte
0 Punkt = nie; 1 Punkt = manchmal; 2 Punkte = oft; 3 Punkte = immer

DENKEN – WIE DENKE ICH?

	Punkte		Punkte		Punkte		Punkte
witzig		gelassen		spontan		konservativ	
selbstgewiss		selbstlos		selbstbezogen		scharfsinnig	
schnell		konkret		schlagfertig		meditativ	
rechthaberisch		langsam		optimistisch		bescheiden	
kreativ		bedacht		eigenwillig		vorausschauend	
unnachgiebig		beweglich		tiefgründig		begeistert	
kritisch		aufgeschlossen		rational		anmaßend	

Fühlen – wie fühle ich?

	Punkte		Punkte		Punkte		Punkte
beschwingt		ruhig		zufrieden		fürsorglich	
frohsinnig		unbeständig		genussvoll		charmant	
mitfühlend		flüchtig		empfindlich		schwärmerisch	
friedfertig		unabhängig		rücksichtsvoll		missmutig	
aggressiv		sentimental		warmherzig		leidenschaftlich	
pessimistisch		anhänglich		zornig		zärtlich	
begeistert		eifersüchtig		aufbrausend		großzügig	

Willenstätigkeit – wie handle ich?

	Punkte		Punkte		Punkte		Punkte
ablenkbar		träge		kompromisslos		ausdauernd	
verantwortungsbewusst		beeinflussbar		pedantisch		dynamisch	
energisch		beharrlich		nüchtern		diszipliniert	
flatterhaft		erfolgsorientiert		flott		zuverlässig	
kontaktfreudig		besitzergreifend		selbstsicher		instinktiv	
tolerant		gründlich		unbekümmert		geruhsam	
impulsiv		aktiv		überlegt		bestimmend	

Übertragen Sie anschließend die Punkte für die einzelnen Begriffe in den Auswertungsbogen.

Auswertung – Teil 2

Hier sind die Begriffe, die Sie in der Frageliste mit Punkten bewertet haben, nach der Polarität extrovertiert/introvertiert geordnet und sortiert nach den Seelenqualitäten Denken, Fühlen und Willen. Tragen Sie hinter jedem Wort die Punktzahl aus der Frageliste ein und vergleichen Sie zum Schluss die Summe der Punkte der beiden Seiten miteinander und in den einzelnen Bereichen. Damit haben Sie ein Maß für die Selbstbeurteilung. Auf der Seite der größeren Punktzahl liegt Ihre Temperamentslage. Das kann in den 3 Abschnitten durchaus unterschiedlich sein.

extrovertiert		introvertiert	
Begriff	**Punktezahl**	**Begriff**	**Punktezahl**
Denken			
anmaßend		bedachtsam	
aufgeschlossen		bescheiden	
begeistert		gelassen	
beweglich		konkret	
eigenwillig		konservativ	
kreativ		kritisch	
optimistisch		langsam	
rechthaberisch		meditativ	
schlagfertig		rational	
schnell		selbstlos	
selbstbezogen		scharfsinnig	
selbstgewiss		tiefgründig	
spontan		unnachgiebig	
witzig		vorausschauend	
Summe D/e		Summe D/i	

extrovertiert		introvertiert	
Begriff	Punktezahl	Begriff	Punktezahl
Fühlen			
aggressiv		anhänglich	
aufbrausend		eifersüchtig	
begeistert		empfindlich	
beschwingt		fürsorglich	
charmant		genussvoll	
flüchtig		mitfühlend	
friedfertig		pessimistisch	
frohsinnig		rücksichtsvoll	
großzügig		ruhig	
leidenschaftlich		schwärmerisch	
missmutig		sentimental	
unabhängig		warmherzig	
unbeständig		zärtlich	
zornig		zufrieden	
Summe F/e		Summe F/i	

extrovertiert		introvertiert	
Begriff	Punktezahl	Begriff	Punktezahl
Willenstätigkeit			
ablenkbar		ausdauernd	
aktiv		beharrlich	
impulsiv		besitzergreifend	
beeinflußbar		diszipliniert	
bestimmend		geruhsam	
dynamisch		gründlich	
energisch		instinktiv	
erfolgsorientiert		kompromisslos	
flatterhaft		nüchtern	
flott		pedantisch	
kontaktfreudig		träge	
selbstsicher		überlegt	
tolerant		verantwortungsbewusst	
unbekümmert		zuverlässig	
Summe W/e		Summe W/i	
Summe gesamt			

ANHANG C
ÜBERSICHTSTABELLEN

TABELLE I
Die 7 »regenbogenfarbigen« Turmaline im Tierkreis und der Mensch

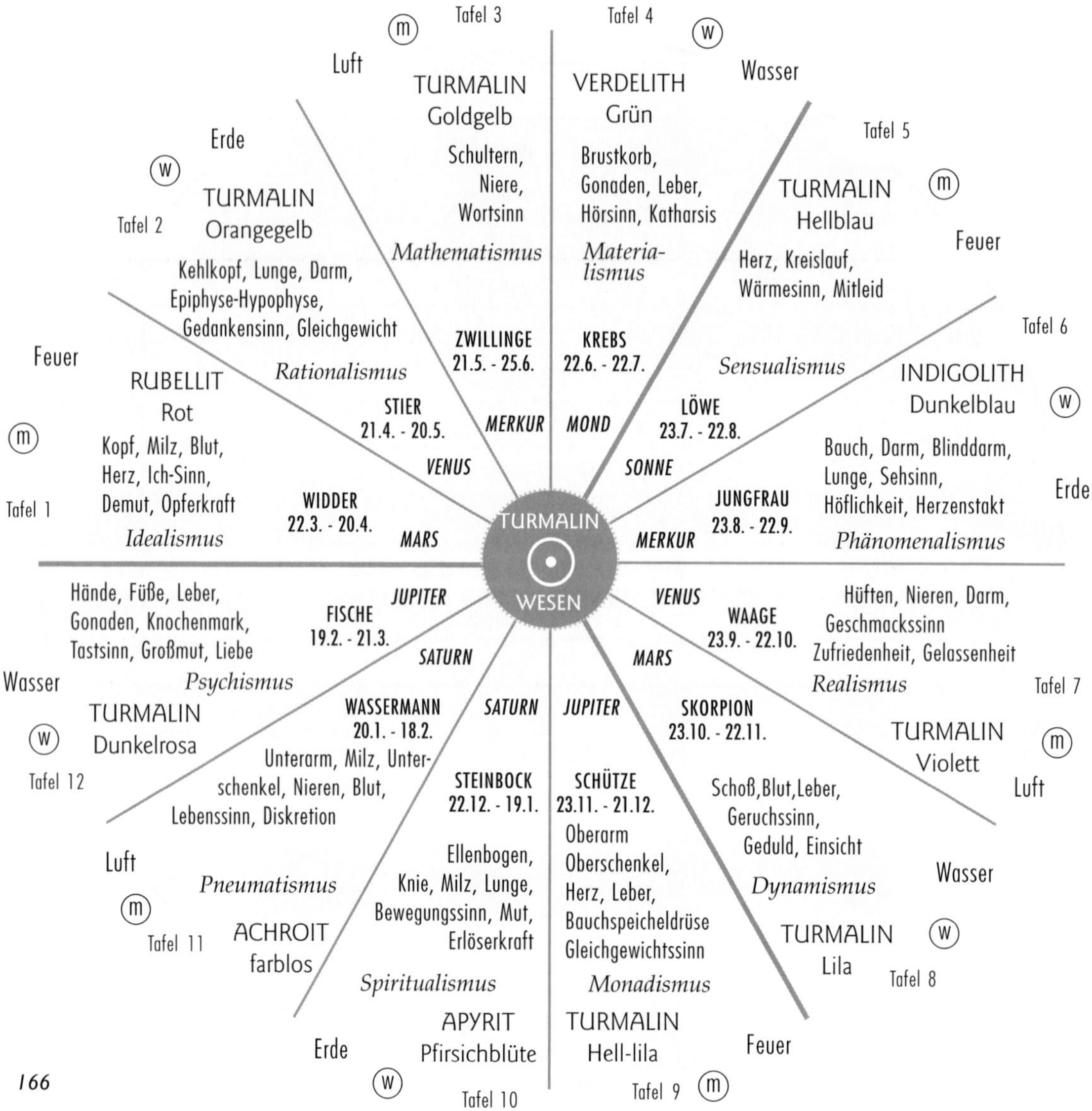

TABELLE 2 Die 7 Stufen des Kurzen Weges der alchemistischen Einweihung

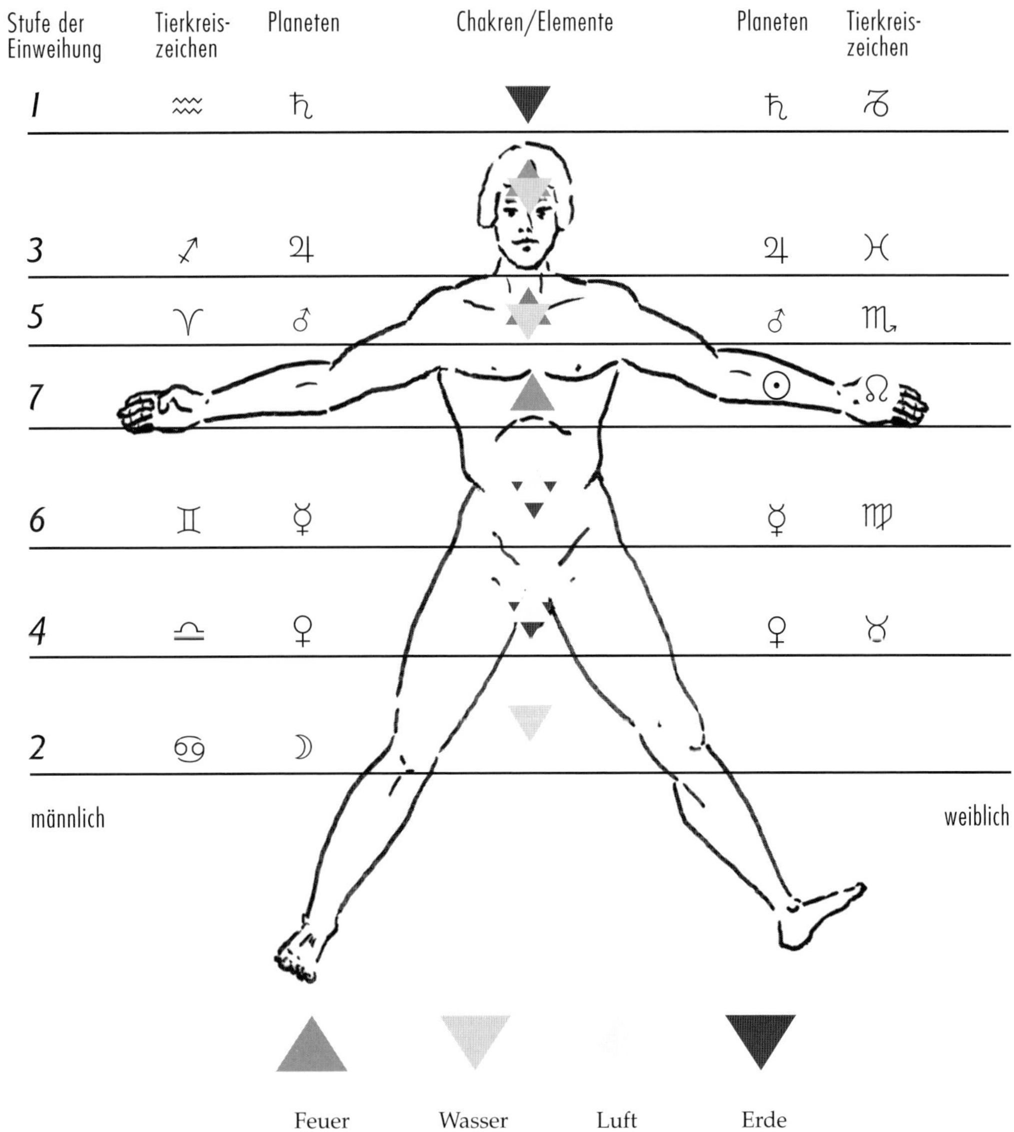

Tria prinzipia	Planeten	Tierkreis	Element	Farben	Turmaline	Organe	Sinne	Tugenden	Weltsicht
	♂	♈	△	Rot	Rubellit	Kopf, Gehirn	Ich-Sinn	Demut	Idealismus
SAL	♀	♉	🜃	Orange	Orangegelb	Kehlkopf, Darm	Gedankensinn	Gleichgewicht	Rationalismus
⊖	☿	♊	🜁	Gelb	Goldgelb	Schultern, Nieren	Wortsinn	Ausdauer	Mathematismus
	☾	♋	▽	Grün	Verdelith	Brustkorb, Lunge	Hörsinn	Selbstlosigkeit	Materialismus
	☉	♌	△	Hellblau	Blau	Herz, Kreislauf	Wärmesinn	Mitleid	Sensualismus
MERKUR	☿	♍	🜃	Indigo	Indigolith	Bauch, Darm	Sehsinn	Höflichkeit	Phänomenalismus
☿	♀	♎	🜁	Violett	Violett	Hüften, Nieren, Darm	Geschmackssinn	Zufriedenheit	Realismus
	♂	♏	▽	Dunkellila	Lila	Schoß, Blut, Leber	Geruchssinn	Geduld	Dynamismus
	♃	♐	△	Hell-Lila	Hell-Lila	Oberarm, Oberschenkel	Gleichgewichtssinn	Denkkontrolle	Monadismus
SULFUR	♄	♑	🜃	Pfirsichblüte	Apyrit	Ellbogen, Knie	Bewegungssinn	Mut	Spiritualismus
🜍	♄	♒	🜁	Farblos	Achroit	Unterarm, Unterschenkel	Lebenssinn	Diskretion	Pneumatismus
	♃	♓	▽	Dunkelrosa	Rosa	Hände, Füße	Tastsinn	Großmut	Psychismus

TABELLE 4 *Gegenzeichen Planeten, Elemente und Temperamente im Tierkreis*

Gegenzeichen/ Tierkreiszeichen	Element	Temperament	Planet	Tierkreiszeichen/ Gegenzeichen	Element	Temperament	Planet
Fische	Wasser	Phlegmatik	Jupiter	Jungfrau	Erde	Melancholie	Merkur
Widder	Feuer	Cholerik	Mars	Waage	Luft	Sanguinik	Venus
Stier	Erde	Melancholie	Venus	Skorpion	Wasser	Phlegmatik	Mars
Zwilling	Luft	Sanguinik	Merkur	Schütze	Feuer	Cholerik	Jupiter
Krebs	Wasser	Phlegmatik	Mond	Steinbock	Erde	Melancholie	Saturn
Löwe	Feuer	Cholerik	Sonne	Wassermann	Luft	Sanguinik	Saturn

TABELLE 5 *Tria prinzipia*

Die 4 Elemente im Menschen und die Tria prinzipia des Turmalins:					
Tria prinzipia	**Elemente**	**Körper**	**Leib**	**Seele**	**Geist**
Mensch					
Sal	Wasser/Erde	anorganische Salze	Nervensinnes-organe; Gehirn	Denken, Vorstellungen	Verstand
Merkurius	Luft/Wasser	Wasser	Herzkreislauf – Lunge – Atmung	Gefühle, Empfindungen	Vernunft
Sulfur	Feuer/Luft	Kohlenstoff	Stoffwechsel	Willenstätigkeit Wollen	Bewusstsein Weisheit
Turmalin					
Sal	Erde/Wasser	Quarz	Bor-Eisenprozess	Kristallstuktur	Achroit
Merkurius	Wasser/Luft	Glimmer	Lithium-Magnesium-Prozess	Farben	Rubellit
Sulfur	Feuer/Luft	Feldspat	Silizium-Aluminium-Prozess	Härte	Apyrit

DIE CHAKREN UND IHRE FUNKTION

Die kosmische Energie, in der hinduistischen Weisheitslehre mit dem Sanskritwort *prana* bezeichnet, steht mit unserem Organismus über 7 Energieverteilungszentren, Chakren genannt, in Verbindung.

Diese Chakren sind die Empfangsstationen für die verschiedenen Pranafrequenzen, die aus den Tierkreisregionen aus dem Kosmos auf die Erde einwirken. Ihre Lage im menschlichen Körper entspricht den Einflussbereichen der 7 Planeten, die in der Alchemie als die Vermittler kosmischer Kräfte angesehen werden. Deshalb finden Sie hier eine Charakteristik der 7 Chakren, die mit den 7 Stufen des alchemistischen Einweihungsweges im Zusammenhang stehen, da sie durch ihn aktiviert werden. ⊳Anhang C, Tabelle 2

1. Chakra

Das *Basischakra*, auch *Wurzelchakra* genannt, liegt zwischen Anus und Genitalien. Es ist verbunden mit dem Steißbein und öffnet sich nach unten. Es verbindet uns mit der Erde, indem es die kosmischen Energien auf die körperliche Ebene transformiert. Eine positive Einstellung zur physischen, materiellen Existenz schenkt uns ein geöffnetes Basischakra. Es ist die Quelle der Lebensenergie für alle anderen Chakren.

Dem 1. Chakra werden die Elemente *Erde* und *Feuer* sowie die Planeten *Venus* und *Mars* zugeordnet.

2. Chakra

Das *Bauch*- oder *Sexualchakra* liegt oberhalb der Genitalien und ist mit dem Kreuzbein verbunden und öffnet sich nach vorn. Es ist das Zentrum der triebhaften Gefühle, der sexuellen Energien und der schöpferischen Kräfte. Alle zwischenmenschlichen Beziehungen, vor allem die zum anderen Geschlecht, werden von der Aktivität des Bauchchakra bestimmt.

Es wird dem Element *Wasser* und dem Planeten *Mond* zugeordnet.

3. Chakra

Das *Solarplexuschakra*, auch *Nabelchakra* genannt, befindet sich ca. zwei Fingerbreit oberhalb des Nabels und öffnet sich nach vorn. Es stellt unser »Sonnenkraftzentrum« dar. Hier erfolgt die Aufnahme der kosmischen Sonnenenergie, die unsere Lebenskräfte und die Vitalität unseres Körpers bestimmt. Sympathien und Antipathien und damit die Fähigkeit, beständige emotionale Beziehungen zu pflegen, werden hauptsächlich von diesem Chakra gesteuert. Hier werden auch die Triebe und Begierden von den vorherigen »unteren« Chakren geläutert und damit ihre kreative Energie bewusst genutzt für die

»höheren« Chakren der geistig-seelischen Fähigkeiten.

Dem Solarplexuschakra sind das Element *Feuer* und als Planet die *Sonne* zugeordnet.

4. Chakra

Das *Herzchakra* liegt in der Mitte des Brustkorbs. Es ist das Zentrum des Chakrensystems und verbindet die 3 unteren Chakren des physisch-emotionalen Bereichs mit den 3 oberen spirituellen Ebenen. Es ist der Ort der Fähigkeit des selbstlosen Fühlens. In seiner gereinigten und entfalteten Form wird es zum Zentrum der wahren selbstlosen Liebe.

Hier im Herzchakra durchdringen sich die Energien der 3 oberen und der 3 unteren Chakren und werden dabei verwandelt. Die Verbindung des Herzchakras mit den oberen Chakren führt nach der hinduistischen Weisheitslehre zu bhakti, der göttlichen Liebe, und zu jnana, der Weisheit der Erkenntnis von der Gegenwart des göttlichen Geistes in der gesamten Schöpfung. In der Verbindung mit den unteren Chakren entwickeln sich im Herzchakra die selbstlosen Willenskräfte, die nötig sind zur Erfüllung des Karma >Buchempfehlungen: Aurobindo. Ein geöffnetes Herzchakra strahlt besonders stark nach außen und kann zusammen mit dem Stirnchakra spontan heilend und verwandelnd auf andere Menschen wirken. Nach Aussagen hinduistischer Eingeweihter leuchtet das Herzchakra in den Farben Rosa, Grün und Goldgelb. Das sind interessanterweise auch die wirkungsvollsten Farben des Turmalins.

Astrologisch wird es dem Tierkreiszeichen *Löwe* und der *Sonne* zugeordnet. Alchemistisch gehört es zu den Elementen *Luft* und *Feuer*.

5. Chakra

Kehlkopf- oder *Halschakra* befindet sich zwischen Halsgrube und Kehlkopf, entspringt der Halswirbelsäule und öffnet sich nach vorn. Es ist das Zentrum unserer Ausdrucksfähigkeit, der Kommunikation und Inspiration und gleichzeitig die Brücke zwischen den unteren und den oberen Chakren. Es verbindet das Denken mit dem Fühlen und Wollen und vermittelt die Kräfte der anderen Chakren an die Außenwelt (beim Sprechen, Singen, Lachen und Weinen).

Dabei erfolgt gleichzeitig eine Selbstreflexion, die uns bewusst macht, wer und was wir sind. Im Kehlkopfchakra kommt unsere Individualität zu ihrem eigentlichen Ausdruck.

Dieses Chakra wird dem Element *Luft* und dem Planeten *Merkur* zugeordnet.

6. Chakra

Das *Stirnchakra*, auch das *Dritte Auge* genannt, befindet sich einen Fingerbreit über der Nasenwurzel in der Mitte der Stirn und öffnet sich nach vorn. Es ist das Zentrum unserer mentalen Fähigkeiten, des Erinnerungsvermögens, des rationalen Denkens und des bewußten Willens. Es ist auch Sitz der

Intuition, des ganzheitlichen Bewußtsein und der spirituellen übersinnliche Erkenntnis. Diese »höheren« Fähigkeiten werden zunächst unbewußt von unseren Emotionen gesteuert, verdeckt und von der Außenwelt mit Vorurteilen verfälscht. Wenn es durch die Einweihung zu einer zunehmenden Öffnung des »Dritten Auges« kommt, können wir unsere höheren Fähigkeiten unabhängig von Emotionen und Urteilen der Außenwelt entwickeln und die materielle Welt wird damit transparent für ihren geistigen Hintergrund.

Es wird den Elementen *Luft* und *Wasser* zugeordnet und den Planeten *Merkur* und *Jupiter*.

7. Chakra

Das *Scheitelchakra*, auch *Kronenchakra* genannt, befindet sich am höchsten Punkt unseres Körpers in der Mitte der Schädeldecke und öffnet sich nach vorn. Es ist das Zentrum für die höchste Stufe spiritueller Entwicklung. Hier sind wir energetisch mit dem Weltgeist, dem göttlichen Sein im Kosmos, verbunden, aus dem alles irdische Dasein hervorgeht. Die Entfaltung des Kronenchakra ist Ausdruck und Bedingung für die Aktivierung aller anderen Chakren.

Das Scheitelchakra wird dem Element *Erde* und dem Planeten *Saturn* zugeordnet.

ANHANG E

SYMBOLSCHLÜSSEL

Tierkreiszeichen

Widder	♈
Stier	♉
Zwillinge	♊
Krebs	♋
Löwe	♌
Jungfrau	♍
Waage	♎
Skorpion	♏
Schütze	♐
Steinbock	♑
Wassermann	♒
Fische	♓

Symbole der Elemente

Feuer	🜂
Wasser	🜄
Erde	🜃
Luft	🜁

Planetensymbole

Sonne	☉
Mond	☾
Merkur	☿
Venus	♀
Mars	♂
Jupiter	♃
Saturn	♄

Alchemistische Symbole

Sal	🜔
Merkur	☿
Sulfur	🜍

m = männlich

w = weiblich

Quellenangaben

1 Johann Wolfgang von Goethe: *Naturwissenschaftliche Schriften,* Band 1–5
2 ebenda, S. 298–299
3 ebenda, S. 290
4 ebenda, S. 99
5 ebenda
6 Johann Wolfgang von Goethe: *Natur,* S. 51
7 Johann Wolfgang von Goethe: *Natur,* S. 53
8 Ilya Prigogine/ Isabelle Stengers: *Dialog mit der Natur*
9 Ralf Lietke: *Die Hermetik,* S. 31
10 Florian Roder: *Novalis – Verwandlung des Menschen,* S. 389
11 Mircea Eliade: *Schmiede und Alchemisten,* S. 156f.
12 Edouard Schure: *Die Großen Eingeweihten,* S. 109
13 Platon: *Hauptwerke ausgewählt und eingeleitet von Wilhelm Nestele,* S. 146
14 Alexander von Bernus: *Alchemy und Heilkunst,* S. 238
15 Platon: *Hauptwerke ausgewählt und eingeleitet von Wilhelm Nestele,* S. 192
16 ebenda
17 Bibel: Offenbarung des Johannes 21,19
18 Helmut Gebelein: *Alchemie,* S. 46
19 C. G. Jung: *Die Psychologie der Übertragung,* S. 281f.
20 Platon: *Hauptwerke ausgewählt und eingeleitet von Wilhelm Nestele,* S.277–280
21 ebenda, S. 281f.
22 C. G. Jung: *Typologie des Unbewussten,* S. 105
23 C. G. Jung: *Die Psychologie der Übertragung,* S. 46
24 Robert Schmidt: *Physiologie kompakt*
25 Hennig Köhler: *Das biographische Urphänomen*
26 Sigismund von Gleich: *Die Wahrheit als Gesamtumfang aller Weltansichten*
27 Hildegard von Bingen: *Das Buch von den Steinen,* S. 70

Literaturverzeichnis

Bernus, Alexander von: *Alchemy und Heilkunst*, Basel 1994
Bibel: »*Offenbarung des Johannes*« 21,19
Bingen, Hildegard von: *Das Buch von den Steinen*, Salzburg 1986
Gebelein, Helmut: *Alchemie*
Gleich, Sigismund von: *Die Wahrheit als Gesamtumfang aller Weltansichten*, Stuttgart 1957
Goethe, Johann Wolfgang von: *Natur*, München 1962
Goethe, Johann Wolfgang von: *Naturwissenschaftliche Schriften*, Band 1–5, Dornach 1975
Jung, C. G.: Die *Psychologie der Übertragung*, München
Jung, C. G.: *Typologie des Unbewussten*, München
Köhler, Hennig: *Das biographische Urphänomen*, Esslingen 1998
Lietke, Ralf: *Die Hermetik*, Paderborn 1996
Mircea Eliade: *Schmiede und Alchemisten*, Stuttgart 1980
Nestele, Wilhelm: Platon: *Hauptwerke ausgewählt und eingeleitet von Wilhelm Nestele*, Stuttgart 1973
Platon: *Hauptwerke ausgewählt und eingeleitet von Wilhelm Nestele*, Stuttgart 1973
Prigogine Ilya/Stengers, Isabelle: *Dialog mit der Natur*, München 1981
Roder, Florian: *Novalis – Verwandlung des Menschen*, Stuttgart 1992
Schmidt, Robert: *Physiologie kompakt*, Heidelberg 1999
Schure, Edouard: *Die Großen Eingeweihten*, München 1996

Buchempfehlungen

Allgemein

Vielleicht hat das vorliegende Buch in Ihnen das Interesse geweckt, sich noch weiter mit der Heilwirkung von Edelsteinen, Farben und Metallen zu beschäftigen. Dann empfiehlt es sich, die beiden Bände von Dieter Krämer zu lesen, der sich mit neuen Therapien mit ätherischen Ölen und Edelsteinen in Verbindung mit Bach-Blüten-Hautzonen (Teil 1) sowie neuen Therapien mit Farben, Klängen und Metallen beschäftigt und diese fachlich kompetent und gut verständlich darstellt.

Banzhaf, Hajo: *Der Mensch in seinen Elementen,* München 1993

Krämer, Dietmar: *Esoterische Therapien 1 + 2,* Ansata Verlag, Interlaken, 1996

Lievegoed, Bernhard: *Der Mensch an der Schwelle – Biographische Krisen und Entwicklungsmöglichkeiten (aus anthroposophischer Sicht),* Verlag Freies Geistleben, Stuttgart 1985

Sharamon, Shalila/Baginski, Bodo: *Das Chakra-Handbuch,* Aitrang 1994

Sheldrake, Rupert: *Das Schöpferische Universum,* München 1983

Soesmann, Albert: *Die zwölf Sinne, Tore der Seele,* Stuttgart 1998

Warnke, Ulrich: *Die geheime Macht der Psyche. Quantenphilosophie – Renaissance der Urmedizin,* Saarbrücken 1998

Witzenmann, Herbert: *Die Tugenden,* Dornach 1989

Tod

An den Adepten, der den alchemistischen Einweihungsweg gehen will, werden bestimmte Anforderungen gestellt. Eine davon ist die Auseinandersetzung mit dem eigenen Tod. Sollten Sie zu dem Schluss gekommen sein, dass Ihnen Ihr Tod vielleicht doch noch Angst macht, dann sind die folgenden Bücher für die Bewältigung besonders empfehlenswert:

Iding, Doris: *Der Tod geht um die Welt,* Arkana Verlag, München 2000

Levine, Stephen: *Wer stirbt? Wege durch den Tod,* Context Verlag, Bielefeld 1991

Sogyal Rinpoche: *Das Tibetische Buch vom Leben und vom Sterben;* O. W. Barth Verlag, München 1995

Chögyam Trungpa: *Die Insel des Jetzt im Strom der Zeit,* Krüger Verlag, Frankfurt 1992

Atmen

Im 6. Kapitel sind Atemübungen aufgezeigt, die Ihnen helfen, Ihr wahres Selbst zu finden. Sollten Sie durch die Übungen Spaß am

Atmen bekommen haben, können Sie in folgenden Büchern noch weitere Übungen finden.

Dröschel, Rosemarie/Feuser, Astrid: *Einatmen – Aufatmen,* Verlag Hermann Bauer, Freiburg 2001

Iding, Doris: *Für mehr Lebensenergie Bewusstes Atmen,* Südwest Verlag, München 2000

Lewis, Dennis: *Das Tao des Atems,* Ariston Verlag, München, 1997

Thich Nhat Hanh: *Zeiten der Achtsamkeit,* Verlag Herder, Freiburg 1996

Thich Nhat Hanh: *Ich pflanze ein Lächeln,* Arkana Verlag, München 1991

Farben

Vielleicht haben Sie Lust, auf den Spuren Goethes zu wandeln und sich mit der heilenden Wirkung der Farben auseinandersetzen. In den letzten Jahren hat auf diesem Gebiet eine enorme Entwicklung stattgefunden und es gibt sehr informative und gute Bücher zu diesem Thema.

Heller, Eva: *Wie Farben wirken,* Rowohlt Verlag, Reinbeck bei Hamburg, 10. Auflage 1999

Kraaz, Ingrid: *Die Farben deiner Seele,* Goldmann Verlag, München 1994

Riedl, Ingrid: *Farben in Religion, Gesellschaft, Kunst und Psychotherapie,* Kreuz Verlag, Stuttgart 1999

Wilson, Annie: *Farb-Therapie – Der sanfte Weg zur Heilung,* Scherz Verlag, München 1998

Alchemie

Zur Vertiefung zum Thema Alchemie sind folgende Werke empfehlenswert:

Friedrich, Horst: *Alchemie was ist das?* EFODON e.V., Hohenpeißenberg 1996

Gebelein, Helmut: *Alchemie,* Eugen Diederichs Verlag, München 1991

Golowin, Sergius: *Paracelsus, Mediziner – Heiler – Philosoph,* München 1993

Jung, C. G: *Psychologie und Alchemie,* Walter Verlag, Düsseldorf 1999

Junius, Manfred M.: *Praktisches Handbuch der Pflanzenalchemie,* Ansata Verlag, Interlaken 1992

Klossowski de Rola, Stanislas: *Alchemie, die geheime Kunst,* München 1974

Latz, Gottlieb: *Alchemie. Die Lehre von den großen Geheimmitteln der Alchemist,* Wiesbaden 1869

Neil, Powell: *Die Wissenschaft der Alchemisten,* Frankfurt 1980

Priesner, Claus/Figala, Karin: *Alchemie, Lexikon einer hermetischen Wissenschaft*

Roob, Alexander: *Das Hermetische Museum, Alchemie & Mystik,* Taschen Verlag, Köln 1996

Rippe, Olaf: *Paracelsusmedizin, Altes Wissen in der Heilkunst von heute,* AT Verlag, Aarau 2001

Scheffler, Armin: *Die Alchemie der Jahreszeiten,* Stuttgart 1998
Telle, Joachim: *Sol und Luna,* München/ Stuttgart 1998

Mineralogie/Edelsteine

Ahlborn, Siegfried Heinz-Jürgen: Sterne, *Mensch und Edelsteine,* Paderborn 1996
Bank, Hermann: *Aus der Welt der Edelsteine,* Innsbruck 1971
Benesch, Friedrich: Apokalypse; *Die Verwandlung der Erde. Eine okkulte Mineralogie,* Stuttgart 1987
Bennesch, Friedrich: *Turmalin,* Urachhaus
Cloos, Walter: *Kleine Edelsteinkunde im Hinblick auf die Geschichte der Erde,* Schaffhausen 1989
Singer, Michael: *Lexikon der Heilsteine von Achat bis Zoisit,* Fulda 1997
Raphaell, Katrina: *Wissende Kristalle für unsere spirituelle Entwicklung, zur Heilung und Harmonisierung,* Interlaken 1991
Rätsch, Christian: *Die Steine der Schamanen, Diederichs Verlag,* München 1997
Rössler, H. J.: *Lehrbuch der Mineralogie,* Leipzig 1991
Schumann, Walter: *Der große Stein- und Mineralienführer,* München 1990
Sharamon, Shalila/Baginski, Bodo: *Edelsteine und Sternzeichen,* Aitrang 1995
Vorreiter, Günther: Die Heilenergie der Edelsteine, Versuch einer naturwissenschaftlichen Deutung, Baunach 1994

Entwicklungspsychologie

Köhler, Hennig: *Das biographische Urphänomen,* Esslingen 1998
Lievegod, Bernhard: *Der Mensch an der Schwelle,* Stuttgart 1985
Oerter/Montada u.a.: *Ein Lehrbuch, Psychologie Verlags Union,* München-Weinheim, 1987
Riemann, Fritz: *Grundformen der Angst,* München
Treichler Markus (Hrsg): *Biographie und Krankheit, Wendepunkte im Lebenslauf,* Stuttgart 1995
Treichler, Rudolf: *Die Entwicklung der Seele im Lebenslauf,* Stuttgart 1983
Wais, Mathias: *Biographiearbeit und Lebensberatung,* Stuttgart 1993

Astrologie

Apostolska, Aline: *Die Sternzeichen und deine kosmische Energie,* München
Banzhaf, Hajo/Haebler, Anna: *Schlüsselworte zur Astrologie,* München 1994
Campion, Nicholas: *Der praktische Astrologe,* Gütersloh 1987
Jehle, Markus: *Wenn der Mond im siebten Hause steht ... Kreative Astrologie für Einsteiger,* Freiburg 1994

Philosophie

Gebser, Jean: *Asien lächelt anders; Das neue Bewußtsein, 6 Bände,* Schaffhausen 1999

Gleich, Sigismund von: *Die Wahrheit als Gesamtumfang aller Weltansichten,* Stuttgart 1957

Sri Aurobindo: *Die Synthese des Yoga,* Gladenbach 1972/2000

Steiner, Rudolf: *Die Philosophie der Freiheit, Grundzüge einer modernen Weltanschauung,* Dornach 1996

Wedemeyer, Inge von (Hrsg.): *Pythagoras, Weisheitslehre des Abendlandes,* Ahlenstadt 1988

Bildquellennachweis

Farbtafeln

Tafel 1: Raimund Mager

Tafel 9: Manfred Kage

Tafeln 3, 4, 5, 7, 10, 11, 12: Archiv Traudel Sachs/Foto: Karl Hartmann

Tafeln 2, 6, 8, 12: Archiv Traudel Sachs/Foto: Karl Hartmann ; Abdruck aus der Turmalin-Monographie von Friedrich Benesch, 2. Auflage, Stuttgart 1991, mit freundlicher Genehmigung des Verlages Urachhaus, Stuttgart.

Schwarz-weiß-Abbildungen:

Rosarium philosophorum (S. 71–80): Bildarchiv Bayerische Staatsbibliothek, München

Ringsilikatstruktur S. 54 aus: Rösler, Hans Jörgen: Lehrbuch der Mineralogie. Deutscher Verlag für Grundstoffindustrie, Leipzig 1991

Stichwortverzeichnis

Stichwortverzeichnis

DER TURMALIN AUS MADAGASKAR (LIDDICOATIT) – BLÜHENDER SEELENREICHTUM

Eine Sonderstellung innerhalb der universell auftretenden Turmaline ist der Liddicoatit aus Madagaskar. Sein faszinierendes Spiel mit Farben und Formen macht ihn zum vielseitigsten Edelstein unserer Erde. Dies wird umso deutlicher beim Schneiden und Schleifen. Der Kristall ist äußerlich unscheinbar und man kann ihn als Laie kaum von anderen Steinen unterscheiden. Beim Bearbeiten entfaltet er nun seine Schönheit, gibt er sein Geheimnis preis. Nur der exakte (rechtwinklige) Schnitt lässt das Pyramidale erahnen – die Phänomene gleichseitige Dreiecke und Dreistrahl entstehen! Nahezu jeder Querschnitt sieht anders aus; nur Steine aus dem gleichen »Loch« (Pocket, Edelsteintasche) haben Gemeinsamkeiten in Farbe und Form. Es sind »Einzelanfertigungen« der Natur, großartige Individuen. Hat man einen kompletten, in Querschnitte zerlegten Turmalinkristall, kommt es in seltenen Fällen zu pflanzenhaften Metamorphosen, wenn aus einem dunklen Braun über das Grün ein zartes Rosa aufleuchtet und Scheibe für Scheibe über Violett in Schwarz der Übergang zum ursprünglich anstehenden Gestein deutlich wird. In seltenen Fällen kommt es zu Mehrlings-, Katzenaugen- und Aggregatbildungen oder sogar durch kristalline Flüssigkeit ausgeheilten Steine. Die Komplexität im Aufbau, das gleichermaßen geradlinige wie aufwendige Bauwerk verlangt vom Schleifer das Äußerste an Können. Nur ein Bruchteil des gefundenen Materials enthält die Phänomene Stern und Dreieck, das meiste ist mindere Qualität. Wie kommt nun dieses Wunder an Farbe und Form in die Dunkelheit unserer Erde? Das vorliegende Buch hat Sie mit auf die Reise ins Innerste der Erde, ins Innerste des Seins mitgenommen und Ihnen diesen wundersamen Vorgang aus verschiedenen Blickwinkeln erklärt. Der richtige Einstieg ins Reich der Turmaline!

Stefan Meiser

Ausführliche Informationen:
Tourmaline
Edelsteine – Ausstellungen – Vorträge
Postfach 1149
66442 Bexbach
DEUTSCHLAND
Tel. + Fax: 0049 - (0)6826 - 9 30 07 - 7 (8)
E-M ail: stefan.meiser@t-online.de
Internet: www.tourmaline.de